本书系重庆市委改革办 2019 年改革咨政调研项目"重庆市城乡一体融合发展体制机制改革中的公共文化治理与政策创新研究"、西南大学中央高校基本科研创新团队项目"新时代公共文化服务均等化研究"（SWU1909101）的研究成果。

公共政策与公共文化治理丛书

重庆公共文化治理的实践样态与改革路径研究

吴 江 吴 玲 王 鹏 著

西南大学公共文化研究中心
西南大学国家治理学院

西南大学出版社
国家一级出版社 全国百佳图书出版单位

图书在版编目(CIP)数据

重庆公共文化治理的实践样态与改革路径研究 / 吴江, 吴玲, 王鹏著. -- 重庆：西南大学出版社, 2023.1
(公共政策与公共文化治理丛书)
ISBN 978-7-5697-1614-6

Ⅰ.①重… Ⅱ.①吴… ②吴… ③王… Ⅲ.①公共管理—文化工作—研究—重庆 Ⅳ.①G127.719

中国版本图书馆CIP数据核字(2022)第160424号

重庆公共文化治理的实践样态与改革路径研究
CHONGQING GONGGONG WENHUA ZHILI DE SHIJIAN YANGTAI YU GAIGE LUJING YANJIU

吴 江 吴 玲 王 鹏 著

责任编辑：	曾庆军
封面设计：	观止堂_ 未氓
排　　版：	李　燕
出版发行：	西南大学出版社（原西南师范大学出版社）
	网址：http://www.xdcbs.com
	地址：重庆市北碚区天生路2号
	市场营销部：023-68868624
	邮编：400715
印　　刷：	重庆友源印务有限公司
幅面尺寸：	160 mm×235 mm
印　　张：	16.5
字　　数：	254千字
版　　次：	2023年1月 第1版
印　　次：	2023年1月 第1次印刷
书　　号：	ISBN 978-7-5697-1614-6
定　　价：	68.00元

目录

第一部分 导 论
一、研究缘起与目的 / 3
二、研究内容与方法 / 4
三、研究对象与资料 / 6

第二部分 基础理论篇
一、核心概念 / 15
二、主要理论 / 21

第三部分 调研报告篇
一、重庆市公共文化治理调研报告 / 29
二、北碚区公共文化治理调研报告 / 78
三、万州区公共文化治理调研报告 / 104
四、忠县公共文化治理调研报告 / 125
五、武隆区公共文化治理调研报告 / 148

第四部分　咨政建议篇

　　一、关于加强我市农村公共文化建设,助推乡村振兴的对策建议 / 175

　　二、关于"新文创"助力北碚文旅融合发展的对策建议 / 180

　　三、关于万州区公共文化和旅游服务融合发展的对策建议 / 185

　　四、关于忠县深挖"忠文化"内涵,共推文旅融合发展的对策建议 / 190

　　五、关于武隆区"文旅融合"推进全域旅游发展的对策建议 / 195

第五部分　案例分析篇

　　一、忠县公共文化治理案例 / 203

　　二、武隆区公共文化治理案例 / 211

参考文献 / 218

附录

　　附录一　调研各单位撰写书面材料提纲 / 224

　　附录二　深度访谈提纲 / 225

　　附录三　调查问卷文本 / 241

后记 / 255

第一部分 导 论

本部分介绍研究缘起,在把握研究目的的基础上,设计科学的研究方法,提出研究内容,选取研究对象,说明研究资料的获取流程。

一、研究缘起与目的

（一）研究缘起

本书缘于西南大学2019年中央高校基本科研创新团队项目"新时代公共文化服务均等化研究"。在我国公共文化服务发展正面临全新机遇期的背景下，团队以公共文化服务均等化为切入点，依托西南大学公共文化研究中心的前期研究基础和相关资源，深入调研了贫困地区公共文化服务建设现状，掌握了贫困地区公共文化治理相关实践样本，形成了公共文化服务均等化系列研究成果。2019年5月，《中共中央 国务院关于建立健全城乡融合发展体制机制和政策体系的意见》发布，文件明确了城乡融合发展的总体要求、主要目标和重点任务，从顶层设计着手，搭建起建立健全城乡融合发展体制机制和政策体系的"四梁八柱"。其中，健全城乡公共文化服务体系是"建立健全有利于城乡基本公共服务普惠共享的体制机制"的重要内容。着力推进城乡融合发展既是重庆实现高质量发展的必由之路，又是化解新时代社会主要矛盾的关键之举，还是推进新时期西部大开发和长江经济带两大战略的重要基础。重庆集大城市、大农村、大山区、大库区于一体，城乡发展差异较大，融合发展工作艰巨，亟须从体制机制和政策体系层面探寻破解之道。基于此，重庆市委改革办委托团队承担了2019年改革咨政调研项目"重庆市城乡一体融合发展体制机制改革中的公共文化治理与政策创新研究"。在重庆市委改革办和西南大学公共文化研究中心的支持下，团队于2019年5月到2019年12月在重庆市范围内进行抽样调查，深入北碚区、万州区、忠县和武隆区4个区（县）展开实地调研，全面把握和认识了重庆市城乡融合发展体制改革背景下公共文化治理，特别是公共文化服务供给与需求的现实状况。

(二)研究目的

通过在重庆市范围内进行抽样调查,全面把握和认识重庆市城乡融合发展体制改革背景下公共文化治理,特别是公共文化服务供给与需求的现实状况,确立公共文化服务体系建设和公共文化治理创新的理论分析框架,在此基础上系统总结重庆市公共文化治理工作的成绩与经验、不足及症结,就进一步深化公共文化治理体制改革和政策体系创新的方向、路径提出有针对性的对策建议,推动建立健全重庆市城乡融合发展的体制机制和政策体系。

二、研究内容与方法

(一)研究内容

本研究以公共文化治理为主题,以实践探索和政策创新为主线,聚焦重庆市公共文化治理现状,在明确公共文化服务、公共文化治理、文旅融合发展等核心概念的基础上,通过调研,掌握了重庆市公共文化治理现状、难题、实践案例等第一手资料。面对重庆市公共文化治理实践中出现的难题,如何对症下药,是本研究的重要内容。基于此,本书的内容将分为导论、基础理论篇、调研报告篇、咨政建议篇、案例分析篇五个部分。

导论:本部分介绍研究背景,指出研究目标,梳理主要研究内容,确定合理、规范的研究方法,阐述研究对象的选取缘由和方式,说明获取研究资料的主要方法和程序。

基础理论篇:理论是研究的重要基础和关键工具。本部分在规范界定城乡融合发展、文旅融合、公共文化治理等概念的基础上,深度挖掘城乡融合发展理论和治理理论的内涵,理清其历史脉络和理论流变,阐明城乡融合发展与公共文化治理的理论链接,为本研究建构规范的理论框架。

调研报告篇:本部分简要介绍了研究团队深入北碚区、万州区、忠县和武隆区4个区(县)展开实地调研,获取一手资料和形成5份调研报告的研究与实践过程。本部分包括的5份调研报告全面叙述和描绘了重庆市及其4个区(县)城乡融合发展体制改革背景下公共文化治理的现实状况。

咨政建议篇:本部分在实地调研基础上,通过现状分析、原因探究等研究过程,基于价值反思、理论借鉴和现实要求,对重庆市及其4个区(县)的公共文化治理难题对症下药,形成了5篇咨政建议,为政府决策咨询提供参考。

案例分析篇:本部分在实地调研与访谈以及文献研究的基础上,选取"忠县基层小区文化工程"和"武隆文旅融合发展"2个典型案例,展现重庆市区(县)公共文化治理的工作进展、实践经验和创新成效,为重庆市各区(县)乃至全国县域公共文化治理提供借鉴和参考。

(二)研究方法

本研究主要采取文献调查法、个别访谈法、集体访谈法、问卷调查法和参与观察法。

(1)文献调查法。主要用于收集2013—2019年中共中央、国务院、相关部委和重庆市有关城乡融合发展和公共文化治理的政策文件。文件主要包括党的十八大和十九大报告、党中央和国务院相关政策文本、"十三五"规划、"两会"报告、政府部门计划、决策文件、总结报告、专项工作会议材料、年鉴和各类学术期刊以及有关政府网站刊载的相关资料。

(2)个别访谈法。主要用于对重庆市各级政府部门负责人、公共文化负责人和社会组织负责人的访谈,收集重庆市城乡融合发展体制机制改革的资料和重庆市公共文化治理政策体系的相关数据和资料。

(3)集体访谈法。主要通过座谈会的方式对重庆市各级政府部门负责人和公务员、公共文化和社会组织工作人员的集中访谈,以便收集多方主体对公共文化政策的意见和建议。

(4)问卷调查法。主要用于收集重庆市城乡居民基本公共文化服务满意度的一手数据。

(5)参与观察法。通过深入公共文化服务生产和公共文化治理的现实场景,在实际参与城乡居民享受公共文化服务的过程中,在观察图书馆、博物馆、文化站和社会组织等主体的公共文化服务生产过程中,收集重庆市公共文化治理的一手资料。

三、研究对象与资料

(一)研究对象

本研究的对象涉及重庆市4个区(县):北碚区、万州区、忠县和武隆区。

北碚区是重庆市主城九区之一,位于重庆核心区的西北面。北碚科教文化基础较好,有西南大学、中科院重庆绿色智能技术研究院等高等院校3所、中等职业学校6所、中学18所、小学47所、幼儿园120所,教师进修学院和特殊教育学校各1所;有国家大学科技园1个、国家级工程技术研究中心和重点实验室7个、市级以上科技研发平台71家;有卢作孚纪念馆、四世同堂纪念馆,梁实秋、晏阳初旧居,张自忠烈士陵园,复旦大学、西部科学院旧址等人文景观和抗战遗址104处。[①]近年来,北碚区积极推进城乡公共文化融合发展,大力创新公共数字文化服务,鼓励社会力量参与公共文化服务,提升基层公共文化队伍建设,初步形成了一些具有示范作用的治理经验。为深入推进城乡公共文化服务一体融合发展,北碚区勇于破除体制机制障碍和加强政策体系创新,为构建完善的公共文化服务

---

① 重庆市北碚区人民政府网.北碚概况[EB/OL].(2019-12-14)[2020-04-30]. http://www.beibei.gov.cn/zjbb/bbgk/201912/t20191214_1182548.html.

体系提供制度保障和政策支撑,在不断丰富城乡之间的公共文化服务供给类型的同时,探索监督评价和需求反馈机制,不断强化供给侧与需求侧的匹配度,提高公共文化服务效能。

万州区地处重庆市东北部、三峡库区腹心,历史悠久,文化厚重,是三峡文明大通道的重要节点。巴渝文化、三峡文化、抗战文化、移民文化在万州交融发展,形成了百花齐放的局面。万州是全市区(县)中唯一拥有川剧、曲艺、歌舞剧、杂技等专业文艺院团的区(县),多部本土原创文艺作品获全国"五个一工程"奖等奖项。万州表演艺术家先后摘得梅花奖、牡丹奖。[1]万州区以丰富的历史文化资源为基础,坚持先进的文化发展导向,依托优秀的专业文化团体,着力推进城乡公共文化服务和设施标准化、均等化和一体化建设,初步建立了覆盖较为广泛、全民普惠共享、运转基本有效的城乡基本公共文化服务体系。

忠县地处重庆市中部,三峡库区腹心,是三峡库区唯一留存的半淹城市,全市唯一县级全国文明城市。历史悠久,有不断代的中国"二十四史"遗址,是忠文化的主要发祥地。历史上涌现了巴蔓子、严颜、秦良玉等一大批忠臣良将。[2]作为中国历史上唯一以"忠"字命名的州县城市,忠县近几年不断激发"忠文化"内在动力,将"忠文化"的传承和建设融入旅游发展之中,打造了"忠义之州"的城市名片。2018年初,忠县开始创建基层小区文化工程,该工程是第四批国家公共文化服务体系示范项目,是重庆市入选的两个示范项目之一。到2020年,忠县已建成50个城市小区文化室,精准对接20万基层群众的公共文化服务需求。基层小区文化工程是忠县文化治理的一大亮点。

武隆区地处重庆市东南部乌江下游,武陵山和大娄山峡谷地带,距重庆主城内环137千米,是渝东南和黔北地区连接重庆的重要通道。武隆集大娄山脉之雄、武陵风光之秀、乌江画廊之幽,被誉为"世界喀斯特生态博物馆",是全国少有的同时拥有"世界自然遗产""国家全域旅游示范区"

---

[1] 重庆市万州区人民政府.万州简介[EB/OL].(2020-03-31)[2020-04-30].http://www.wz.gov.cn/zjwz/wzjj/202003/t20200331_6849138.html.
[2] 重庆市忠县人民政府.忠县基本县情[EB/OL].(2020-01-09)[2020-04-30].http://www.zhongxian.gov.cn/zxfz/zxjbxq/202001/t20200109_4433862.html.

"国家5A级旅游景区""国家级旅游度假区"4块金字招牌的地区之一。仙女山国家森林公园、天生三桥、龙水峡地缝、芙蓉洞、芙蓉江、天坑寨子都是武隆的重要旅游资源。[①]可以说"重庆武隆"是重庆旅游的一面旗帜。武隆区依托首批国家全域旅游示范区的平台,积极推进文旅高质量融合的探索实践,创新文化旅游融合和公共文化治理的一体化推进工作,在充分发挥丰富的旅游资源和文化底蕴优势的基础上,着力打造全覆盖、广共享的基层公共文化服务网络,不断探索公共文化滋养旅游发展和旅游产业反哺公共文化的新模式。

(二)资料的选取

本研究的资料主要从调研获得,团队从2019年5月到2019年12月,在重庆市范围内进行抽样调查,深入北碚区、万州区、忠县和武隆区4个区(县)展开实地调研,历时8个月。调研分为前期准备、试调研、正式调研、成果形成4个阶段。调研时间安排见表1-1,调研工作流程见图1-1。

表1-1 调研的时间安排

时间安排	主要任务
前期准备阶段 (2019年5月—2019年6月)	成立调研小组,讨论调研计划,对成员进行任务分工,准备调研;对相关文献梳理;设计并细化调研实施方案;确定调研对象;设计访谈提纲,编制问卷;筛选并组织培训调查员。
试调研阶段 (2019年7月)	前往北碚区东阳街道磨心坡村和天府民居进行试调研;根据试调研情况,对调研方案、访谈提纲、问卷等内容进行针对性地调整和完善。
正式调研阶段 (2019年8月—2019年10月)	分别对重庆市4个区(县)的相关部门、镇街和村社进行实地访谈、问卷调查;调研资料汇总和数据录入、原始调研数据复核与审查;分别对问卷资料数据进行统计处理和分析,对访谈资料进行整理并进行定性分析挖掘;讨论发现的问题和影响因素。

---

① 重庆市武隆区人民政府.武隆概况[EB/OL].(2019-03-14)[2020-04-30]. http://cqwl.gov.cn/zmwl/qqjj/201903/t20190314_6128429.html.

续表

时间安排	主要任务
成果形成阶段（2019年11月—2019年12月）	召开调研项目总结会议，总结调研情况、评估调研资料的质量、酝酿讨论调研报告撰写中的难点和问题；撰写并完善调研报告；形成咨政建议；定稿送审。

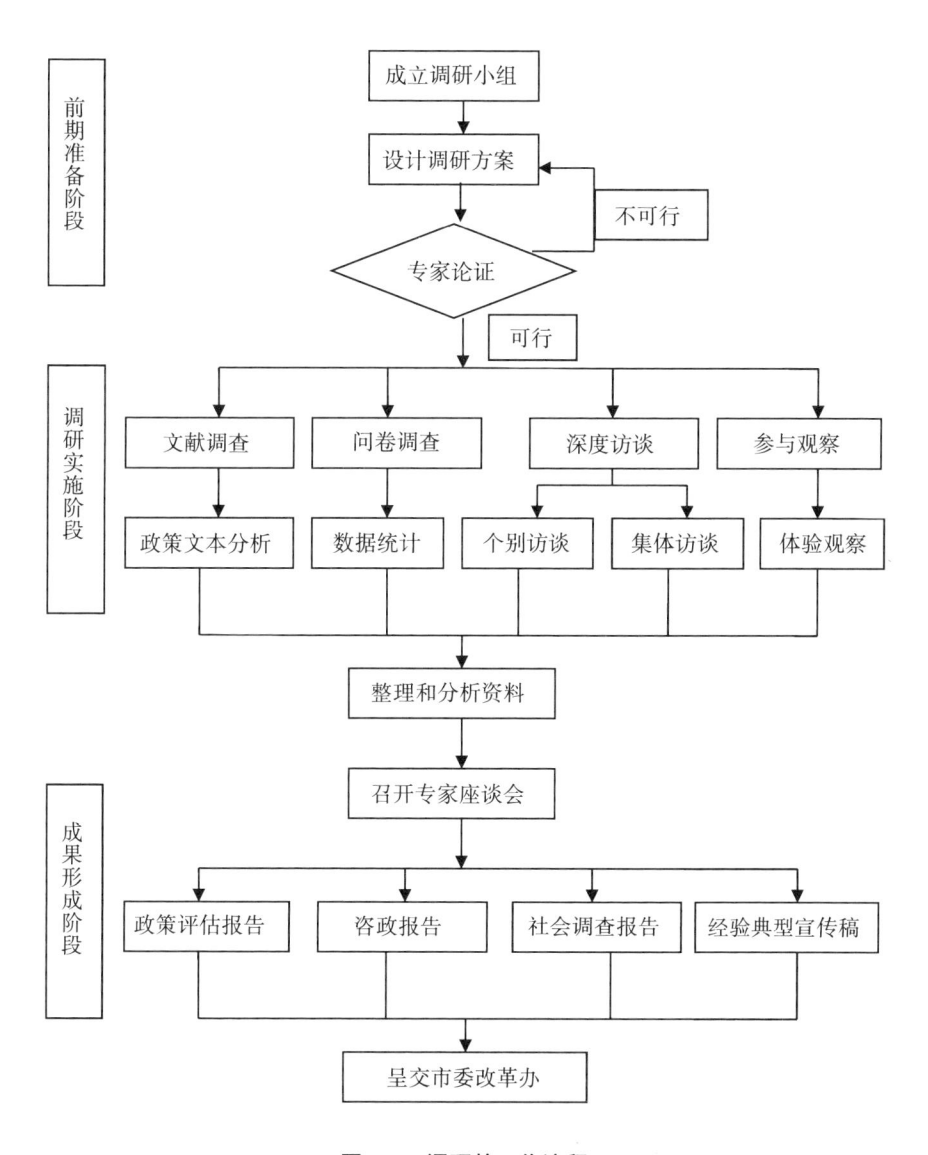

图1-1 调研的工作流程

为深入了解基层文化治理现状,本调研选择了29个区(县)级党政机关部门、12个区(县)级文化事业单位、15个乡镇和街道公共文化综合服务中心、15个村社的调查对象,深度访谈干部近340名,并随访群众100余名。根据调研内容,本次调研的主要对象包括重庆市各调研区(县)相关党政机构部门的分管领导、具体科室负责人、具体工作人员;调研区(县)所属镇街主要领导或分管领导、综合文化服务中心主任和具体工作人员;调研镇街所属村社的主任或书记、文化室工作人员以及城市和农村社区的居民等。具体调研对象如表1-2所示:

表1-2 调研对象的主要构成

调研主题	调研机构	调研对象	调研内容
城乡融合发展体制机制改革	区(县)部门: 4个区(县)的发改委、住房城乡建委、文旅委、农业农村委、财政局等 乡镇部门: 农村社区	相关政府部门负责人和工作人员	城乡融合发展体制机制改革总体态势、普惠共享城乡基本公共文化服务体系总体情况、乡村公共文化振兴与治理现状
城乡公共文化服务需求	4个区(县)的30个城乡社区	1800个城乡居民	城乡居民公共文化服务满意度情况
城乡公共文化服务供给	区(县)部门: 各区(县)文化和旅游发展委员会 公共文化机构: 图书馆、文化馆(站)、博物馆、乡镇(街道)和村(社区)基层综合性文化服务中心、农家(职工)书屋、公共阅报栏(屏)、广播电视播出传输覆盖设施、公共数字文化服务点等 文化组织: 公益性文化组织	相关政府部门负责人、公共文化机构负责人、文化社会组织、公益性文化组织负责人	公共文化设施建设、公共文化产品生产、公共文化活动供给、其他文化服务提供

续表

调研主题	调研机构	调研对象	调研内容
城乡公共文化治理政策体系	区(县)部门： 4个区(县)的文旅委、财政局、体育局等 乡镇部门： 公益性文化事业单位 社会组织	相关政府部门负责人和工作人员	政府购买公共文化服务情况、公共数字文化建设政策、公共文化服务标准、评价与反馈体系、公益性文化事业单位改革、基层公共文化管理创新、基层公共文化人才政策、公共文化服务财税与法律保障、民族地区、贫困地区的公共文化扶持政策等

第二部分

基础理论篇

基本理论规范是研究的逻辑起点。本部分在前人理论研究成果基础上,形成对城乡融合发展理论、治理理论的规范性认识。辨析城乡融合发展、公共文化服务、公共文化治理、文旅融合发展等核心概念,为后续的研究提供理论指导。

一、核心概念

概念是理论研究的基础。对城乡融合发展、公共文化服务、公共文化治理、文旅融合发展进行概念辨析,是深化认识重庆市公共文化治理实践样态的逻辑起点,也为后续的实地调研提供理论指导。

(一)城乡融合发展

处理城乡关系是国家发展面临的核心问题之一。随着我国经济社会发展进入新时代,城乡关系发展也站在了新的起点,正在进入城乡融合发展的加速期。党的十九大报告明确提出"建立健全城乡融合发展体制机制和政策体系"。城乡融合发展不同于统筹城乡发展和城乡一体化(见图2-1),不但将城市和乡村放在平等的地位,而且坚持农业农村优先发展,重点解决城乡要素流动不顺畅、公共资源配置不合理等突出问题,建立健全重塑新型城乡关系的体制机制和政策体系。城乡融合将城乡当作一个有机整体,资源要素对流是城乡融合发展的必要前提。[①]城乡融合不是以城带乡,也不是城乡无差别发展,而是保留城乡各自特色的基础上实现联动发展,共同推动区域整体进步。[②]城乡融合发展基本目标在于全面推动城乡经济、社会、文化、生态、治理各领域的制度并轨、体制统一,加快城乡要素市场一体化,让公共资源在城乡之间均衡配置,生产要素在城乡之间双向流动,生产力在城乡之间合理布局,治理资源在城乡之间科学调配,充分发挥城乡各自的功能,形成工农互促、城乡互补、全面融合、共同繁荣的新型城乡关系。在城乡融合发展时期,城乡基本公共文化服务并轨

[①] 许彩玲,李建建.城乡融合发展的科学内涵与实现路径——基于马克思主义城乡关系理论的思考[J].经济学家,2019(01):96-103.
[②] 杨志恒.城乡融合发展的理论溯源、内涵与机制分析[J].地理与地理信息科学,2019,35(04):111-116.

应取得实质性进展。[1]

统筹城乡发展
（2002—2008）
这一时期的工作重点，主要是对国民收入分配关系进行调整。国家扩大对农村"多予""少取"范围，加大深化农村税费改革力度，对"三农"财政投入政策做出具体规定并保证投入规划逐年扩大，逐步加强农业和农村基础设施建设，发展农村社会事业和更加关注农村民生。

城乡一体化
（2009—2016）
这一时期国家积极建立健全城乡发展一体化体制机制，加大统筹城乡发展力度，实施新型城镇化和新农村建设"双轮驱动"，推进农业现代化，加快社会主义新农村建设，积极稳妥推进城镇化。

城乡融合发展
（2017—）
重点解决城乡要素流动不顺畅、公共资源配置不合理等问题，以协调推进乡村振兴战略和新型城镇化战略为抓手，以完善产权制度和要素市场化配置为重点，核心在于破除体制机制弊端，促进城乡要素自由流动，平等交换和公共资源合理配置。

图2-1 我国城乡发展政策演进

(二)公共文化服务

公共文化服务是公共文化和公共服务相结合的一个综合概念。公共文化服务以保障群众文化权益为主要价值取向，是实现群众文化需求的基本途径。对公共文化服务的内涵而言，主要有经济学、政治学和管理学三个视角的定义。经济学视角将公共文化服务归为公共产品或公共物品，强调公共文化服务这种公共产品的公共性和非营利性。[2]周晓丽和毛寿龙(2008)认为公共文化服务是一种资源配置活动，这种资源配置活动基于社会效益，为社会提供非竞争性、非排他性、非营利性的公共文化产品。[3]政治学视角认为公共文化服务传播着一种政治文化，传播着国家的主流意识形态，公共文化产品本身具有政治性，能增强人们的政治认同。[4]颜玉凡和叶南客(2016)也将实现公众文化对社会主义制度的高度

---
[1] 张海鹏.中国城乡关系演变70年：从分割到融合[J].中国农村经济,2019(03):2-18.
[2] 樊兴菊.基于满意度的公共文化服务设施供给决策体系研究[D].天津：天津大学,2016.
[3] 周晓丽,毛寿龙.论我国公共文化服务及其模式选择[J].江苏社会科学,2008(01):90-95.
[4] 吴理财.让农村公共文化服务运转起来[N].学习时报,2012-03-26(006).

认可作为公共文化服务的政治目标。[1]管理学视角认为不能将公共文化服务定义为简单的公共产品和公共服务,公共文化服务还应包括文化政策服务、政策监管、公共文化服务体制机制改革创新等内容。[2]夏洁秋(2013)将公共文化服务与政府公共服务结合,认为"公共文化服务被视为政府公共服务的一部分,是政府主导、社会参与形成的满足公众文化需求、保障公众文化权益的各种公益性文化机构及服务的总和"。[3]胡税根和李倩(2015)认为公共文化服务是公共服务的领域之一,服务型政府应履行好公共文化的服务职能。[4]吴理财(2011)从文化治理的视角出发,认为公共文化服务是文化治理的一种形式,政府在履行公共文化服务职能时,应与非政府组织和私营机构建立合作关系,形成合作共赢的政策文化治理结构。[5]孙刚(2018)认为公共文化服务是公共部门或准公共部门以提高公众文化素质和社会整体文化水平为目标,为社会提供文化产品和文化服务的公共服务。[6]不同视角的研究侧重点不同,经济学视角强调公共文化产品,政治学视角强调意识形态、政治文化,管理学视角强调政府职能。尽管如此,公共文化服务的公共性、基础性和政府的作用却是公共文化服务研究者的共识。

本研究根据《中华人民共和国公共文化服务保障法》,将公共文化服务定义为:由政府主导、社会力量参与,以满足公民基本文化需求为主要目的而提供的公共文化设施、文化产品、文化活动以及其他相关服务。(见图2-2)

---

[1] 颜玉凡,叶南客.文化治理视域下的公共文化服务——基于政府的行动逻辑[J].开放时代,2016(02):158-173,8.
[2] 孙刚.公共文化新视觉 公共文化服务体系建设中的政府主导作用研究[M].武汉:中国地质大学出版社,2018:11.
[3] 夏洁秋.文化政策与公共文化服务建构——以博物馆为例[J].同济大学学报(社会科学版),2013,24(01):62-67.
[4] 胡税根,李倩.我国公共文化服务政策发展研究[J].华中师范大学学报(人文社会科学版),2015,54(02):43-53.
[5] 吴理财.公共文化服务的运作逻辑及后果[J].江淮论坛,2011(04):143-149.
[6] 孙刚.公共文化新视觉 公共文化服务体系建设中的政府主导作用研究[M].武汉:中国地质大学出版社,2018:37.

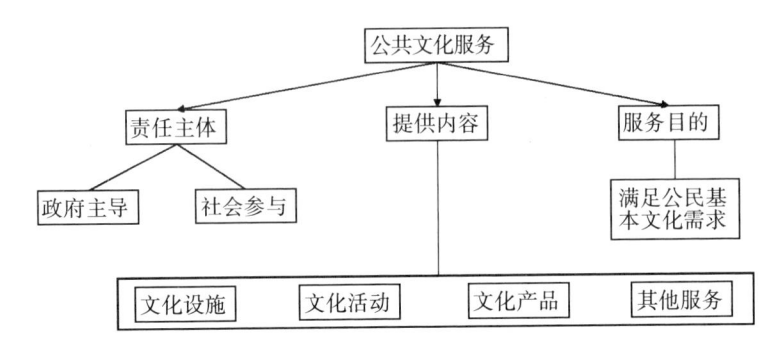

图 2-2 公共文化服务的基本内涵

根据《中华人民共和国公共文化服务保障法》和《国家基本公共文化服务指导标准(2015—2020年)》，公共文化服务所包含的具体内涵和外延如表2-1所示：

表2-1 公共文化服务包含的具体内容

概念	内容	应用	具体内容
公共文化服务	公共文化设施	用于提供公共文化服务的建筑物、场地和设备。	主要包括图书馆、博物馆、文化馆(站)、美术馆、科技馆、纪念馆、体育场馆、工人文化宫、青少年宫、妇女儿童活动中心、老年人活动中心、乡镇(街道)和村(社区)基层综合性文化服务中心、农家(职工)书屋、公共阅报栏(屏)、广播电视播出传输覆盖设施、公共数字文化服务点等。
	公共文化产品及活动	应用于公共文化服务的各种样态、形式、种类的文化资源、文化活动、文化产品。从形式上说，不论是图书、影视等实体性的文化产品，还是阅读指导、培训等服务，抑或是形式多样的文化艺术活动，只要是用于公益目的的服务，均属于公共文化服务。	公共图书馆和文化服务中心等提供读书看报服务；通过直播卫星提供电视广播节目；为农村群众提供电影放映服务；通过政府购买方式为农村乡镇每年送戏曲等文艺演出；城乡居民依托村(社区)综合文化服务中心、文体广场、公园等公共设施就近参加各类文体活动；各级文化馆(站)等开展文化艺术知识普及和培训等。
	其他文化服务	一些与公共文化服务相关的辅助性服务。	业务培训、人员配备等。

(三)公共文化治理

公共文化治理是以治理理论为基础,结合公共文化的综合概念,同时也是推进国家治理体系和治理能力现代化过程中的新命题。过去的30多年里,在全球化的影响下,新出现的公共问题日趋复杂,如世界环境问题、发达国家中的老龄人口问题和人口迁移问题等。这些公共问题要求不同层次的政府与非政府组织共同合作来寻求解决方案,为此出台的新的公共政策面临的挑战促使治理孕育而生,治理由此在国际社会科学研究中变得极其流行。何为"治理"呢？英国学者格里·斯托克(2016)强调治理是对过程的关注,在不依赖国家权威的环境下,治理实现了在公共事务领域的集体行动。[①]在格里·斯托克的观点里,治理是一种集体决策实践。但是在治理视域下,政府并不是一个消极的无能主体,因此Pierre和Peters(2000)认为治理不能替代政府。在他们的观点中,政府要创造更多的信息渠道去加强资源流动,以及协调各项治理主体。[②]

公共文化治理结合了公共文化和治理两个概念。本研究将公共文化治理定义为:公共文化治理主体为了更好地提供公共文化服务,保障和增进公共文化利益的公平分配,促进社会整体协调发展,正确运用公共权力和各种行之有效的科学方法,依法对公共文化事务进行有效治理的过程(见图2-3)。其实,公共文化治理包含两层含义,一是对公共文化进行治理,此时公共文化是治理的对象;二是利用公共文化进行治理,此时公共文化是治理的工具。

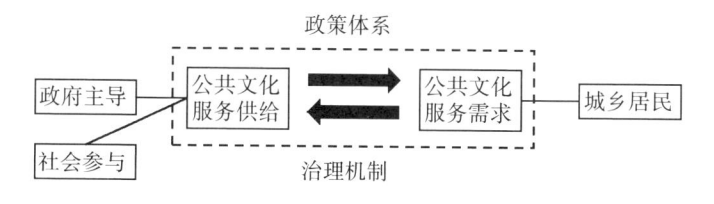

图2-3 公共文化治理的过程

---

① Evrim Tan. Understanding the relationship between capacity and decentralization in local governance: a case study on local administrations in Turkey [J]. Bestuurskunde, 2016, 27(04):94-95.
② Pierre, J., Peters, B. G. (2000). Governance, Politics and the State. London: Macmillan Press.

（四）文旅融合发展

文旅融合是当前我国推进新时代建设的关键一步,关乎经济发展新增长极的打造,指文化与旅游在产业及公共服务领域的交融,重点解决旅游与文化"两张皮"的分离现象,打破二者的隔离壁垒,缓和"诗与远方"的矛盾关系,实现资源双向互通,促进产业升级,优化公共服务体系与水平。早在1993年,国家便意识到文化与旅游两者的密切关系,原旅游局颁布的《关于积极发展国内旅游业的意见》中首次提及旅游业的发展需要满足人民的文化需求,需要同文化相结合。这是第一次在国家层面的文件中体现文旅融合的取向。[1]自2018年实行机构改革,文化部与国家旅游局合并成为文化和旅游部以来,文旅融合达到新阶段,具备了更为稳固的组织与制度保障。

文化与旅游二者就根本上讲便存在千丝万缕的联系,具有众多融合的契合点以及内在逻辑的统一性。首先,两者目标相同,都为满足人们的精神需求,主要提供精神享受,提升内在素养;其次,二者产业类型相同,皆为第三产业;再者,文化与旅游具有良好的双向互动关系,文化赋予旅游产业、旅游公共服务以精神内涵,旅游进一步丰富文化的物质载体。因此,推进文旅融合发展具有现实可行性。

文旅融合融什么及怎么融？关键在于认清文化与旅游的关系,深化改革,构筑合理科学的融合机制。文旅融合强调文化产业、公共文化服务以及旅游产业、旅游公共服务四者之间的有机融合。要求四方两两配对,既关注产业间的信息互通、资源互助、资本流动、人才吸纳,也注重公共服务体系构建,满足人民公共需求;既着眼于各自领域的发展,也加强二者的交流,借助科技手段,寻找契合点,深化协同合作,实现互利共赢。（见图2-4）

---

[1] 范周.文旅融合的理论与实践[J].人民论坛·学术前沿,2019(11):43-49.

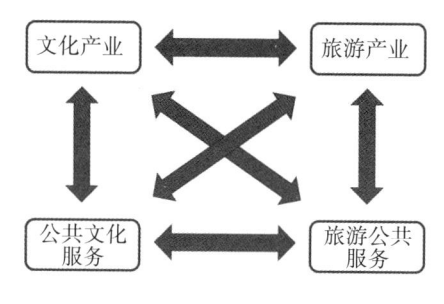

图2-4 文旅融合基本内涵架构

二、主要理论

（一）城乡融合发展理论

随着现代化的推进，城乡关系的处理愈加重要。在世界各国发展进程中，由于城乡关系的复杂化，众多学者纷纷被吸引参与研究，形成众多学派，提出一系列城乡关系理论。国外城乡理论基本经历了二元结构论、城市偏向论、乡村中心论及城乡融合论的发展进程，体现在经济增长、科技提升、全球化浪潮持续推进的背景下，打破城乡发展壁垒，摒弃二元观，注重城乡统筹融合的必要性。

城乡融合发展理论最早可追溯至19世纪初期的空想社会主义思潮，以圣西门、傅立叶及欧文为代表的学者提出城乡社会平等观、"和谐社会"的构想、共产主义"新村"的构建，这些都体现了城乡融合发展的色彩。同时期，西方早期的城市理论研究者，如赖特、芒福德等，也强调了城乡联系的重要性[1]。此时的城乡融合发展观念较为粗糙，突出表现为对城乡之间

---

[1] 王华,陈烈.西方城乡发展理论研究进展[J].经济地理,2006(3):463-468.

紧密联系的认识,未能涉及对深入融合的论述及路径建设。

城乡融合发展关键是要打破二元结构格局,在城乡平等地位的基础上实现资源互通、要素流动、体制统一等。马克思主义城乡发展观立足于从历史角度上对城乡关系的认识,强调处理城乡关系对于社会经济生活的重要性,认为在社会发展进程中,城乡由对立走向融合是必然趋势,并提出一系列发展路径构建。首先,城乡的差异化是生产力与生产关系相互作用的结果。城市生产力水平较高,与乡村形成鲜明对比,造成社会分工变迁。"一切发达的、以商品交换为媒介的分工的基础,都使城乡分离。"[1]这种社会分工的形成与变迁,促使城乡由统一走向分离对立,扩大了城乡差距。而私有制的生产关系则加重了城市与乡村的失衡,锐化了二者的对立。其次,城乡关系的处理对于社会经济生活具有重要意义,甚至一定程度上,决定了社会面貌,但打破城乡二元格局并非一蹴而就。同城乡分离现象的产生相同,城乡融合也是生产力与生产关系相互作用的自然结果。要实现城乡融合发展,必须发展生产力,消除城乡生产力发展差距,才有可能推进城乡在平等的基础上实现协同合作、一体融合。最后,马克思、恩格斯也提出了一系列路径参考:结合农业与工业的发展、乡村与城市各自优长的生活方式;通过国家手段,消除旧的社会分工模式;注重发挥城市经济中心的作用,以城市带动农村资源流转、经济发展,改变乡村愚昧落后的局面;强调农业的基础性地位,扭转私有制局势,实行土地社会所有制等[2][3]。推进城乡融合是解放生产力的要求,是破除城乡差异格局下劳动分工对人限制的关键一步,也是最终实现人自由解放、全面发展的必经之路[4]。

就我国而言,城乡的差异不仅体现在经济层面,也渗透于文化领域。同时,文化与经济具有相互作用的关系,社会存在决定社会意识,反之,社

---

[1] 马克思,恩格斯,列宁等.马克思恩格斯文集(第5卷)[M].北京:人民出版社,2009:408.
[2] 杨志恒.城乡融合发展的理论溯源、内涵与机制分析[J].地理与地理信息科学,2019(4):111-116.
[3] 吴学凡.马克思恩格斯消灭城乡差别思想及其现实意蕴[J].社会主义研究,2008(1):25-27.
[4] 张晖.马克思恩格斯城乡融合理论与我国城乡关系的演进路径[J].学术交流,2018(12):123-124.

会意识也将反作用于社会存在。再者,文化作为生产力的一种,能够教化培育人民,更能够促进人的自由与发展。因此,在推进城乡融合的进程中,文化的发展也不可忽略,必须完善并优化公共文化治理,实现城乡文化融合。

城乡融合发展下的公共文化治理相比于传统意义而言,更强调城乡融合的目标与背景。地域上将城乡置于等价地位,解决资源配置不均衡、文化发展不平衡、人民素质不统一的问题,实现资源与信息的双向流通;偏重乡村等公共文化发展水平较低地区,以政府为主导,适当引入社会力量,构建公共文化服务体系,提供公共文化产品,满足地区化、差异化公共文化需求;注重城市的辐射与引领作用,以社会主义核心价值观为导向,发展先进文化、主流文化、大众文化,从文化层面助力城乡融合的实现。

(二)治理理论

20世纪70年代以来,西方经济面临危机,政府管理模式也发生重大改革。90年代后,随着社会组织力量的兴起与壮大,以及福利国家臃肿的政府机构、复杂的职能安排等,促使学者将目光转移至如何处理社会、政府及市场的关系上,催生了治理理论的成长。

治理(Governance)具有控制、引导之意,而关于其界定,学界尚未形成统一定论。不同学者从各自视角对治理进行阐释,如俞可平认为:从政治学而言,治理主要指公共权威通过建立在多元、合作、协商等关系和认同之上的合作,为实现公共利益而进行的管理活动与过程,本质上体现了政府与社会、市场权力的共享[1]。Donald F.Kettl 从管理转型层面认为治理是在政府管理方式转变过程中,对公共部门构成的持续性挑战以及政府如何应对此挑战[2]。Laurence E.Lynn Jr 等人从制度角度出发,将治理定义为包括法律、管理规则、司法管制、描述和从事政府活动在内的制度系统,

---

[1] 黄健荣.公共管理新论[M].北京:社会科学文献出版社,2005:277-278.
[2] Donald F. kettl. The Transformation of Governance: Globalization, Devolution, and the Role of Government[J]. *Public Administration Review*, 2000 (Volume 60, Issue 6): 488-496.

是公共品与公共服务的生产与传递[1]。当前一般将治理理解为公共或私人组织、个人或机构管理共同事务方式的总和[2]。

随着社会问题的层出不穷,理论界的深入研究,治理理论由传统时期对"治理"内涵的争论发展至新时期对理论系统化的构建与治理路径的探索[3]。参与式治理理论、协同治理理论、公共治理理论等丰富了治理理论的内容与理论架构。

虽然学者从各自视角提出众多治理理论的观点,但总的来说,治理理论主要包含以下几点内容:第一,从主体上看,治理理论强调主体的多元性,摒弃单一政府格局,考虑市场、社会组织的参与等多元因素,其中,政府仅作为众多因素之一。第二,从状态上看,治理理论认为治理是一个持续的动态过程,是主体间相互作用的结果。第三,从内部结构上看,治理理论主要解决主体间关系如何,应如何调整主体关系,并最终达成良治、善治的目标。第四,从制度上看,除了正式制度外,治理理论也关注非正式制度的作用,认为能够通过人们在长期交往中形成的行为准则实现约束与规范。

纵观治理理论发展过程,可见其具有较强的包容性,而在公共文化领域,治理理论也具有自身独特的作用与价值。公共文化作为一种非生产性的文化形态,具有共享性、仪式性、差异性与建构性,面向广大人民群众,以一定仪式为载体,因各地不同的历史文化底蕴而存在差异,是空间建构的结果,形成差异化的社会共同体[4]。公共文化的发展水平关乎人们精神生活优劣,完善公共文化治理不仅是对文化自信与文化自觉的号召,更是助力国家治理体系与治理能力现代化的关键步骤。

治理理论视域下,推进公共文化治理必须破除政府供给的单一化与

---

[1] Lynn L E, Jr, Hill H. Tenth Anniversary Issue ‖ Studying Governance and Public Management: Challenges and Prospects [J]. Journal of Public Administration Research & Theory J Part, 2000, 10(2): 233-261.

[2] Baxi, Upendra. Global Neighborhood and the universal otherhood: Notes on the report of the commission [J]. Alternatives: Global, Local, Political, 1996, 21(4):olitical.

[3] 娄成武,董鹏.西方治理理论缘起与发展探析——基于美国公共行政学的视角[J].中共青岛市委党校青岛行政学院学报,2014(4):58-64.

[4] 荣跃明.公共文化的概念、形态和特征[J].毛泽东邓小平理论研究,2011(03):38-45,84.

单向性局面,适当引入社会组织、市场等多元主体的参与,在法律范围内实现权力共享,给予社会更多自主性与能动性,调动社会与市场资源参与公共文化领域的治理;同时注重民众对文化需求的反馈,以需求为导向给予公共文化服务供给。当然,公共文化治理也应注重对非正式制度的应用,构建良好的文化治理氛围。

第三部分

调研报告篇

本部分剖析了重庆市4个区(县)关于公共文化治理的探索与实践。2019年5月到2019年12月,研究团队在重庆市范围内进行抽样调查,深入北碚区、万州区、忠县和武隆区等区(县)展开实地调研,掌握了大量第一手资料,由此形成了《重庆市城乡一体融合发展体制机制改革中公共文化治理与政策创新研究》《北碚区公共文化治理调研报告》《万州区公共文化治理调研报告》《忠县公共文化治理报告》《武隆区公共文化治理报告》5份调研报告。5份调研报告全面把握和认识了重庆市及其4个区(县)城乡融合发展体制改革背景下公共文化治理特别是公共文化服务供给与需求的现实状况。

一、重庆市公共文化治理调研报告

《重庆市城乡一体融合发展体制机制改革中公共文化治理与政策创新研究》调研报告

(一)引言

建立健全城乡融合发展体制机制和政策体系,是党的十九大做出的重大决策部署。改革开放特别是党的十八大以来,我国在统筹城乡发展、推进新型城镇化方面取得了显著进展,但城乡要素流动不顺畅、公共资源配置不合理、城乡发展不平衡等问题仍不同程度存在,影响城乡融合发展的体制机制障碍尚未根本消除。推动城乡融合发展,是协调推进乡村振兴和新型城镇化战略的重要途径,是拓展高质量发展空间的有力抓手,也是破解新时代我国社会主要矛盾的必然选择。

2019年5月,《中共中央 国务院关于建立健全城乡融合发展体制机制和政策体系的意见》发布,文件明确了城乡融合发展的总体要求、主要目标和重点任务,从顶层设计着手,搭建起建立健全城乡融合发展体制机制和政策体系的"四梁八柱"。习近平总书记视察重庆时指出重庆市情特点突出,集大城市、大农村、大山区、大库区于一体,城乡区域发展差距较大。当前重庆发展总体态势良好,但发展不平衡不充分的矛盾仍然突出,最大的不平衡就是城乡发展不平衡。领会好、把握好、运用好总书记的重要指示精神,谋划推进新时代重庆的发展,亟须突破制约重庆市城乡融合发展的体制机制和政策障碍。

当前城乡之间不平衡最突出的表现在于基本公共服务发展水平的不平衡,城乡融合发展的难点突出表现在城乡社会融合上。必须以普惠共享基本公共服务体系建设促进城乡公共文化服务均等化,以公共文化建设和治理促进城乡社会融合,方能重塑新型城乡关系,推动城乡融合发展。近年来,重庆市公共文化建设投入稳步增长,覆盖城乡的公共文化服务设施网络基本建立,公共文化服务效能明显提高,人民群众精神文化生活不断改善,公共文化服务体系建设取得显著成效。但是,与当前经济社会发展水平和人民群众日益增长的精神文化需求相比,与基本建成全民覆盖、普惠共享、城乡一体的公共文化服务体系的目标要求相比,以及与城乡融合发展的总体要求相比,重庆市城乡公共文化服务体系和治理机制建设仍然面临着挑战。

因此,为贯彻落实党的十九大报告和《中共中央 国务院关于建立健全城乡融合发展体制机制和政策体系的意见》的文件精神,加快推动重庆市城乡融合发展,建立健全城乡一体融合发展的体制机制和政策体系,推动区域协调发展,了解重庆市城乡融合发展背景下公共文化服务与治理的现状,西南大学公共文化研究中心课题组系统收集了相关理论研究成果和上海、浙江、北京等地做法,通过在重庆市范围内进行抽样调查,深入北碚区、万州区、忠县和武隆区展开实地调研。课题组分别对4个区(县)的宣传部、文旅委、农业农村委、发改委、人社局、财政局、教委等29个区(县)级党政机关部,文化馆、博物馆、图书馆、融媒体中心等12个区(县)级文化事业单位进行调研,深度访谈干部同志近220名;还深入到水土街道、童家溪镇、沙河街道、五桥街道、凤山街道、土坎镇、黄莺乡等15个乡镇和街道公共文化综合服务中心,访谈相关负责人和工作人员近40名;同时,还走访了燎原社区、建设村、安乐村、忠州街道、乌杨街道、拔山镇、香怡社区、五星村、复兴村等15个村社,了解基层文化活动室的运行情况和基层文化活动的开展情况,访谈了社区书记、综合服务专干和其他相关工作人员共50名。除此以外,本次调研还对200余名群众进行了随机访谈。

在调研过程中,课题组多次召开专题讨论会,全面理解和认识重庆市城乡融合发展体制改革背景下公共文化治理特别是公共文化服务供给与需求的现实状况。在此基础上系统总结当前重庆市公共文化治理工作的成绩及其经验、不足及其结症,就进一步深化公共文化治理体制改革和推进政策体系创新的方向和路径提出有针对性的对策建议,从而为推动建立健全重庆市城乡融合发展的体制机制和政策体系提供文化路径的参考。

(二)重庆市城乡公共文化服务与治理的基本情况

1.城乡公共文化服务体系基本构建成型

重庆市按照中央决策部署,紧紧围绕城乡融合发展和乡村振兴的战略目标,坚持政府主导、社会参与、共建共享,以服务发展、服务民生为主线,以公共财政为支撑,保基本、促公平、提效能,完善政策、创新机制、加大投入、搭建平台,结合重庆实际加强制度设计,加快构建现代公共文化服务体系。重庆市相关政府部门充分履行政府职能,依法开展公共文化服务,强化人、财、物等保障,构建起现代公共文化服务体系建设长效机制。一是健全投入保障机制,进一步加大公共文化服务财政投入力度,较好保障了重大文化设施建设、重大文化惠民工程实施、公共文化场所免费开放以及重大文化活动开展。二是不断壮大人才队伍,加强公共文化人才向农村倾斜,尤其在文化站的建设和人才配套方面(见图3-1),明确了队伍建设纳入服务标准,要求按照职能配齐公共文化机构工作人员,每个村(社区)公共服务中心由政府购买不少于1个公益文化岗位。三是加强网络建设,构建"区县—镇街—村社—院户"的四级公共文化服务网络(见图3-2),推动公共文化资源的联动,加强公共文化服务的重心下沉。目前重庆市已初步建成门类较为齐全、布局较为合理、服务较有特色的现代公共文化服务体系,使得文化民生得到较好保障,人民群众精神文化的美好生活更加丰富。

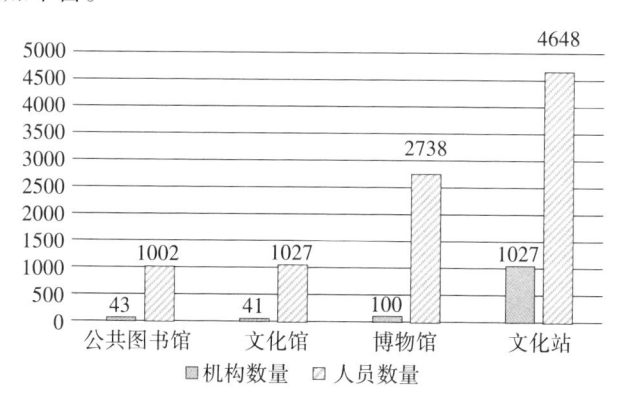

类别	机构数量	人员数量
公共图书馆	43	1002
文化馆	41	1027
博物馆	100	2738
文化站	1027	4648

图3-1 重庆市公共文化机构及人员基本情况

数据来源:《重庆统计年鉴2019》

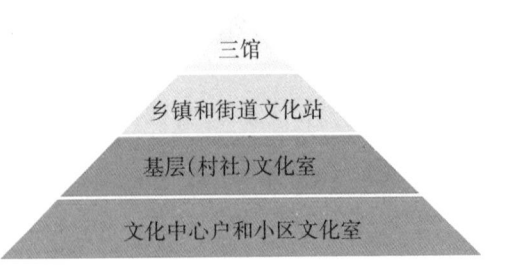

```
           三馆
      乡镇和街道文化站
      基层(村社)文化室
    文化中心户和小区文化室
```

图3-2 重庆市四级公共文化服务网络

从课题组调研的情况来看,北碚区、万州区、忠县、武隆区4个区(县)在各镇街、村社都建有基层综合文化服务中心,也实现了文化室在村社区的全覆盖,并积极推进通借通还系统向有条件的村(社区)文化室延伸。公共文化场馆基本配备专业的文化设施设备,安排专职或兼职工作人员进行维护和管理,为各项文化活动的组织和开展提供了便利的空间和硬件支持。同时各场馆通常还配备了由上级文化机构联系的专业文化人才进行业务指导和帮助,使得基层公共文化场馆服务供给得以保障,机构运行基本有效。

根据调研访谈,目前4个区(县)在城乡公共文化服务建设方面的具体情况如下:

北碚区已建成完备的基层综合文化服务中心,并不断将公共文化资源和服务向村社下沉。其中村(社区)文化室设置率达100%,实现农村地区广播覆盖率和村(社区)有线电视通达率两个100%。2020年,全区实现基层数字文化站全覆盖(见表3-1)。

表3-1 2018年北碚区城乡公共文化服务建设情况(单位:个)

24小时城市书房	基层综合文化服务中心			
	街道	镇(乡)	村	社区
3	9	8	103	69

数据来源:调研数据

万州区在文化馆、博物馆和图书馆三馆配备齐备的基础上,积极践行"总分馆"制度。2019年,万州区在各乡镇街道设立文化馆分馆52个、图书馆分馆13个(政府主办9个、民办公助4个),实现全区52个乡镇街道文化馆分馆的全覆盖(见表3-2)。

表3-2　2019年万州区城乡公共文化服务建设情况(单位:个)

"总分馆"制度		基层综合文化服务中心			
文化馆分馆	图书馆分馆	街道	镇(乡)	村	社区
52	13	11	41	413	181

数据来源:调研数据

忠县更是积极打造以"两馆"为龙头,镇街文化站为主体,村(社区)综合文化服务中心为骨干,文化中心户为补充的四级公共文化服务网络。2019年,建成286个标准村(社区)综合文化服务中心、470个农村文化中心户、20个居住小区文化活动室、20个全民阅读示范点,实现全县行政村、涉农社区文化中心户覆盖率达100%(见表3-3)。

表3-3　2019年忠县四级公共文化服务建设情况(单位:个)

村(社区)综合文化服务中心	农村文化中心户	居住小区文化活动室	全民阅读示范点
286	470	20	20

数据来源:调研数据

武隆区城乡公共文化服务体系建设同样取得较大成效,各类各级公共文化场馆建设不断推进,各种基本公共文化服务走进千家万户,各项公共文化活动持续有序开展。2019年,武隆区建成26个乡镇综合文化站(一级站9个、二级站4个、三级站13个),23个图书馆分馆,186个农家书屋,480个文化中心户(见表3-4)。

表3-4　2019年武隆区城乡公共文化服务建设情况(单位:个)

乡镇综合文化站	图书馆分馆	基层示范村	农家书屋	文化中心户
26	23	26	186	480

数据来源:调研数据

2.城乡公共文化治理的机制逐步完善

重庆市以公共文化服务效能为核心,扎实推进构建城乡现代公共文化服务体系各项改革任务,创新公共文化服务和治理机制,充分激发城乡公共文化服务领域活力。

一是加强公共文化服务的协调机制建设。自重庆市公共文化服务体系建设协调机制建立以来,不仅21个市级部门充分发挥职能作用,重庆市还不断加强公共文化服务协调机制建设,坚持以政府为主导和以基层为重点,加强组织协调,统筹公共文化服务资源,建立符合重庆实际的网络健全、结构合理、发展均衡、运行高效的城乡公共文化服务一体化、可持续发展协调机制,统筹推进全民阅读、全民普法、全民健身、全民科普和艺术普及、优秀传统文化传承等活动。同时,重庆市综合分析全市公共文化服务资源种类、数量、内容、人才、资金、服务群体及覆盖区域等现状存在的共性与个性问题,科学规划,分类实施,避免资源闲置与浪费,建立了统一的公共文化服务综合平台,有效整合基层文化项目、工程、资源,形成了与设施网络相匹配的服务网络,提升了面向基层的服务能力和服务水平。自2014年开始建立并试点的重庆市公共文化物联网服务平台,不仅实现了"群众点单、政府配送",推动公共文化服务项目与群众文化需求有效对接,更加整合了全市的公共文化资源,改变了公益性文化单位各自为政的格局,推进市、区(县)、乡镇(街道)多个层级以及社会各界公共文化资源的集聚,优势互补,共建共享。自2017年重庆市文化委、市体育局、市发展改革委、市财政局联合下发《关于印发〈关于推进区县文化馆图书馆总分馆制建设的实施意见〉的通知》,文、图总馆由县拓展到区,做到区县全覆盖;分馆在以乡镇(街道)基层综合文化服务中心为主的基础上,拓展到有条件的村(社区)、学校、科研机构、企业等的图书馆(室)、职工书屋、文化室,以及民营书店、文化机构等。截至2019年,全市建成39个图书馆总馆、39个文化馆总馆,建成1433个图书馆分馆、1038个文化馆分馆(见图3-3),总馆实现县级和区级两个100%建成。越来越多的普通市民在家门口就能感受到文化氛围,进一步提升城市文化内涵与生活品质。课题组调研发现,北碚区人民政府办公室于2015年8月7日印发《北碚区公共文化服务体系建设协调机制工作方案》,建立了教育、科委、民政、工青妇等近50个单位的公共文化服务体系协调工作机制。忠县在2018年由县委宣传部、中共忠县县委网络安全和信息化领导小组办公室、忠县精神文明建设委员会办公室、忠县文化委员会联合印发的《忠县推动乡村文化振兴工作方案》规划了农村思想道德教育行动、优秀乡土文化挖掘传承创新行动、乡村文化供给优化升级行动、乡村移风易俗行动4项重点工作,并逐一明确了牵头部门和配合部门,基本形成了党委领导部门协同推动的乡村文化振兴工作格局。

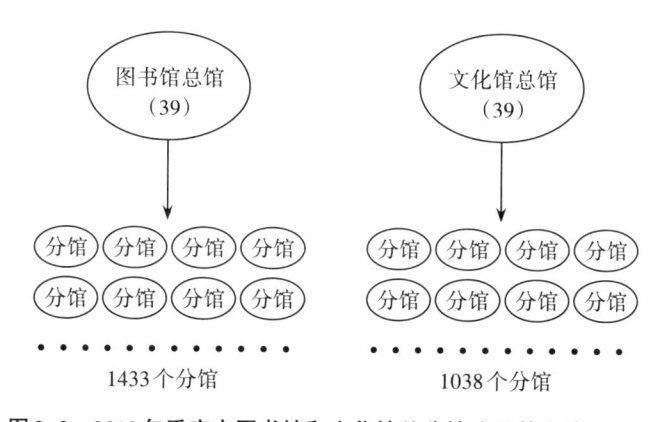

图3-3　2019年重庆市图书馆和文化馆总分馆建设基本情况

数据来源:重庆市文化和旅游发展委员会:《市文化旅游委六大中央部署改革试点任务工作进展良好成果丰硕》,(2020-09-28)

二是加强公共文化服务的督导考核机制建设。 重庆市将公共文化服务效能纳入市委、市政府对区(县)党委政府的考核内容,制定公共文化服务考核指标和绩效考核办法,推动区(县)党委政府重视公共文化服务,提高公共文化设施的利用率,提升公共文化服务效能和群众的"获得感"。重庆市每年对公共文化阵地免费开放情况进行考核,根据考核结果给予奖惩。采取随机抽查、实地暗访等方式,对基层综合文化服务中心开展效能督查,对服务效能不好的,予以通报并要求其限期整改。定期对送流动文化服务进村等重大文化惠民工程进行督查,确保惠民工程收到实效。各区(县)在市级考核机制基础上制定了区(县)级公共文化治理的考核机制。课题组调研发现,北碚区文化委员会在2013年制定了《北碚区公共文化服务体系科学实绩考核办法》,于2018年修订了《北碚区街道(镇)综合文化站免费开放绩效评价业务指标》,并制定《北碚区街道(镇)综合文化服务中心专项治理工作方案》《北碚区街道(镇)综合文化站、村(社区)

综合文化服务中心服务规范》等有关绩效考核政策文件,把公共文化服务体系建设纳入对区级相关部门、镇(街道)党政领导班子和领导干部的科学发展实绩考核,同时,也将基层综合文化服务中心专项治理工作与基层综合文化服务中心免费开放绩效评估、效能督查同部署、同检查,治理结果纳入每年度对镇街文化工作考核重要内容。在此基础上,还构建了基本公共文化服务实施标准监测评估模型并研发监测评估系统,引入了第三方开展公众满意度测评,增强考核的客观性和科学性。在万州区,针对文化馆、图书馆、博物馆等涉及公共文化服务工作的相关直属单位,每年年初签订《年度考核目标管理责任书》,对其在免费开放、文化服务、文艺演出、文艺创作等方面严格量化要求,年底对其考核。针对各基层综合文化服务中心,万州区文委联合区财政局出台了《重庆市万州区文化委员会关于做好2018年度目标考核检查工作的通知》(万州文委发〔2019〕4号)文件,该文件规定万州区严格按照制定的《乡镇(街道)目标考核指标》对其一年工作进行考核,并根据考核结果对获得绩效评价二等及以上的乡镇(街道)文化服务中心进行奖励。针对文艺表演团体等服务主体,万州区文委对各承接主体服务情况进行严格考评监督,同时将演出效果回执表、活动总结、活动现场全景照片等资料作为考评结果支付购买服务经费,对不履行合同或演出服务效果不好的团队,实行"黑名单"制,取消参与政府购买公共文化服务资格。武隆区在2019年制定了《武隆区政府关于购买公共文化服务考核办法(暂行)》。而忠县推出了基本公共文化服务的两级双重考核机制,将公共文化服务纳入对忠县党委、政府和乡镇(街道)两级的考核内容,同时创新"互联网+督查""互联网+考评"模式,在加强对公共文化机构和人员进行过程考核的同时,让"数据多跑路""人员少跑路",切实减轻了基层文化机构和人员的负担。还通过数据和资料的留存和分析,让数据真正在评估和考核中派上用场,从而提升了考核和监督的客观性和及时性(见表3-5)。

表3-5　4个区(县)公共文化治理的考核政策梳理

区(县)	考核政策文本
北碚区	《北碚区公共文化服务体系科学实绩考核办法》(北碚区人府办,2013)
	《北碚区街道(镇)综合文化站免费开放绩效评价业务指标》(北碚区文委,2018)
	《北碚区街道(镇)综合文化服务中心专项治理工作方案》(北碚区文委,2018)
	《北碚区街道(镇)综合文化站、村(社区)综合文化服务中心服务规范》(北碚区文委,2018)
万州区	《年度考核目标管理责任书》(万州文委)
	《重庆市万州区文化委员会关于做好2018年度目标考核检查工作的通知》(万州文委发〔2019〕4号)
忠县	《2018年忠县乡镇(街道)公共文化服务率考核指标》(忠县人府办,2018)
武隆区	《武隆区政府关于购买公共文化服务考核办法(暂行)》(武隆区人府办,2019)

三是加强公共文化服务的社会参与机制建设。公共文化服务不是政府单向供给的过程,公民和社会也不只是扮演被动接受的角色。公共文化服务的公共价值实现需要政府、市场和社会的"合作生产"。近年来,重庆市公共文化服务社会参与机制逐步完善,有序推进着重庆城乡公共文化服务社会化。

首先,有序推进政府购买。随着《重庆市人民政府办公厅关于转发市文化委财政局〈政府向社会力量购买公共文化演出服务实施方案〉的通知》(渝府办发〔2014〕115号)、《重庆市人民政府办公厅关于做好政府向社会力量购买公共文化服务工作的通知》(渝府办发〔2015〕150号)、《重庆市人民政府办公厅关于印发重庆市政府购买服务暂行办法的通知》(渝府办发〔2014〕159号)等相关政策的出台,这不但为政府购买公共文化服务提供了政策支撑,逐步建立健全政府向社会力量购买公共文化服务体制机制,形成市到区(县)、区(县)到镇街、镇街到村(社区)分级配送的服务模式。而且政府购买的种类、范围、场次等不断扩大(见图3-4)。通过调研,课题组发现北碚区已经将全区73个社区纳入购买范围,且街镇购买场数提高至6场,并且还将政府购买文艺演出与扶持民间文艺团队相结合。2018年,已完成政府购买文艺演出、讲座、展览810场次,其中进村412场。万州区自2015年开始,正式形成"希望的田野""爱在万州"送文艺演出进基层品牌活动,以遴选的方式每年通过政府购买向全区52个乡镇、街道送去四批次文艺演出服务。同时结合"三下乡""全民阅读"等活动,以政府购买的方式每年完成流动文化服务下乡进村活动2000余场。忠县采用了"政府购买、群众受益"的服务模式,县、乡(镇)两级政府每年共采购1000场左右优秀文艺产品,进乡镇、进学校、进城市社区、进农村村社展演,让群众在家门口就能享受到优秀的文化服务。武隆区2018年公共文化建设共投入资金5215万元,政府购买公共文化服务活动送到乡镇157场次,由乡镇送到村社800余场次。

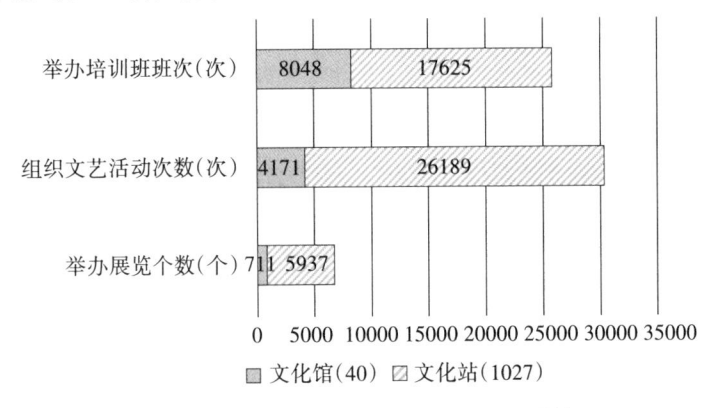

项目	文化馆(40)	文化站(1027)
举办培训班班次(次)	8048	17625
组织文艺活动次数(次)	4171	26189
举办展览个数(个)	711	5937

图3-4 重庆市公共文化服务活动年度数量情况

数据来源:《重庆统计年鉴2019》

其次,持续培育社会组织。2018年,重庆市建成的1433个图书馆分馆中,民办公助、民营馆有105个;建成的1038个文化馆分馆中,民营馆有38个(见表3-6)。课题组调研发现,万州区图书馆分馆有13个,政府主办的有9个,民办公助的有4个。除此以外,万州区还积极加强与企业联合,实现共赢。在太安、新乡"茶文化节"、燕山"杨梅节"、分水"李花节"、后山"麻花节"、天城"桃花节"、九池乡"春季草莓旅游文化节"等基层特色节日期间,联合当地企业,用送演出的形式实现共赢,对提升企业效益、扩大旅游口碑、文化服务惠民等都有较大好处。而且在"三峡曲艺周周演""希望的田野""爱在万州"送演出进基层等活动中,采取与重庆三峡银行、古玩城等企业合作的方式,为公共文化服务建设找到了政府、市场、社会合作的结合点。北碚区在金刀峡镇文化馆图书馆分馆探索引进社会组织和文化志愿者,采取委托管理的方式,通过社会组织提供专业化服务,做好总分馆日常管理运行。忠县也积极鼓励和支持企业、社会组织和其他社会力量,通过直接投资、赞助活动、捐助设备、资助项目、提供产品和服务,以及采取公益创投、公益众筹等方式,参与村(社区)综合文化服务中心建设管理。

表3-6 2018年重庆市社会组织参与总分馆制建设情况(单位:个)

总分馆建设	数量	社会组织参与	数量
市图书馆分馆	1433	民办公助、民营馆	105
市文化馆分馆	1038	民营馆	38

数据来源:调研数据

再次,不断壮大志愿者队伍。为增加更广泛社会力量参与公共文化服务,重庆市积极推进公共文化志愿服务,立足自身实际,依托公共文化设施,采取常态化开展和集中开展相结合的方式,建立志愿服务队伍,设立志愿服务站点,设计志愿服务项目,健全志愿服务机制,促进公共文化设施志愿服务广泛开展。结合重要节日、纪念日,组织志愿者集中开展主题教育、文化娱乐、节日民俗等活动。积极拓展服务范围,组织志愿者走进城乡社区,广泛开展巡回展览、文艺演出、扶贫帮困、便民助民等志愿服务活动。忠县以供给侧结构性改革作为提升公共文化服务效能的总抓手,促进服务主体多元化,广泛吸纳社会力量参与,采取"超市化"供应、"菜单式"服务、"订单式"配送,吸引公共文化志愿者,深入乡镇(街道)、村(社区)、文化中心户开展精准服务。万州区选择能够无偿提供活动场地,并能够自愿服务群众,有一定文化素养的党员干部、致富能手、退休教师和有民间艺术特长的农户参与到公共文化服务中来,极大地丰富当地群众的文化生活。万州区于2016年、2018年分别在全区168个贫困村和29个扶贫开发重点村(社区)实施文化中心户建设工作,按照"七个一"标准在每村(社区)建设一个文化中心户,为每个"文化中心户"投入5000元建设经费。区博物馆在管理中也积极引入志愿服务机制。自2009年免费开放以来,已有志愿者140人,其中志愿者张可兵荣获重庆市文物局"2014年度优秀志愿者"荣誉称号,志愿者团队重庆三峡医药专科学校护理系荣获"优秀志愿者团队"。武隆区则与重庆师范大学涉外商贸学院合作,设计"艺点武隆"乡村旅游创意项目,组织志愿服务团走进乡村基层,深入了解当地历史文化,在走街串巷中,寻找经典传承。

3.城乡公共文化服务政策不断创新

重庆市在制度建设和体系完善的基础上,高度重视政策保障,不断创新政策内容和形式,构建起比较完备的公共文化服务和治理的政策体系。首先,重庆市委、市政府将公共文化服务纳入全市国民经济和社会发展规划、社会事业发展规划、文化改革发展规划,编制了公共文化服务"十三五"发展规划。其次,重庆市委、市政府出台了《中共重庆市委办公厅、重庆市人民政府办公厅印发〈关于加快构建现代公共文化服务体系的实施意见〉的通知》(渝委办发〔2015〕23号),并配发了《重庆市基本公共文化服务实施标准(2015—2020)》;重庆市人民政府办公厅于2015年出台了《关于做好政府向社会力量购买公共文化服务工作的通知》(渝府办发〔2015〕150号),于2016年出台《关于推进基层综合性文化服务中心建设实施方案》(渝府办发〔2016〕62号)等政策文件。这对于进一步深化重庆市文化体制改革,丰富公共文化服务供给,提高公共文化服务效能,满足全市人民群众精神文化需求,推进公共文化服务均衡发展具有重要意义。再次,2017年市文委、市发改委、市民宗委、市财政局、市体育局、市扶贫办等有关部门联合制定了《重庆市"十三五"时期贫困地区公共文化服务体系建设实施方案》(渝文委发〔2017〕24号),市委宣传部、市文化委员会、市体育局于2016年初印发了《重庆市推进贫困地区村综合文化服务中心示范点建设实施方案》的通知(渝委宣发〔2016〕2号),这两个文件明确了重庆市现代公共文化服务体系建设的总体目标、重点任务、服务标准和保障要求,为构建重庆市现代公共文化服务体系提供了政策保障(见表3-7)。

表3-7 重庆市公共文化服务和治理政策文本

发文单位	政策文本
重庆市委办公厅、重庆市人民政府办公厅	《中共重庆市委办公厅、重庆市人民政府办公厅印发〈关于加快构建现代公共文化服务体系的实施意见〉的通知》(渝委办发〔2015〕23号)
重庆市人民政府办公厅	《重庆市基本公共文化服务实施标准(2015—2020)》(渝委办发,2015)
	《关于做好政府向社会力量购买公共文化服务工作的通知》(渝府办发〔2015〕150号)
	《关于推进基层综合性文化服务中心建设实施方案》(渝府办发〔2016〕62号)
市级有关部门联合制定	《重庆市"十三五"时期贫困地区公共文化服务体系建设实施方案》(渝文委发〔2017〕24号)

各区(县)结合实际,也制定了相关文件和政策措施,压实工作责任,强化工作举措,明确了时间表和路线图,扎扎实实推动现代公共文化服务体系建设。在课题组调研的4个区(县)中(见表3-8),北碚区先后制定出台了《北碚区公共文化服务体系建设协调机制工作方案》(北碚府办发〔2015〕75号)、《北碚区基本公共文化服务保障标准》(北碚委办,2016)、《北碚区关于加快建构现代公共文化服务体系的实施意见》(北碚委办〔2016〕11号)等。万州区出台了《万州区加快构建现代公共文化服务体系的实施方案》(万州委办〔2016〕32号)、《万州区建立公共文体服务体系建设协调机制工作方案》(万州府办〔2015〕81号)等政策文件。忠县为乡村文化振兴制定并实施了一系列鼓励扶持政策,《忠县基层公共文化服务标准化建设实施方案》(2016年)从服务供给标准化、服务设施标准化、服务内容标准化、服务考核标准化、服务形象标准化等5个方面对县、乡镇(街道)、村(社区)、农村文化中心户(县城小区文化室)4级公共文化机构的服务制度进行了规定和要求。忠县文化委员会先后制定完善了《忠县乡镇(街道)综合文化服务中心服务规程》(忠县文化委员会,2017)、《忠县文化馆服务规程》(忠县文化委员会,2017)《忠县公共图书馆服务规程》

(忠县文化委员会,2017)、《忠州博物馆服务规范》(忠县文化委员会,2017)以及《忠县城区小区文化室(文化中心)管理办法》(忠县文化委员会,2018)等一系列规范化的服务章程,对公共文化服务机构的服务设施与环境、服务对象与开放时间、服务内容与方式等方面进行了明确规范。其中2018年由中共忠县县委宣传部、中共忠县县委网络安全和信息化领导小组办公室、忠县精神文明建设委员会办公室、忠县文化委员会联合印发的《忠县推动乡村文化振兴工作方案》更是亮点纷呈。武隆区相继出台了《武隆区人民政府办公室关于做好政府向社会力量购买公共文化服务工作的通知》(武隆府办,2016)、《武隆区全民阅读规划纲要及工作方案》(武隆文化委员会,2017)、《推进武隆区村级综合文化服务中心示范点建设实施方案》(武隆党委办,2017)、《武隆区推动乡村文化振兴工作方案》(武隆区府办,2018)等政策文件,将公共文化工作列入全区工作重要议事日程,提供了强大的组织保障、制度保障和政策保障。

表3-8 调研区(县)公共文化服务和治理相关政策文本

区(县)	公共文化服务和治理相关政策文本
北碚区	《北碚区基本公共文化服务保障标准》(北碚委办,2016)
	《北碚区关于加快建构现代公共文化服务体系的实施意见》(北碚委办〔2016〕11号)
	《北碚区公共文化服务体系建设协调机制工作方案》(北碚府办发〔2015〕75号)
万州区	《万州区加快构建现代公共文化服务体系的实施方案》(万州委办〔2016〕32号)
	《万州区建立公共文体服务体系建设协调机制工作方案》(万州府办〔2015〕81号)
忠县	《忠县基层公共文化服务标准化建设实施方案》(忠县县委,2016)
	《忠县乡镇(街道)综合文化服务中心服务规程》(忠县文化委员会,2017)
	《忠县文化馆服务规程》(忠县文化委员会,2017)
	《忠县公共图书馆服务规程》(忠县文化委员会,2017)
	《忠州博物馆服务规范》(忠县文化委员会,2017)

续表

区(县)	公共文化服务和治理相关政策文本
	《忠县城区小区文化室(文化中心)管理办法》(忠县文化委员会,2018)
	《忠县推动乡村文化振兴工作方案》(2018)
武隆区	《武隆区人民政府办公室关于做好政府向社会力量购买公共文化服务工作的通知》(武隆府办,2016)
	《武隆区全民阅读规划纲要及工作方案》(武隆文化委员会,2017)
	《推进武隆区村级综合文化服务中心示范点建设实施方案》(武隆党委办,2017)
	《武隆区推动乡村文化振兴工作方案》(武隆区府办,2018)

4.城乡公共文化服务均等化水平不断提高

依托已成型的城乡公共文化服务体系,重庆市加快推动公共文化服务均衡协调发展,深入挖掘城乡融合发展的文化动能。一是推动贫困地区公共文化服务跨越发展。深入实施文化脱贫攻坚行动,以深度贫困乡镇为脱贫攻坚重中之重,全面深化扶贫开发工作重点区(县)文化脱贫攻坚,精确瞄准、因地制宜、分类施策,集中力量攻坚克难。重庆市文化扶贫的主要工作见表3-9。重庆市针对14个贫困区(县),制定了《深化文化脱贫攻坚行动方案》,主要实施文化阵地设施提档升级、公共文化服务能力提升、文艺创作生产指导扶持、重点文化遗产保护利用、文化产业持续发展培育、人才队伍建设素质提升"六大攻坚工程"。目前农村贫困人口基本文化需求得到一定保障,文化发展总体水平接近全市平均水平。同时,重庆市积极支持贫困地区挖掘、开发、利用民族民间文化资源,充实公共文化服务内容,加大优秀公共文化资源供给。2018年,14个贫困区县的公共图书馆、文化馆建筑面积增长都翻了一番,年购买1.7万场文艺演出,创作脱贫节目200余个,惠及群众1569余万人次,每年服务群众2500万人次以上。调研发现,万州区在贫困地区基层文化阵地建设方面,先后出台了《关于印发万州区推进贫困村综合文化服务中心示范点建设的通知》(万州文委发〔2016〕38号)、《关于印发万州区推进贫困地区村综合文化服务中心第二批示范点建设的通知》(万州文委发〔2016〕51号)、《关于配合做好"百县万村示范工程"广播器材配置工作的通知》(万州文委发

〔2016〕83号)、《关于配合做好"百县万村示范工程"广播器材配置工作的通知》(万州文委发〔2017〕82号)、《关于下达2018年贫困村文化中心户日常运行经费的通知》(万州文委发〔2018〕84号)等政策文件,立足于"一地一品牌、一村一特色"的标准原则,打造8个特色综合性文化服务中心,完成了65个村、37个社区综合性文化服务中心的建设任务,实现全区基层综合性文化服务中心全覆盖,同时保障全区197个贫困村(社区)文化中心户每年1000元运行经费,以此来助推万州区贫困地区公共文化服务的长远发展。武隆区完成后坪乡综合文化服务中心建设,配置30个村综合文化服务中心设备,继续为每个贫困乡镇至少送一台市级院团文艺演出、6台其他文艺演出,全年完成文化进送演出(戏曲)进基层156场次,农村惠民电影放映2800场。

表3-9 重庆市文化扶贫的主要工作内容

文化扶贫工作内容	工作典型
文化惠民行动	制定了《深化文化脱贫攻坚行动方案》,主要实施"六大攻坚工程";制定了《深度贫困乡(镇)文化脱贫攻坚行动计划》《深度贫困乡(镇)文化脱贫攻坚重点项目单》,并开展"三建六送行动"。
文化产业扶贫	编制完成《重庆市"十三五"产业扶贫发展规划(2016—2020)》;在深度贫困乡镇区开办传统技艺非遗扶贫培训班,把文化"软资源"转化为"硬实力"。
文化旅游扶贫	出台《关于进一步加快乡村旅游发展的意见》(渝府办〔2016〕127号);依托土家族及苗族地区的特色村寨建设和传统文化,以及乌江画廊、武陵山等山水优势,大力发展以民风民俗、文化展示体验为主导的乡村旅游扶贫。
文化教育扶贫	推动出台《关于推进移风易俗树立文明乡风的实施意见》;在贫困村推广"脱贫攻坚·同步小康"讲习所。

二是推动城乡公共文化服务一体化发展。根据城镇、农村人口变化等情况,合理配置城乡公共文化服务资源。一方面,推进文化馆图书馆总分馆建设,实现总馆与分馆资源互联互通,共建共享。2018年,重庆市建成1433个图书馆分馆,建成1038个文化馆分馆。重庆图书馆"一卡通通

借通还"服务向区(县)延伸,"你阅读我买单"智慧阅读、"网上借阅重图到家"在线借阅等项目得到市民广泛好评。另一方面,继续开展城乡文化互动,促进农村文化建设。重庆市大力开展流动文化服务,开展送设施设备、送文艺演出、送电影放映、送直播卫星接收设备、送图书、送培训的"六送行动",并建立了常态化服务机制,延伸了公共文化服务范围。课题组通过调研发现(见表3-10),北碚区在依托公共数字文化服务"碚壳"平台的基础上,还积极开展基层公共数字文化服务推广项目,构建基于区域文图总分馆的基层街镇公共数字文化中心。2018年,全区实现"线上全覆盖、线下有试点"和线上线下"一站式"综合数字文化服务,不仅为基层群众提供了海量的数字文化资源和生动的数字文化体验,也为基层文化工作搭建起科学化、信息化、流程化的管理模式,进一步推动公共数字文化资源和服务真正在基层落地运用和推广。同时,北碚区还致力于打造特色文化,积极深化"一镇一品""一村一韵"等特色文化建设;持续打造金刀峡消夏艺术节、静观蜡梅文化节等活动,通过推进特色乡村旅游助力乡村产业振兴。万州区在推动城乡公共文化服务一体化发展的过程中,紧紧围绕"均等化目标、一体化建设、双重化管理、标准化服务"的总分馆制运行模式,以及"统一规划布局、统一资源配用、统一服务内容、统一服务标准、统一管理体系"的"五个统一"总分馆制服务模式,深入探索推进图书馆、文化馆总分馆制,整合各类文化资源,开展创意策划、专题辅导培训、文化共享工程业务组织、数字文化服务等。2019年,全区范围内已建文化馆分馆52个,图书馆分馆13个。同时,万州区落实文化惠民政策资金2亿多元,持续完善三级公共文化基础设施,建成文化广场公园62个,乡镇街道文化站(中心)、村(社区)农家书屋实现全覆盖,共投资220万元对全区110个行政村文化室配送群众文化设备,促进全区公共文化服务标准化、均等化建设。忠县自2015年以来,积极探索"以发展文化中心户为抓手,不断延伸基层公共文化服务链条"模式,通过"示范打造,典型引领"的方式,在农村基层先后建成350户农村文化中心户,实现全县行政村、涉农社区文化中心户覆盖率达100%。通过农村文化中心户建设,进一步夯实了城乡公共文化服务体系,惠及了广大农民群众。

表 3-10 调研区(县)推动城乡公共文化服务一体化发展情况

区(县)	推动城乡公共文化服务一体化发展情况
北碚区	积极开展基层公共数字文化服务推广项目,构建基层街镇公共数字文化中心,实现"线上全覆盖、线下有试点"和线上线下"一站式"综合数字文化服务;打造特色文化,助推乡村文化振兴;积极深化"一镇一品""一村一韵"等特色文化建设;持续推进特色乡村旅游;开展两江艺术团优秀剧目巡演。
万州区	围绕"均等化目标、一体化建设、双重化管理、标准化服务"的总分馆制运行模式,以及"五个统一"总分馆制服务模式,深入探索推进图书馆、文化馆总分馆制;落实文化惠民政策资金,持续完善三级公共文化基础设施,促进全区公共文化服务标准化、均等化建设。
忠县	积极探索"以发展文化中心户为抓手,不断延伸基层公共文化服务链条"模式;通过"示范打造,典型引领"的方式,实现全县行政村、涉农社区文化中心户覆盖率达100%。

三是保障特殊群体基本文化权益。进一步加强针对老年人、未成年人、残疾人、农民工、农村留守妇女儿童、生活困难群众等的公共文化服务,努力提高他们的文化获得感。重庆市持续开展蒲公英梦想书屋、农民工网络购票、文化大礼包、困难群众子女艺术培训等服务活动,年惠及群众100万人次。通过调研发现(见表3-11),北碚区切实保障特殊群体文化权益,把残障人士纳入重点保障对象,在文化馆开辟专门空间,组织专门服务项目,举办专场演出;在戒毒所建立文化艺术中心,常年开展阅读、演出、讲座、电影放映等文化服务;利用流动图书车、电影放映车将文化服务和产品送到农民工集中的工地、厂区等。万州区为视障人群提供图书馆服务,指导视障人士凭身份证、残疾人证办理区图书馆借书证,帮助视障人士免费使用或借用盲人阅览室的听书机、台式电子助视器、一键智能阅读器、盲文点显器等视障人士阅读设备。关注视障人士的精神文化诉求,让盲人和低视力人群能像正常人一样享受阅读的快乐,共享公共文化服务。万州区充分考虑留守儿童的公共文化权益保障问题,结合留守儿童的特点和成长需要,提供有针对性的文化服务和文化产品,联合打造留守儿童摄影基地、留守儿童美术基地,推出非物质文化遗产培训讲座走进

中小学生课堂等文化馆服务品牌"小太阳"行动。万州区图书馆与区残联在区图书馆一楼还开设了残障阅览室并对外开放。武隆区发布《武隆区"十三五"加快残疾人小康进程规划》，建立残疾人公共文化服务网络，规范图书馆视障阅览室建设，扶持盲文读物、有声读物、残疾人题材图书和音像制品出版；组织开展残疾人文化周活动；挖掘培育残疾人特殊艺术种类，鼓励扶持残疾人参与文学、美术、表演艺术等创作；打造残疾人文化产业品牌，活跃残疾人文化产业市场；加强残疾人特殊艺术人才培养，组织开展残疾人特殊艺术会演。

表3-11 调研区（县）保障特殊群体基本文化权益情况

区（县）	保障特殊群体基本文化权益相关情况
北碚区	把计生失独家庭、戒毒学员、农民工等特殊群体纳入重点保障对象，使其公平共享公共文化服务；在戒毒所建立文化艺术中心，常年开展阅读、演出、讲座、电影放映等文化服务；利用流动图书车、电影放映车将文化服务和产品送到农民工集中的工地、厂区；在街镇开办暑期文艺培训班；每年举办环卫工、农民工、农民工子女电影专场。
万州区	为视障人群提供图书馆服务，共享公共文化服务；文化馆为留守儿童开展各种文化服务品牌的"小太阳"行动；增添留守儿童书法培训基地，畅通了公共文化服务的"最后一公里"；区图书馆与区残联在区图书馆一楼开设了残障阅览室并对外开放。
武隆区	发布《武隆区"十三五"加快残疾人小康进程规划》；建立残疾人公共文化服务网络；组织开展残疾人文化周活动；挖掘培育残疾人特殊艺术种类；打造残疾人文化产业品牌，活跃残疾人文化产业市场；加强残疾人特殊艺术人才培养，组织开展残疾人特殊艺术会演。

（三）重庆市城乡公共文化服务与治理的主要亮点

1.三个转变，提升效能

（1）由固定服务向流动服务转变。将公共文化服务从坐等上门转变为向村社基层送服务，主动走向社会，走进老百姓。充分利用流动文化大篷车、流动图书车、流动文化展板、流动文化讲座等形式，县乡文化志愿者深入乡镇(街道)、村(社区)、文化中心户等,开展送演出、送培训、送展览、送讲座服务。老百姓享受的公共文化服务内容愈发丰富,质量不断提高。通过调研发现,北碚区将政府购买公共文化服务送基层纳入全区民生实事,建立流动文化服务区到镇街、镇街到村(社区)分级配送机制,将政府购买文艺演出与扶持民间文艺团队相结合,实行分级采购、分级配送。每年区文化委为每个街镇购买6场流动文化服务,其中演出不少于4场,各街镇为辖区内每个村(社区)购买4场流动文化服务,其中演出不少于2场,区文化委对街镇配送到村(社区)的流动文化服务每场补助资金500元,特别注重向农村倾斜,坚持常年为农民工、留守儿童、特殊群体等购买观影、培训等服务,确保最广泛地为广大人民群众提供公共文化演出服务。万州区致力于推动流动文化下乡,截至2019年6月已完成2000余场流动文化进村服务、240余场"希望的田野""爱在万州"助力脱贫攻坚送文艺(戏曲)下乡进村演出进基层活动,开展"全民阅读·书香万州"世界读书日等全民阅读活动20余场。2018年,武隆区共计开展公共文化服务活动1178场次,其中送演出275场次,送图书阅览(含青少年校外活动)148场次,送展览讲座184场次,送辅导培训283场次,送法规政策科技宣传288场次,共服务26.38万人次,总投入资金198.21万元。

(2)由传统服务向数字化服务转变。随着信息技术的发展和普及,越来越多的老百姓将选择用网络的方式去享受文化。重庆市通过"互联网+公共文化服务"的方式,建设智能文化终端,搭建智慧文化平台,以进一步完善公共文化服务体系(见图3-5)。目前建成的数字图书馆、数字文化馆、数字农家书屋数量逐步攀升;巴渝文化云、科普文化云、群众文化云等平台陆续上线运行。区(县)图书馆采购电子图书,投资新建数字图书馆、数字阅读体验厅、移动图书馆、城市书房,采购触摸屏式电子阅读机、朗读亭、连环画阅读机,并开通了24小时自助图书馆,在区(县)乡镇(街道)的图书馆分馆中,实施图书借阅"一卡通",切实提升了服务功能。通过调研发现(见表3-12),北碚区2018年新建24小时自助图书馆1个、馆外图书流通点3个、阅读角2个,新增朗读亭1个、电子漂书柜1台,扩大全民阅读覆盖范围。并且在全市率先实现镇街图书通借通还"一卡通"服务,并向有条件的村(社区)文化室延伸,将29.7万册图书纳入"一卡通"数据库,实现"一卡借还、多点服务"。2018年到馆读者473897人,借阅者53251人次,借阅册次223343册,持证读者56586人,辖区群众获得了共享大量图书资源的机会。万州区图书馆已基本实现数字化,24小时图书自助借还机系统正式投入运行。忠县建成数字图书馆、数字文化体验厅和乡镇图书分馆"一卡通",利用重庆文化云、文化馆、图书馆微信公众号提供图书、公开课、视频、讲座等线上优质文化资源。武隆区搭建农村中小学网络学习平台,全区教育宽带网骨干节点带宽达80G,100%的中小学实现宽带接入,信息网络、班班通全覆盖。采取购买与开发"双轨并行"的资源补给机制,汇聚优质资源15万余条、数字藏书80万册;实施"教学点数字资源全覆盖项目",累计投入30余万元,完成教学点软件升级改造。全区15个农村教学点实现资源全覆盖,将优质资源辐射到偏远学校、农村学校和城市薄弱学校,为全区中小学师生搭建了文化学习网络平台。

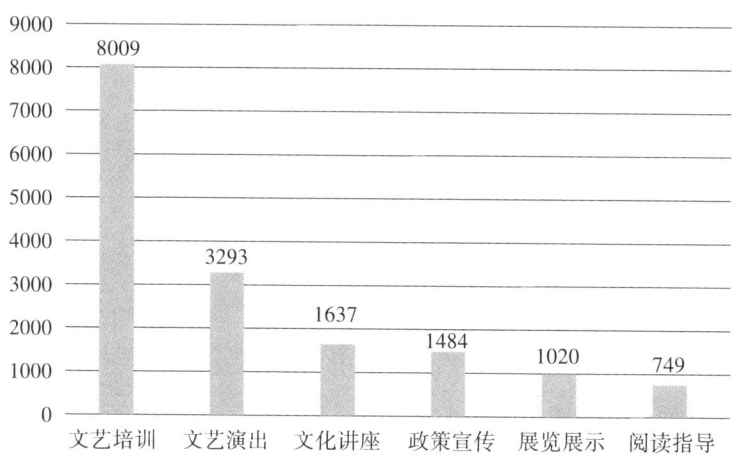

图3-5 重庆群众文化云各项数字文化资源发布数量情况(单位:场)

数据来源:重庆群众文化云官网,2020年2月2日

表3-12 调研区(县)公共文化数字化建设情况

区(县)	数字化建设情况
北碚区	在全市率先实现镇街图书通借通还"一卡通"服务,并向有条件的村(社区)文化室延伸;2018年新建24小时自助图书馆1个、馆外图书流通点3个、阅读角2个,新增朗读亭1个、电子漂书柜1台。
万州区	区图书馆基本实现数字化,24小时图书自助借还机系统正式投入运行;2018年投资建设了客流数据采集与管理系统和设备等;正式启动了由区委宣传部主导、区网信办牵头,多网络媒体组织开展的万州区优秀传统文化网络传播工程。
忠县	于2014年开通移动图书馆,读者通过移动图书馆可下载电子书、查阅学术资源、视频、有声读物、公开课等信息资源;不断完善城乡电子阅览室,开通了中国文化网络电视平台,基点学校全部建成卫星数字农家书屋,拓展了农村儿童数字阅读平台。
武隆区	搭建农村中小学网络学习平台,100%的中小学实现宽带接入;实施"教学点数字资源全覆盖项目",全区15个农村教学点实现资源全覆盖,为全区中小学师生搭建了文化学习网络平台。

(3)从"送文化"向"种文化"转变。大力实施文化惠民服务进万家活动,广泛开展送图书、送展览、送讲座、送演出、送辅导等"公共文化服务包"到基层村社、文化大户,建立文化大讲坛、百姓舞台、民俗展演等一批各具特色的文化服务项目,让群众有看得见、摸得着的文化实惠。北碚区主张"种文化入心",开展文化惠民服务。一是开展"缙云文化村村行"活动。在乡村广泛开展文艺展演、活动辅导、艺术培训、艺术展览等文化服务惠民活动,实现了"送文化"与"种文化"的有机结合,加快了乡村文化建设与发展进程。年均送文化下街镇、村(社区)不少于50场次,至今累计参与人数已近10万人。二是开展"缙云文化大讲堂"下基层活动。"缙云文化大讲堂"力求做到"三贴近":贴近实际、贴近生活、贴近群众。坚持不定期下农村、进社区、进学校,让公益讲座覆盖全区。三是开展"行走中的美术馆"公益展览讲座。北碚美术馆将美术书法和摄影的参展作品制作成活动展板的形式,每年在北碚区17个镇街,以及各校园、村社区、企业、部队进行巡回展出,并适时开展美术培训讲座,力求让艺术精品"走"进群

众,"沉"到基层。忠县县级馆与乡镇站建立了"结对子,种文化"的指导制度,每年对300余名基层文艺骨干进行集中培训,激发基层群众自办文化的热情,各乡镇开展了以基层群众为主体的形式多样、特色鲜明的品牌活动,让过去多年的被动接受变为主动参与,有效推动城乡文化共同繁荣。

2.四级网络,服务下沉

(1)县级"三馆"提档升级,发挥龙头示范作用。在公共文化服务体系建设上,区(县)狠抓公共图书馆、文化馆和博物馆的标准化建设,充分发挥"三馆"的龙头示范指导作用,为各区(县)公共文化服务效能的提升做出了贡献(见表3-13)。区(县)图书馆、文化馆和博物馆的文化服务功能建设及数字化建设不断进行提档升级,先后建成数字图书馆、数字博物馆、公共文化物联网等。北碚区率先在全市建成文图博美体"四馆一中心"区级设施网络体系,且努力打造"一刻钟文化服务圈",将文化设施覆盖城乡。除此以外,北碚区运行了公共数字文化服务"碚壳"平台,万州区已建成"重庆市公共文化物联网—万州区分中心平台—镇街文化服务中心"的三级网络平台,服务内容包括文艺培训、文艺演出、展览展示、阅读指导、文化讲座、政策宣讲六大类;实现图书馆数字化,运行24小时自主借还系统。忠县通过财政投入,不断强化新场馆建设和旧场馆提档升级,初步形成了以"两馆"为龙头,在实现免费开放基础上力求优质。2018年,武隆区文化馆在自建网站的基础上采购安装了视频会议系统、客流监控系统以及场馆VR全景采集,实现公共文化服务网络点击率9万余次,志愿者服务100余次。

表3-13 重庆市区(县)公共文化服务效能大数据综合排名

序号	区域	序号	区域
1	江津区	9	南岸区
2	巴南区	10	涪陵区
3	荣昌区	11	江北区
4	璧山区	12	九龙坡区
5	万州区	13	渝中区

续表

序号	区域	序号	区域
6	沙坪坝区	14	铜梁区
7	永川区	15	大渡口区
8	石柱县	16	渝北区

数据来源：重庆群众文化云官网，2020年2月2日

(2)镇级文化站优化供给,发挥主体支撑作用。区(县)针对乡镇(街道)文化站普遍存在的人员不在岗、活动匮乏、基本公共文化服务不健全等突出问题,进一步提升基层文化站服务效能,优化公共文化服务供给。区(县)为基层文化站健全服务项目、落实免费开放经费、配齐工作人员,建立监管平台和强化评估考核,建立乡镇(街道)文化站服务效能建设长效机制,激活基层文化站的主体支撑作用。调研发现(见表3-14),北碚区17个街镇综合文化站已全部达到国家等级站标准,且在机构编制只减不增的大背景下,保证每个镇街综合文化站人员编制3—9名,而且实行"统一下派上挂"。2018年在区文化馆图书馆总馆选派19名业务骨干担任各街镇分馆业务副馆长,具体指导、联系各分馆业务工作,每个分馆安排2名文化志愿者协助分馆开展各项活动。同时,完善区级公共数字文化服务"碚壳"平台功能,建设完善街镇分馆运行管理系统、区文化馆总馆远程培训系统和区图书馆总馆专题发布推送系统,推进区级总馆与街镇分馆公共数字文化资源和服务联动共享。万州区注重乡镇(街道)综合文化服务中心的建设,在乡镇、街道创建10个特色综合文化服务中心。同时,也重视对基层人才的管理,强调乡镇(街道)文化站负责人需加强对文化工作者的监督和管理,对文化工作者志愿服务情况开展考核评比,并纳入受援乡镇(街道)文化站免费开放绩效考核。在乡镇(街道)公共文化数字化服务建设方面,也积极通过网络、微信、电话、短信等形式,截至2019年3月,在万州区52个乡镇(街道)文化服务中心进行"点菜式"预约到基层共计664次。忠县实施了文化馆和图书馆"总分馆制",选派了优秀文化专干到镇街分馆任分馆长,通过对分管业务的副馆长实行"一年一调"选派制度、分馆业务实行"一月一报"考核制度,将两级文化机构进行人员和资源的连接,拓宽总分馆的服务内容,将文化设施、文化队伍、文化资源

进行纵向的有效整合,实现两级公共文化服务供给的联动,切实推进了县、乡镇(街道)两级文化单位融合发展,进一步推动了公共文化资源和服务向基层下沉。

表3-14　调研区(县)中镇级文化站主体作用表现情况

区(县)	镇级文化站主体作用表现
北碚区	北碚区17个街镇综合文化站已全部达到国家等级站标准;2018年在区文化馆图书馆总馆选派19名业务骨干担任各街镇分馆业务副馆长,具体指导、联系各分馆业务工作;完善区级公共数字文化服务"碚壳"平台功能;建设完善街镇分馆运行管理系统、区文化馆总馆远程培训系统和区图书馆总馆专题发布推送系统。
万州区	在乡镇、街道创建10个特色综合文化服务中心;强调乡镇(街道)文化站负责人需加强对文化工作者的监督和管理;对文化工作者志愿服务情况开展考核评比;截至2019年3月,在万州区52个乡镇(街道)文化服务中心进行"点菜式"预约到基层共计664次。
忠县	忠县29个镇街文化站,实现了所有乡镇文化站正式编制均在3名以上;启动实施了县文化图书"总分馆制",选派了优秀文化专干到镇街分馆任分馆长,通过业务副馆长实行"一年一调"选派制度、分馆业务实行"一月一报"考核制度、分馆建设实行"一馆一品"特色制度、试点分馆实行"一点一线"延伸制度、人才队伍实行"一季一训"培训制度。

(3)村级文化室激活资源,发挥骨干实施作用。区(县)按照"有组织、有队伍、有场地、有设施、有活动"要求建设和完善村级文化室的同时,更加注重挖掘和激活存量文化资源,发挥资源共建共享的最大效用。针对村级文化设施和资源的闲置现象,区(县)村级文化室通过"四点半课堂""社区教育学校"等聚集人气,激活沉寂的文化室和图书室,并发挥文化场地和设施的多种功能,实现资源共享。根据调研发现(见表3-15),北碚区已建成177个村(社区)文化室,并落实1名享受财政待遇的村(社区)文化管理员。2020年,北碚全区街(镇)综合文化站和村(社区)文化室,全面建成集政策宣传、文化娱乐、党员教育、科学普及、普法教育、体育健身等功能于一体,资源充足、设备齐全、服务规范、保障有力、群众满意度较高的基层综合性公共文化设施和场所,形成一套符合实际、运行良好的管理体制和运行机制,推动基层公共文化服务中心成为文化建设的重要阵

地、服务群众的重要载体、联系群众的贴心纽带。忠县以"基层小区文化工程精准服务社区群众"为内容,创建第四批国家公共文化服务体系示范项目,采取基层小区自愿申报、场地自愿无偿提供、政府资助扶持文化活动设施等公共文化服务供给新模式。武隆区各中心校与村居两委合作,共建社区学习中心,成立社区教育讲师团,对社区居民学习需求进行摸底调查,开展订单式讲座,内容涉及养生、道德与法治、优秀传统文化、智能手机使用、贫困乡村养殖业培训等,持续推进"芙蓉大讲堂""汉平大家谈""讲师团流动课堂"等学习品牌建设。

表3-15 调研区(县)中村级文化站室骨干作用表现情况

区(县)	村级文化室骨干作用表现
北碚区	已建成177个村(社区)文化室,并落实1名享受财政待遇的村(社区)文化管理员;2020年,北碚全区街(镇)综合文化站和村(社区)文化室,全面建成多种功能于一体,群众满意度较高的基层综合性公共文化设施和场所,形成一套符合实际、运行良好的管理体制和运行机制。
忠县	深化村级公共文化基础设施建设,充分依托图书馆、文化站(室)、农家书屋等公共文化设施,稳步推进"一卡通"借阅服务;开通数字图书馆、移动图书馆投入运行。
武隆区	每年划拨专项经费;各中心校与村居两委合作,共建社区学习中心;每个乡镇特聘专业技术教师,成立了社区教育讲师团,开展社区居民学习需求调研;社区教育与区老年大学联合,共享优质资源等。

(4)农村文化中心户和城市小区文化工程覆盖城乡,打通"最后一公里"。部分区(县)在已实施的区县(三馆)、乡镇(街道)文化站、村(社区)文化室、农村文化中心户公共文化服务网络的基础上,进一步拓展服务范围,逐步建设城区居住小区文化工程,打造农村半小时文化圈、城市15分钟文化圈,打通公共文化服务"最后一公里",为社区群众提供便捷、丰富的文化服务。根据调研发现,北碚区为夯实终端文化服务"点",在农村建设了300个文化中心户。万州区为进一步加快全覆盖进程,持续完善全区168个贫困村和19个扶贫开发重点村的文化室、农家书屋、文化中心户建设,打通贫困地区的"最后一公里"。2017年,忠县"基层小区文化工程精准服务社区群众"项目成功入选第四批国家公共文化服务体系示范项

目,成为重庆入选的两个项目之一。从2018年开始,忠县开始了为期2年的示范项目创建。忠州街道已建成22个小区文化室(包含4个文化中心),白公街道已建成3个小区文化室、350个农村文化中心户。该工程围绕文艺演出、读书看报、广播电视、文体活动、展览展示、讲座讲坛、教育培训等方面内容,为群众提供基本公共文化服务,并利用覆盖广泛的公共文化物联网和社区广电网络智慧平台,及时提供物流配送、社区政务、文化生活资讯服务等信息,打通了公共文化服务"最后一公里",推动公共文化服务向广覆盖、高效能转变。截至2019年6月,武隆区城乡公共文化设施不断完善,完成186个农家书屋建设,公共文化设施覆盖所有乡镇。

3.五个重点,持续创新

(1)文化阵地建设"强基"。各区(县)积极抓好阵地建设,构筑四级公共文化服务网络,创新运行机制,打通"最后一公里",实现文化服务"零距离"。在强化阵地建设基础上,部分区(县)主动推进公共文化服务标准化建设,立足基层,面向群众,从服务供给标准化、服务设施标准化、服务内容标准化、服务考核标准化等方面对区(县)、乡镇(街道)、村(社区)、农村文化中心户(城市小区文化室)四级公共文化机构的服务制度进行了规定和要求。按照《重庆市北碚区基层综合性文化服务中心建设规划(2016—2018)》要求,2018年,北碚区建成9个街道、8个镇、103个村、69个社区基层综合文化服务中心。万州区已建成41个乡镇综合性文化服务中心、11个街道文化服务中心、181个社区文化室、413个村文化室,建成61个村(社区)综合性文化服务中心示范点,并于2019年9月制定出台了《创建特色综合性文化服务中心实施方案》,对文化服务中心建设标准做了明确规划与规定。忠县通过财政投入,不断强化新场馆建设和旧场馆提档升级,2018年初步形成了以"两馆"为龙头、镇街文化站为主体、村(社区)综合文化服务中心为骨干、文化中心户为补充的四级公共文化服务网络。建成29个乡镇(街道)综合文化站、286个标准村(社区)综合文化服务中心、470个农村文化中心户、20个居住小区文化活动室、20个全民阅读示范点,公共文化服务体系阵地建设成效显著。武隆区持续推进文图两馆总分馆制建设,逐步覆盖所有行政村。进一步做好"两馆一站"免费开放工作,2018年投入54万元全面完成全区27个文化馆图书馆总分馆建设,并每月到各乡镇(街道)开展免费指导培训,让群众充分享受均等的公共文化资源。2019年,武隆区城乡公共文化设施不断完善,完成26个乡镇(街道)综合文化站和186个农家书屋建设,文化设施覆盖所有乡镇。

(2)设施免费开放"补钙"。各区(县)高度重视免费开放工作,坚持规定动作有业绩,自选动作有创新。部分区(县)建立了统筹协调、密切配合、分工协作的工作机制,加强对免费开放工作的组织和领导;按照"增加投入、转换机制、增强活力、改善服务"的原则,建立免费开放经费保障机制;坚持专人专用原则,安排文化专干专门负责免费开放工作。调研发现(见表3-16),北碚区图书馆在旅游景区金刚碑和偏岩古镇建立馆外图书流通点,与缙云寺共同作为图书流通点发展对象,为景区居民和游客提供免费、便捷的图书服务。精心筹备缙云广场24小时自助图书馆"城市书房"建设及旅游景点自助图书借还机布点工作。万州区持续稳定推进设施免费开放进程,区文化馆每周免费开放56小时,区图书馆每周免费开放63小时,区博物馆每周免费开放48小时。忠县统筹各类公共文化资源,全面推进城乡基本公共文化服务标准化、均等化,免费配送文艺培训、文艺演出、文化讲座、展览展示、阅读指导等文化服务,推动文化惠民项目与群众文化需求的有效对接。武隆区图书馆内设12个免费开放空间[报刊、书刊、电子、少儿阅览室、数字体验区、杨武能注译文献室(旅游图书专区)、残障阅览室、多媒体视听室、报告厅、培训室、自修室、多功能厅],所有空间实行免费开放,节假日无休。全年免费开放无事故,接待读者约10万余人次,图书外借8万余册次。

表3-16 调研区(县)公共文化服务设施免费开放情况

区(县)	公共文化服务设施免费开放情况
北碚区	北碚区深化免费开放服务,深入推进"四馆四中心"免费开放;区图书馆在旅游景区建立馆外图书流通点。
万州区	区文化馆每周免费开放56小时,区图书馆每周免费开放63小时,区博物馆每周免费开放48小时;加强公共体育场馆的运行管理,统筹协调大型公共体育场馆分时段免费或低收费向市民开放。

续表

区(县)	公共文化服务设施免费开放情况
忠县	忠县图书馆已全面实现免费开放服务,每周免费开放时间为76小时;年均为全县29个乡镇(街道)免费配送了文艺培训、文艺演出、文化讲座、展览展示、政策宣讲、阅读指导等文化服务共1500余场次,服务群众达30余万人次。
武隆区	区图书馆内设12个免费开放空间;全年免费开放无事故,接待读者约10万余人次,外借图书8万余册次。

(3)群众文化活动"加氧"。一是全民阅读成效显著。各地的"全民读书日""读书节"等活动平台不断涌现,诵读大赛、读书征文评比、名家进校园、老年读书节、大讲堂、惠民书展、好书推介、主题演讲等读书活动精彩纷呈。二是文艺演出和节会活动悦动城乡。各地以本土原创为特色,积极打造群众文化活动品牌,推动乡镇挖掘节庆文化内涵,积极培育"一镇一品""一村一韵"的文化特色,打造特色文化节会活动。北碚区以"碚城同读一本书""北碚读书月"品牌活动为引领,营造良好的阅读氛围。其一,连续开展4届"碚城同读一本书"活动,持续进行"讲座、沙龙、展览、征文、演讲、网络知识竞赛"等,全区影响广泛,在推广全民阅读、建设"书香北碚"中发挥了独特而持久的作用;其二,连续举办3届"北碚读书月";其三,区内各街镇、机关、学校、企业和社会团体,策划推出多项活动;其四,"阅读点亮碚城""缙云文化大讲堂""童声话碚城"等活动的开展在全区形成"好读书,读好书"的浓郁氛围。2018年全年共计开展各项阅读活动628场,惠及群众12万人次。万州区2019年共举办"全民阅读·书香万州"世界读书日等全民阅读活动20余场,同时结合地区特色文化,积极开展群众喜闻乐见的戏曲节目,"三峡曲艺周周演""爱在万州""渝州大舞台"等惠民演出实现常态开展。忠县深化活动内容,以"读书月"为品牌,年均组织大型读书活动10场次以上;策划组织了诵读大赛、读书征文评比、名家进校园、老年读书节、忠义大讲堂、惠民书展、好书推介、主题演讲等读书活动,为广大市民搭建起更广阔的读书交流平台。武隆区2018年开展全民阅读推广活动25场次,举办"民俗及非遗文化"系列讲座,"孩子做事、做作业拖拉解决的若干办法"等主题讲座,通过阅读和讲座提升了广大老百姓的专业水平和文化素养。各乡镇还举办了符合自身的文化节

活动,如火炉镇的庖猪乐文化节、脆桃节,庙垭乡的乡村旅游季,文复乡的乡村旅游季暨第二届"文复之星"少儿才艺大赛,土地乡喀斯特犀牛古寨民俗文化节,大洞河乡的"千年杜鹃花·醉美大洞河"文化节,民族团结进步宣传周等。石桥乡的"摆手舞""竹竿舞"最受老百姓欢迎。通过各类活动的开展,广大基层老百姓同样享受到公共文化服务(见图3-6)。

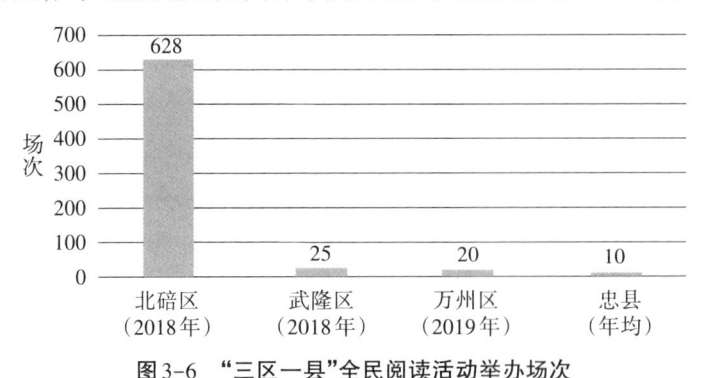

图3-6 "三区一县"全民阅读活动举办场次

数据来源:调研数据

(4)"文化+"模式"添彩"。一是各地积极探索"文化+党建",发挥党建文化宣传墙、妇女之家、党员活动室、青年之家、图书室、远程教育终端站点等阵地作用,发挥"文化+党建"以文聚人、以文悦人、以文化人的功能,塑造"党建引领文化建设,文化凝聚民心民力"的良好氛围。二是各地推进"文化+旅游",坚持文旅融合发展,扩展旅游产业的文化内涵。三是各地坚持"文化+乡村振兴",实施农耕文化传承保护,加强文化赋能特色产业发展,文化、农业、旅游与其他产业进行深度融合发展。北碚区积极打造特色文化,助推文旅融合。金刀峡镇坚持"市场运作为主、企业搭台唱戏、政府支持服务"原则,连续9年举办"消夏文化艺术节",将文艺展演、歌唱比赛、写生作品展销义卖及旅游、美食、农俗体验等有机结合,在丰富群文生活的同时也带动了文化消费;静观镇依托"中国花木之乡""中国蜡梅之乡"特色乡村旅游建设,打造了"蜡梅文化旅游节",至今已连续举办15届,年均接待游客20余万人次。万州区注重发挥文化在乡村振兴工作中"培根""铸魂"的作用,仅2019年上半年就开展"家风润万家"活动20余场次、"孝善立德"主题实践活动16场;推进文旅融合,借助三峡与文化底蕴优势,推动三峡文化构建与发展。忠县不断挖掘"忠文化",研究"忠文化",传承弘扬"忠文化",并将"忠文化"融入经济社会建设中,推出"忠文化+演出",支持打造忠文化专业演出创作团队,编创一批体现忠文化的精品节目,鼓励支持文化消费服务等新兴产业发展。这不仅丰富"忠文化"的当代内涵,还助推了县域经济高质量发展,更推动了公共文化服务的创新。武隆区开展"印象·武隆"大型实景演出项目,以生动形象的方式宣传了武隆的传统文化,将当地的特色文化与全域旅游进行深度融合,不仅有效地扩大了武隆文化影响力,也整合了社会资源,促进了当地劳动资源再就业,提升了经济效益。同时,武隆区还不断强化乡村旅游与脱贫攻坚的深度融合,积极探索乡村旅游扶贫增收模式,除了探索专业合作社带动型增收模式,还有廊桥带动型、集镇带动型、景区带动型等增收模式。2018年,武隆通过发展乡村旅游实现2000余人脱贫致富(见图3-7)。

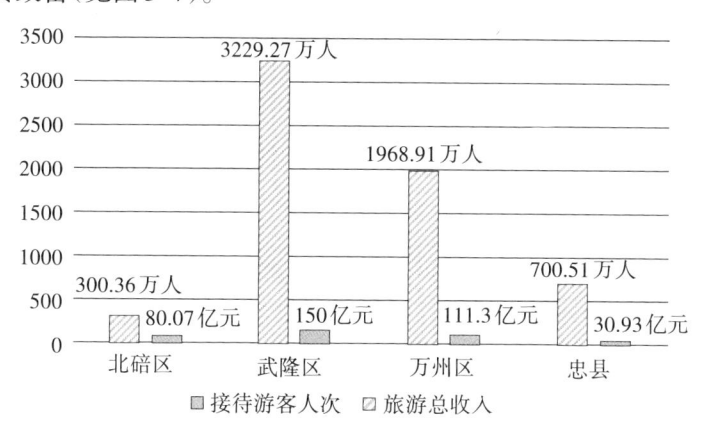

图3-7 2018年"三区一县"接待游客总人次和旅游总收入

数据来源:调研数据

(5)非遗保护传承"留韵"。各地组织开展地面文物和可移动文物普查、非物质文化遗产调查,明晰地域文化主线,并积极研究提炼城乡特色文化内涵,促进文化旅游元素注入传统村落、乡土民居,助力城乡文旅融合发展。调研发现(见表3-17),北碚区持续深入挖掘地方特色文化,组织开展植根于百姓生活、群众喜闻乐见的群众文化活动,接地气、有人气。培育了天府讲堂、金刀峡王凤炳书屋、施家梁老携小育才班等基层阅读品牌,持续打造"一镇一品",形成了澄江板凳龙、三圣大鼓、童家溪同兴金镲等地方特色文化,在陵江社区、新房子社区、和源社区等多个社区开设"陵江书场""贺家拳""儿童线描画""瓷刻工艺美术社"等"非遗"创作室和展示室,培育非遗传承人,传承民俗文化,推动北碚区非物质文化遗产和民间特色艺术的传承与普及。万州区积极融合公共文化服务及非物质文化遗产,成立三峡曲艺保护中心,推进戏曲下乡进城,升级地方剧场,打造各具特色的小剧场,方便群众观赏;进一步强化文物修缮保护力度,加大针对文物违法案件的查处力度,加强非遗传承人规范管理,进一步调整充实非遗传承人队伍;组织"三峡绣""冉师傅牛肉干传统制作工艺""万州烤鱼"等7个项目积极申报第六批市级非遗项目;编辑出版《守望乡愁——万州区非物质文化遗产项目摄影作品集》《万州非物质文化遗产概览二》;积极组织参加第五届中国非物质文化遗产博览会和重庆市第三届非遗博览会。忠县积极打造"忠文化"品牌,与浙江东阳九彩影视合作,在忠县拍摄电影《婚前故事》,创作艺术精品,以全市先进扶贫工作者杨骅为原型,创作音乐作品《传承》。该作品荣获重庆市第十五个精神文明建设"五个一工程"奖,大大提升了高质量公共文化产品生产能力和供给能力。武隆区开展全区大调研工作,摸清文化家底。总计摸底8个街镇8处历史(文化)建筑,将羊角古镇、土坎老街、江口市级特色小镇、后坪高山民族风情小镇等有历史记忆、地域特色、民族特点的美丽小镇纳入规划版图。完成第四批65项区级非遗项目的专家评审和14项市级非遗项目申报工作,"乌江船工号子""青吉棕编""羊角黄氏家训""武隆碗碗羊肉""土坎苕粉传统制作工艺"等8个项目被列入重庆市第六批市级非遗代表性项目。市级非遗项目凤来大石箐香会上榜《重庆非物质文化遗产地图之传统民俗篇》,石桥木叶吹奏、平桥薅秧号子、后坪山歌、鸭平吹打、仙女山耍锣鼓上榜《重庆非物质文化遗产地图之传统音乐篇》。

表3-17 调研区(县)非遗保护传承情况

区(县)	非遗保护传承情况
北碚区	培育了天府讲堂、金刀峡王凤炳书屋、施家梁老携小育才班等基层阅读品牌;形成了澄江板凳龙、三圣大鼓、童家溪同兴金镲等地方特色文化;在多个社区开设"非遗"创作室和展示室。

续表

区(县)	非遗保护传承情况
万州区	成立三峡曲艺保护中心,推进戏曲下乡进城,升级地方剧场,打造各具特色的小剧场;强化文物修缮保护力度,加大针对文物违法案件的查处力度,加强非遗传承人规范管理,进一步调整充实非遗传承人队伍;组织多个项目积极申报第六批市级非遗项目;编辑出版《守望乡愁——万州区非物质文化遗产项目摄影作品集》《万州非物质文化遗产概览二》;组织参加第五届中国非物质文化遗产博览会和重庆市第三届非遗博览会。
忠县	出版《话说巴蔓子》《大唐廉相陆贽》等文学书籍;创作音乐作品《传承》;拍摄电影《婚前故事》;加大对石宝寨、白公祠、三台寺等文物景区的保护利用,注重文物景区内涵,讲好文物景区故事。
武隆区	加大对全区自然遗产、文化遗产的保护传承和活化利用,让非遗文化进校园、进社区、进景区;已建成5个市级非遗传承教育基地;多项传统技艺成为市级生产性保护示范基地;建立了10个非遗传习所等;完成第四批65项区级非遗项目的专家评审和14项市级非遗项目申报工作,有8个项目被列入重庆市第六批市级非遗代表性项目;市级非遗项目凤来大石箐香会上榜《重庆非物质文化遗产地图之传统民俗篇》,石桥木叶吹奏、平桥薅秧号子、后坪山歌、鸭平吹打、仙女山耍锣鼓上榜《重庆非物质文化遗产地图之传统音乐篇》。

(四)重庆市城乡公共文化服务与治理比较突出的问题

1.公共文化服务体系建设距城乡融合发展目标要求仍有较大差距

(1)城乡公共文化服务发展依然不够均衡。一是近些年重庆市城乡公共文化服务体系建设取得突出成绩,大幅度消除了城乡之间的"公共文化鸿沟"。但是城乡间公共文化服务发展的不平衡依然存在,呈现为明显的"差序结构",即离城区愈远,公共文化服务愈弱。根据四个区(县)调查问卷显示,非农业户口的居民对当地政府提供的公共文化服务总体满意度高于农业户口的居民(见图3-8)。二是农村公共文化设施又表现出了区(县)、镇街之间、村与村之间发展不平衡的特征(见图3-9、图3-10),造成了强者不强、弱者更弱的发展态势。三是农村公共文化服务的供给力度不断加大,但是真正面对农村、面向农民的文化产品生产始终不足。农村公共文化产品生产容易出现"输入偏好型"问题,即来自行政偏好和城市偏向的行政输入,走的是一条以"送"代"种"的路子,注重的是"输送"而不是"培育"。这导致农村公共文化造血不足,真正扎根在农村、服务农民的文化人才不足,一旦外部帮扶力量从农村撤出,这种根系不够发达的农村公共文化,就很容易凋谢。

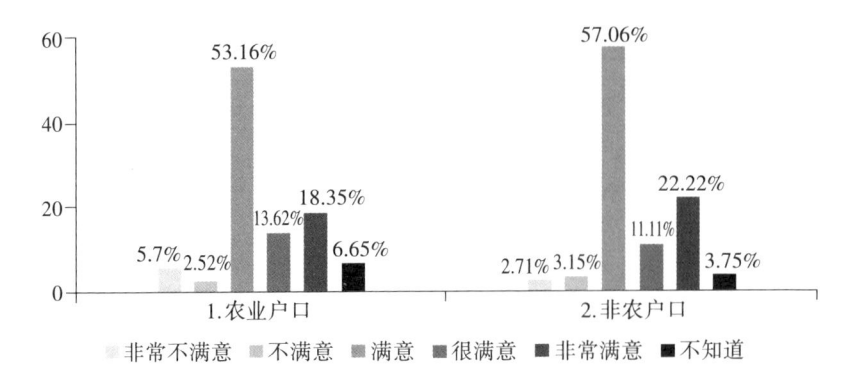

图3-8 重庆市居民对当地政府提供的公共文化服务总体满意度

数据来源:调研数据

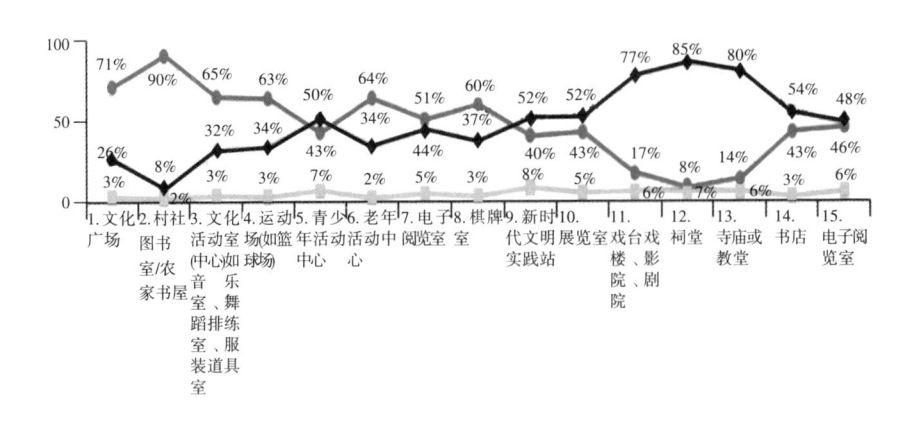

图3-9 重庆市村居公共文化服务设施或场所占比情况

数据来源:调研数据

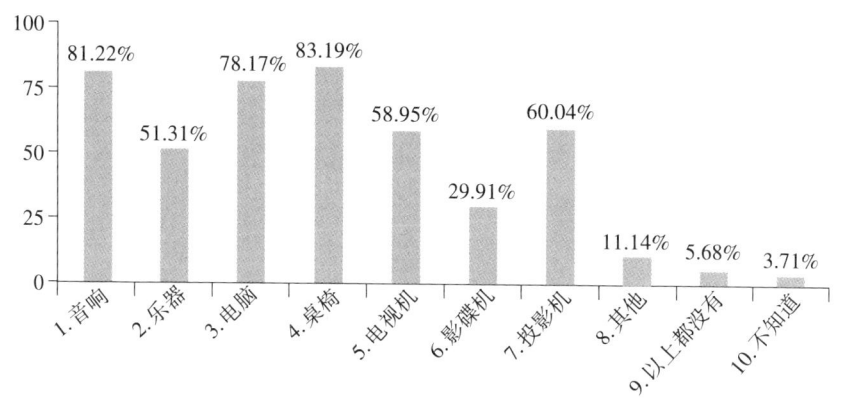

图 3-10　重庆市各区(县)村居文化活动室公共文化相关设备配备情况

数据来源：调研数据

（2）农村公共文化服务水平和效能不高。公共文化服务供给效能有待提升,一是公共文化服务与群众需求还没有实现无缝对接,存在内容不丰富、形式较单一等问题(见图3-11)。部分乡镇综合文化站门可罗雀,不少农家书屋大门紧闭,即存在所谓"不开门,不见人"或"开门,不见人"现象,导致资源闲置和"沉睡"问题。二是乡镇(街道)文化站和村(社区)文化室设施设备相对陈旧,多满足老年人的基本文化需求,服务对象范围相对有限,使得一方面场馆使用率不高、设施闲置多、更新速度慢、提档不及时,另一方面又加剧了吸引力不足问题,从而容易陷入文化服务的低效困境。三是由于文化设施基本按照行政区划布局,一个场馆的服务半径有限,群众不能享受到便捷的文化服务。特别是城市新建城区的文化设施未同步规划建设,部分新小区没有配套文化设施,出现公共文化服务空白点。

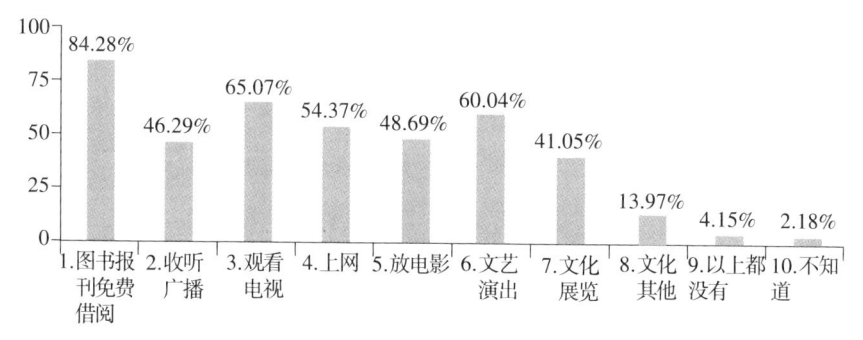

图 3-11　重庆市各区(县)城乡公共文化服务供给类型分布

数据来源：调研数据

(3)农村公共文化活动供需错配问题依然突出。一方面,供给内容与需求内容相矛盾。近些年重庆市各区县公共文化服务供给力度不断加大,但是供给与需求存在错位,真正面对农村、面向农民的文化产品生产始终不足。群众对公共文化的需求呈现多元化、多样化,使得送文化送演出下乡效果不强,群众认为政府送出的文化产品和服务始终较为落后(见图3-12、图3-13)。另一方面,供给方式与需求广度相冲突。由于公共文化活动供给存在形式较单一问题,公共文化活动由相应群众被动接受,导致送出的服务不受欢迎,资源浪费,而群众文化需求也得不到有效满足(见图3-14、图3-15)。而且根据四个区县调查问卷显示,在重庆市"送文化下乡"的过程中,"群众热情不高"占比18.86%(见图3-16)。

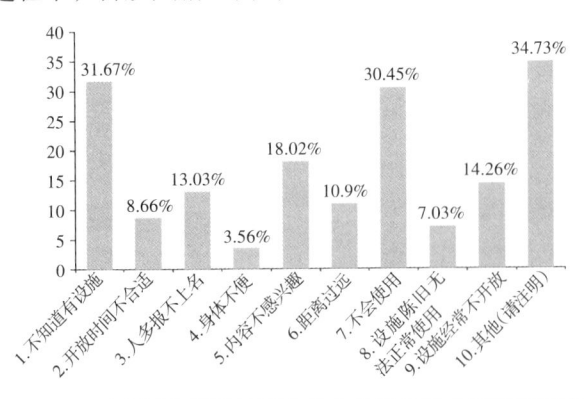

图3-12 重庆城乡居民使用公共文化设施的主要影响因素

数据来源:调研数据

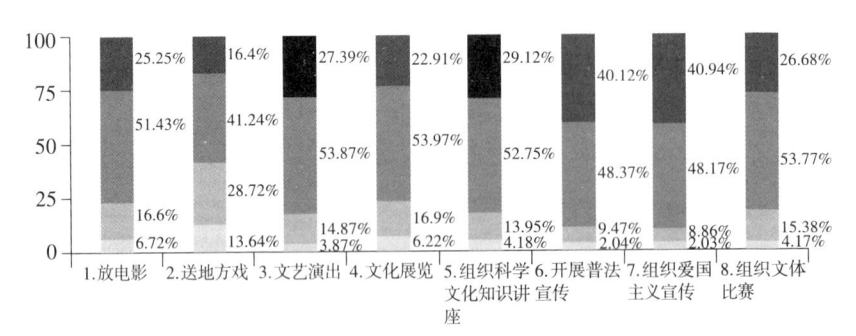

图3-13 重庆城乡居民参加公共文化活动的频率分布

数据来源:调研数据

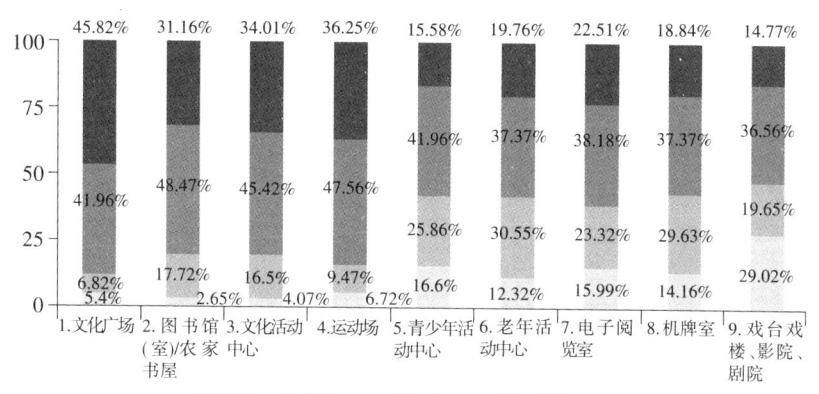

图3-14　重庆城乡居民使用公共文化设施的频率分布
数据来源：调研数据

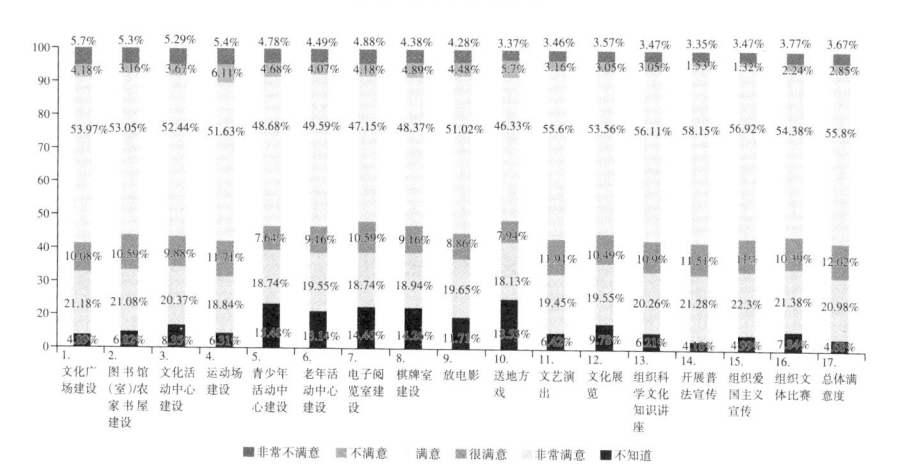

图3-15　重庆城乡居民对政府公共文化服务供给的满意度情况
数据来源：调研数据

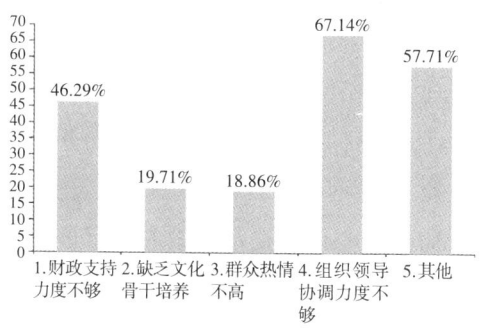

图3-16　重庆市"送文化下乡"的主要困难
数据来源：调研数据

(4)以城带乡、城乡互动联动的公共文化治理体制尚待理顺。一是以城带乡的公共文化联动机制不够完善。城市和乡村公共文化资源存在级差,且二者处于两套独立的系统,尽管近年来各个区(县)探索了"总分馆制""选派指导"等联动机制,但是由于二者的资源分配的来源和禀赋存在较大差距,且管理权限分属不同层级,城市与乡村、区(县)与乡镇之间的公共文化联动存在体制性障碍,导致城市带动乡村的公共文化联动能力不足。二是当前城乡公共文化主要表现为从城到乡的单向文化交流。城乡公共文化资源配置不均衡的同时,城市文化处于强势的主导位置,有资本、技术和资源的加持,而乡村文化处于边缘、被支配地位,更多是城市文化的"后花园",是城市闲暇的消费品。部分进入城市的农民工和流动人口,成为城市文化"边缘人"。城乡文化互动联动机制的不足和缺位不利于城乡融合发展,导致公共文化治理难以在城乡融合发展中发挥充足的牵引力和带动作用。

2. 城乡公共文化治理面临人才、资金等体制机制障碍

(1)基层公共文化人才队伍存在"混编混岗""专职不专干""专干不专业"等问题。各镇街综合文化服务中心均配备了相应编制的文化专干。但基层公共文化人才队伍还存在突出问题:一是编制被侵占。乡镇综合文化服务中心人员本身较少,却仍有部分镇街存在文化服务中心干部被借用到其他单位上班的现象,致使不少文化服务中心由主任一人独守空屋。根据四个区(县)调研的情况来看,"人员配备的规模和质量不够"占比高达59.14%(见图3-17)。以武隆区为例,2019年武隆乡镇综合文化站编制有86人,实际在岗仅74人,存在"在编不在岗、在岗不在任"的现象。二是年龄结构不合理。镇街综合文化服务中心干部,多数年龄偏大,工作心气、精力和能力有限。从问卷调查得来的数据分析可见,公共文化服务人员工作投入度一般及以下的占比将近50%(见图3-18)。三是专业素质不高。不少文化服务中心干部是由乡镇农业服务中心、计生服务站等单位消化而来,大多数人员缺乏文化艺术知识的储备。从问卷调查得来的数据分析可见,公共文化服务人员文化程度在高中或中专及以下学历的占比有45.86%（见图3-19）。通过对重庆市四个区（县）从事公共文化服务的工作人员进行问卷调研发现，未参加过或不知道是否参加过公共文化方面业务培训的比例占30.57%（见图3-20）。四是村社级文化服务人员多为兼职和志愿服务，激励机制不健全，影响人员工作积极性。

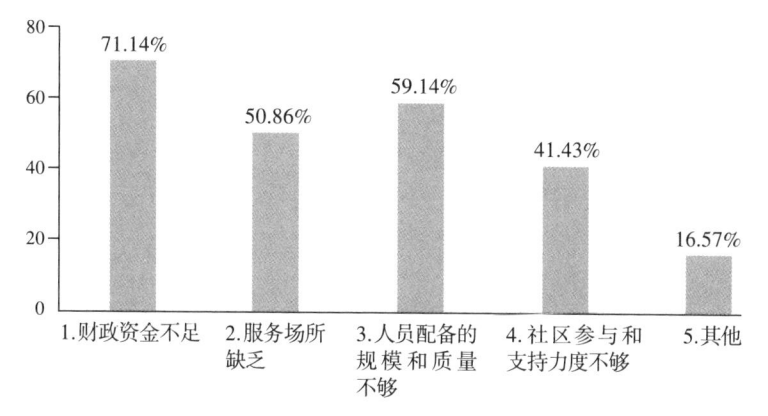

图3-17　重庆市公共文化服务向基层社区下沉过程中存在的困难

数据来源：调研数据

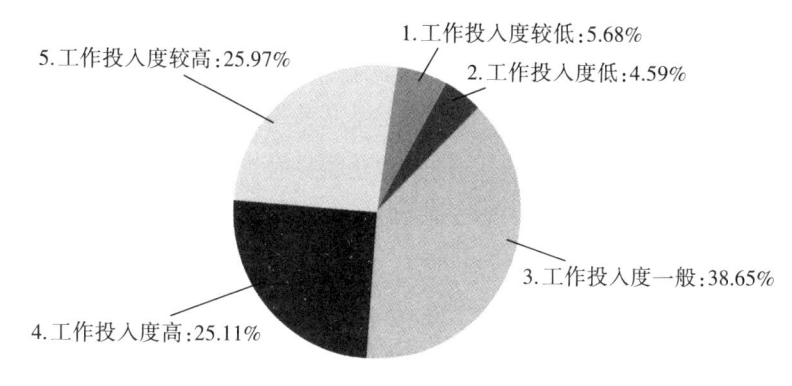

图3-18　重庆村居公共文化服务人员工作投入度

数据来源：调研数据

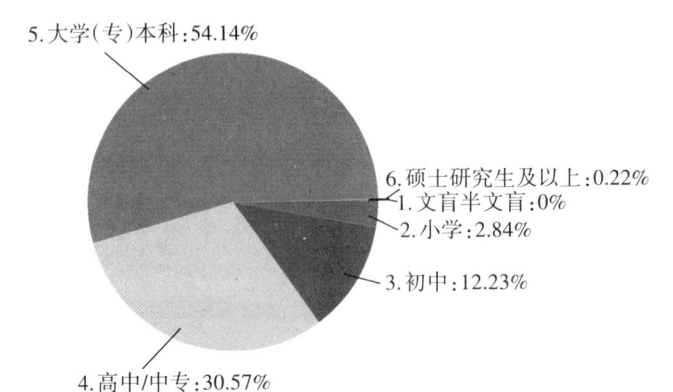

图3-19 重庆村居公共文化服务人员文化程度
数据来源：调研数据

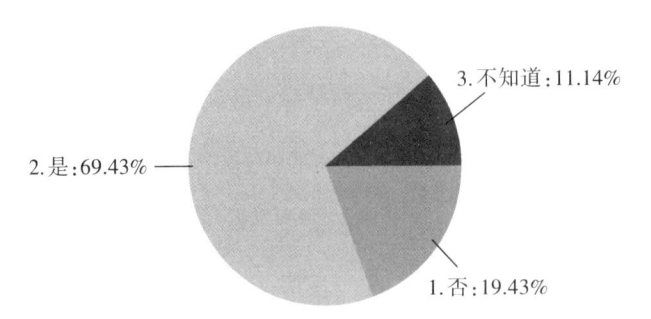

图3-20 重庆市从事公共文化服务工作人员参加公共文化业务培训比例情况
数据来源：调研数据

(2)城乡公共文化服务财政保障"投入不均""来源单一"和"持续性差"(见图3-21、图3-22)。一是部分镇街仍然存在"重经济建设、轻文化建设""说起来重要、干起来次要"现象，在一定程度上影响了公共文化财政投入和服务开展。二是部分镇财力比较紧张，主要用来保工资、保运转、保民生、保中心任务或重点项目建设，对文化投入保障缺乏稳定性和持续性。三是不同镇街经济发展水平和财政水平存在一定差异，主要负责同志对公共文化工作的重视程度不一，导致镇街之间在公共文化投入上存在失衡问题。四是虽然部分文化设施的建设和文化活动的开展吸引了企业参与，但是多元化投资机制尚未健全，企业赞助和社会捐助等比较少。

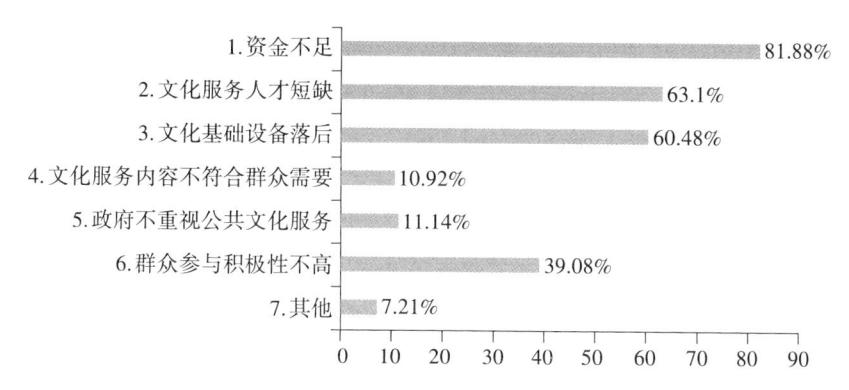

1. 资金不足 81.88%
2. 文化服务人才短缺 63.1%
3. 文化基础设备落后 60.48%
4. 文化服务内容不符合群众需要 10.92%
5. 政府不重视公共文化服务 11.14%
6. 群众参与积极性不高 39.08%
7. 其他 7.21%

图3-21 重庆村居文化工作人员对城乡公共文化服务问题的主观认知

数据来源：调研问卷

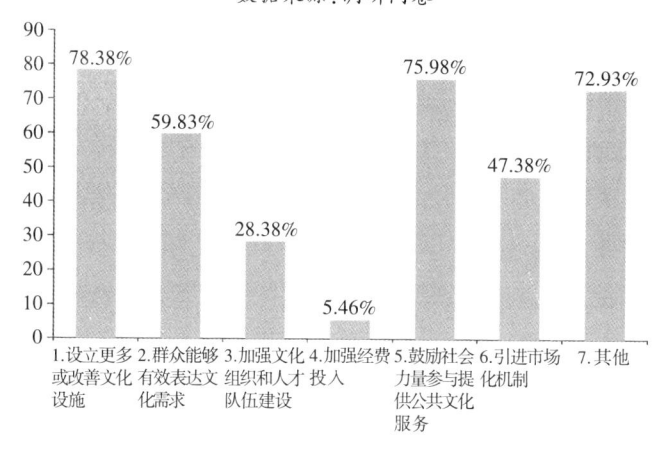

1. 设立更多或改善文化设施 78.38%
2. 群众能够有效表达文化需求 59.83%
3. 加强文化组织和人才队伍建设 28.38%
4. 加强经费投入 5.46%
5. 鼓励社会力量参与提供公共文化服务 75.98%
6. 引进市场化机制 47.38%
7. 其他 72.93%

图3-22 重庆市村居公共文化服务当前迫切需要改进的问题

数据来源：调研数据

(3)社会参与公共文化服务存在"主体少""玻璃门"和"渠道少"等问题。一是商业性和公益性公共文化机构发育程度不足，承接政府购买公共文化服务的能力不够高，导致真正参与公共文化服务供给的社会主体比较有限。二是部分政府购买文化服务的承接主体为公共文化机构相关联的国有文化艺术团体，一定程度上存在"上级购买，下级承接"的情况。由于缺乏专业化的承接组织资质评价机制和评价标准，部分社会组织和企业参与文化服务存在"玻璃门"的阻碍，导致公共资源在行政系统内部打转，使得社会性文化企业和组织的培育以及公共文化服务社会化水平受到影响。三是出于避险避责的基层行为逻辑，部分镇街和公共文化机构实际操作过程中对社会力量参与带来的各种风险有所顾虑,缺乏行之有效的手段和方式。社会组织和企业除了部分参与自上而下的政府购买服务之外,其他参与渠道比较有限。

3. 面向文旅融合发展的城乡公共文化服务体系创新不足

(1)文旅职能融合的深度不够,"两张皮"问题凸显。文化和旅游分属不同的两大社会领域,文化治理和旅游发展是政府两个不同的职能,文旅融合首先要求政府职能的融合,区(县)级政府机构改革尽管可以快速完成机构合并、人员整合和业务重塑,但是如何整合文化和旅游两个具有不同治理逻辑的政府功能却非易事。当前文旅之间依然存在"分而治之""各行其是"的问题,使得资源、人员的融合和共享不足,文旅融合的效力没有完全发挥出来。

(2)文旅理念融合亟须加强,"真融合"任重道远。调查显示,文旅理念融合在重庆市文旅融合发展需要突破的重点工作中占比非常大,高于文旅产业融合、服务融合、市场融合、职能融合等方面(见图3-23)。但是目前部分基层工作同志的理解过于片面,认为文旅融合就是简单合并,是以文化促进旅游发展,甚至以旅游统领文化工作,同时文化工作更加突出能产出经济效益的文化方面,导致公共文化出现弱化现象。而不是坚持"宜融则融、能融尽融",找准文化和旅游工作的最大公约数、最佳连接点,

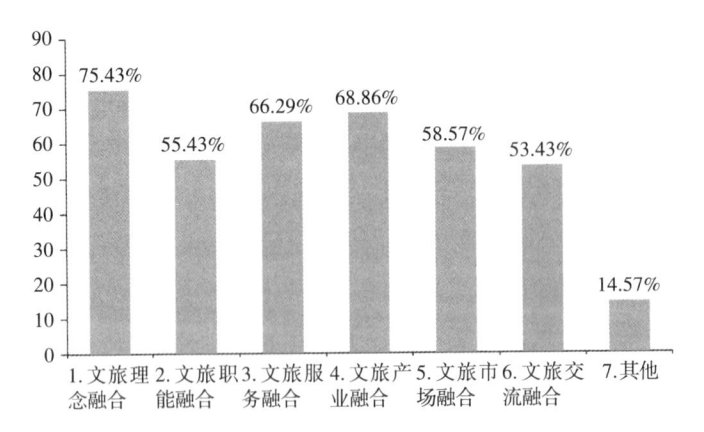

类别	占比
1.文旅理念融合	75.43%
2.文旅职能融合	55.43%
3.文旅服务融合	66.29%
4.文旅产业融合	68.86%
5.文旅市场融合	58.57%
6.文旅交流融合	53.43%
7.其他	14.57%

图3-23 重庆市文旅融合发展工作中需要重点突破方面的占比情况

数据来源:调研数据

真正地做到文化促进旅游,旅游带动文化发展。因此,当前各区(县)的文旅融合发展工作亟须克服基层工作同志的惯性思维,避免画地为牢、貌合神离,也要防止简单思维,避免相互替代,特别是以旅游取代文化发展。

(3)文旅服务融合尚存体制障碍,"深融合"前路漫漫。调查显示,基层文旅部门干部在重庆市文旅融合发展面临的主要困难的认知当中,"二者体制和政策衔接问题""缺乏文旅融合整体规划和设计"两方面比较突出(见图3-24)。与公共文化服务相比,旅游更具有产业经济特征,尽管是重要服务业部门,但是更多聚焦商业服务,对旅游公共服务的关注比较少。再者,旅游公共服务体系的基本内涵和主要外延不十分明确,旅游法虽涉及少量公共服务内容,但主要强调产业促进和市场规范,着眼于如何服务于旅游产业增长和发展。因而如何理解公共文化服务和旅游公共服务两种不同性质、范围和特点的体系,实现二者的深度融合还面临着一系列的理论挑战和体制障碍。

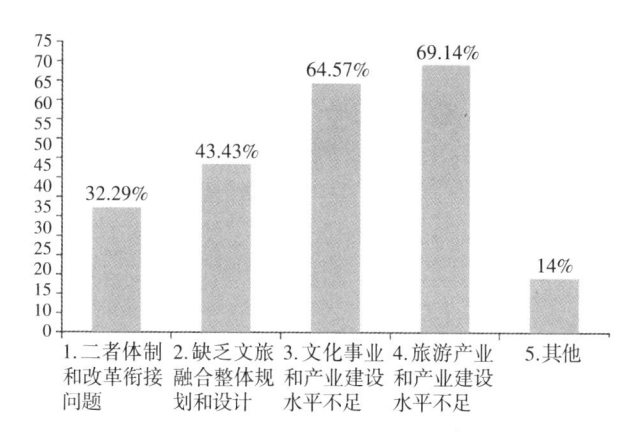

图3-24 重庆市文旅融合发展面临的主要困难

数据来源:调研数据

4.城乡公共文化服务体系的统筹协调机制较弱

(1)城乡公共文化服务主体分散、目标分离,尚未形成整体合力。部分区(县)公共文化服务的执行主体相对比较分散。在党政部门中,除了文旅部门以外,宣传、组织、教体、共青团、妇联等部门都有各自的公共文化性质和功能的服务设施,也在组织和开展具有一定公共文化服务性质的项目和活动。各个体系都有自身的目标及发展方向,各自为政、独自建设、自成一体等现象不同程度出现,使得重复建设、多头管理、资源浪费等问题仍然存在。因而,提高城乡公共文化服务效能迫切需要整合资源,统筹管理。

(2)公共文化服务机构分级管理、条块分割,仍存在封闭式运行问题。区(县)和镇街层级的公共文化服务机构只对本级政府负责,较少考虑整合公共文化服务资源。以公共图书馆为例,绝大多数公共图书馆仍然遵循每级政府建设与管理一个图书馆的分级建设与管理体制,这形成了公共图书馆存在多级建设主体和多级管理主体的现状,严重影响图书馆之间共享资源。尽管现在图书馆的总分馆制已经宣告建立,分馆的牌匾已经挂在镇街图书馆的大门上,但是总分馆之间主要连接只是停留在图书的通借通还功能上。由于总分馆的管理权限依然分属于不同层级管理主体,总分馆之间的条块关系并没有理顺,使得实现更多业务关联存在障碍,总分馆制难以在公共文化服务城乡一体化过程中发挥引领作用。

(五)重庆市城乡公共文化服务与治理政策创新的主要思考和建议

1.以城乡融合发展的文化动能为靶向,健全城乡公共文化共荣共生机制

(1)建立公共文化服务城乡互通联动机制。一是以区(县)文化馆、图书馆为中心推进总分馆制建设,加强对文化服务中心、农家书屋的统筹管理,实现农村、城市社区公共文化服务资源整合和互联互通。继续开展城乡文化互动,促进农村文化建设。二是大力开展流动文化服务,建立常态化服务机制,延伸公共文化服务范围。推进城乡"结对子、种文化",加强城市对农村文化建设的帮扶,形成常态化工作机制。三是鼓励城区博物馆、图书馆、学校、社区以及企业等为农村留守儿童、城市流动儿童举办"文化游学""文化夏令营"等活动,建设农民工文化驿站,保障特殊群体公共文化服务需求,提高他们的文化获得感。

(2)健全公共文化资源向农村和基层下沉机制。一是建立健全"文化下派员"和"文化专职管理员"队伍,推进文化下乡活动,创新乡村文化服务供给,使城乡居民享有同样的文化权利,能够共享文化成果,增强农民的文化获得感。二是吸引城市精英及乡村本土人才,大力发展文化产业,引导企业家、文化工作者、退休人员、文化志愿者等投身乡村文化建设,在保护传承乡村原有文化的基础上,为乡村文化注入新的发展活力,丰富农村文化业态。三是提高文化服务效能,关键是还权于群众和基层。农村基层公共文化单位最熟悉农村的文化环境,最了解农民的文化需求。应赋予基层公共文化单位在选择农村公共文化服务项目和方式上更大的自主权,调动基层公共文化单位积极性。四是进一步推动公共文化服务向城市社区中的小区、农村行政村中的小组和户延伸,建设小区文化服务中心、农村"文化大户""文化大院"等,探索社区层面的文化服务体系。

(3)塑造各有特色的城乡公共文化互补机制。推进城乡融合发展过程中要守住乡村文化根脉,要彻底纠正城乡一体化是让"乡村变城市"的片面城市化思路。在立足我国乡村传统文明的基础上,有机吸取城市文明及外来文化优秀成果,推动乡村优秀传统文化渐进式的创新性发展。农村公共文化服务建设既需要将图书馆、文化站、农家书屋等具有城市文化特征的公共文化服务设施带进农村,更需要依托农村文化资源开展公共文化服务,充分发挥乡村风俗习惯、村规民约等优秀传统文化基因在推动文明乡村建设中的重要作用。利用农村广场、戏台等公共空间,依托农村传统节庆活动、赶场等文化习俗,借助非遗技艺等生产方式、生活方式开展公共文化活动,应尽可能让农村公共文化服务通文脉、接地气。

2. 以公共文化领域重点改革为抓手,破解城乡公共文化体制机制梗阻

(1)优化城乡公共文化人才管理制度。一是区(县)根据文化建设实际需要,合理增加图书馆、文化馆、博物馆等文化机构编制,加强文化人才的培育培训,进一步提升队伍素质。二是加快实施文化类事业单位职员职务职级并行,缓解公共文化人才晋升压力过大的问题。三是在区(县)、镇街建立不同层次、各有侧重的文化人才评价、管理、使用体系,特别是人才评价上应单独制定基层文化事业单位职称评价办法,定向评价,定向使用,鼓励专业技术人才留在基层,服务基层。四是加强公共文化人才的"上派下挂",指导帮助街镇、村社提高文化技术水平。五是足额配齐乡镇(街道)综合性文化服务中心编制,做到专人专用,积极开展文化专干"请进来、走出去"交流活动。

(2)推进城乡公共文化服务供给的社会化机制。调动社会力量参与公共文化服务建设是增强改革活力,提高服务效能的重要途径。一是改变群众只是公共文化服务被动接受者的观念,鼓励更多的社会力量特别是农村群众自身参与农村公共文化服务。充分尊重农村群众文化活动选择权,建立农村群众公共文化服务需求调查机制,完善按需提供服务机制。二是适应数字化时代的要求,鼓励更多的互联网企业参与提供公共文化服务产品,积极探索委托提供数字化产品的方式,为公众提供多样化的公共文化服务,提高公共文化产品的针对性。三是鼓励新乡贤加入农村公共文化服务建设,发挥新乡贤的带动作用和示范作用。四是大力推进文化志愿服务。完善志愿者招募和管理机制,特别是积极吸引青年志愿者参与,要让青年人士愿意参与、主动参与,让志愿者热爱文化事业,能够持续参与,同时还可以动员组织专家学者、艺术家等社会知名人士参加文化志愿服务。五是加大公共文化服务社会化承接组织的培育力度,首先要有包容的心态,积极吸引各类各级文化企业和其他机构参与,同时给予宽松的政策助力文化机构成长,而不是通过设置资质门槛进行淘汰;其次是要保证公平,对于各类文化机构参与公共文化服务购买应给予同等的待遇,防止政府购买沦为形式甚至变质。

(3)完善基本公共文化服务的多元投入机制。首先"好钢要用在刀刃上",公共文化服务涵盖范围较广,要保障重点领域和基础服务,核心在于公共文化服务的提质增效而非一味的财政增长,同时公共文化服务尽管具有普惠性,但是应重点保障文化弱势群体的权利,突出扶贫扶弱,彰显"雪中送炭"。其次,公共文化服务要广开源,区(县)和基层公共文化服务部门应该避免"等、靠、要"的传统思维,主动吸引和利用社会资本的力量,通过广泛地参与扩大投入的渠道。

3. 以推动文化和旅游深度融合为引导,创新城乡公共文化服务体系

(1)拓展城乡公共文化服务内涵,打造城乡文旅融合的"两个平台"。公共文化服务应该成为邻里守望相助、共筑精神家园、增加城乡居民凝聚力的平台。同时城乡公共文化服务应努力成为间接创造价值、改善生存条件、增强城乡居民幸福感的平台。按照"宜融则融,能融尽融,以文促旅,以旅彰文,和合共生"的要求,各区(县)促进农村公共文化服务与文化产业、旅游业的结合,应发挥公共文化事业引领文化产业和旅游业,文化产业和旅游业涵养公共文化事业的作用。在改革中各区(县)应围绕提供优秀文化产品和服务、优质旅游产品和服务这一中心环节,探索文旅融合的有效路径,促进文化和旅游公共服务资源共享和整体效能提升,并依托第二批公共文化服务体系示范区,探索出一系列富有浓郁地域特色、百姓与游客欢迎、文旅深度融合的现代公共文化服务新模式。

(2)加强现有公共文化设施和旅游公共设施的整合。在继续提升公共文化服务保障水平的同时,将文化公共服务的投入、设施和服务内容同旅游公共服务有机衔接,将公共文化设施社会化运营试点同发展旅游有效结合;在文化公共服务设施中丰富旅游和教育功能,在旅游公共服务设施中增加文化内容。重点依托国家公共文化服务体系示范区、城市旅游服务中心、全域旅游服务中心等,促进文化和旅游公共服务的一体化。引导公共文化机构在服务好当地居民的同时,面向游客提供文化服务。推动重点旅游区域基层综合性文化服务中心、重点旅游乡镇的公共文化服务站与旅游咨询中心、旅游休闲设施统筹建设与运营。推动城市书房、特色图书馆以及流动公共文化服务设施纳入旅游目的地或旅游点规划,串联进入相关旅游线路;推动文化志愿服务进旅游景区、旅游度假区;将农家书屋等农村文化公共服务设施与乡村旅游公共服务设施整合;完善图书馆、文化馆、博物馆等旅游服务配套功能建设,加强文创产品开发,丰富旅游产品文化内涵;整合文化志愿者和旅游志愿者队伍等等。

(3)挖掘乡村传统文化和促进农文旅融合发展。一是利用乡村传统文化的优秀因子,让传统文化"活"在当下,立足城市游客的乡愁情结,提升乡村旅游的文化底蕴和特色魅力,同时做好物质文化遗产和非物质文化遗产的传承,吸引城市资金回流乡村用于乡村建设和维护,加强传统村落的保护工作。旅游吸引"客流",文化"留客"既传承了人们的历史记忆,又使农村地区优秀戏曲曲艺、民族文化、民间文化等非物质文化遗产实现活态传承。在城乡融合发展进程中,形成既能够"留住乡愁"又与现代文化旅游产业有机融合的具有乡村独有价值和显著地域特色的乡村文化和乡村风貌。二是在乡村振兴背景下,探索"农业+文化+旅游"(农文旅)融合发展模式,根据不同村社特点打组合牌,例如"家庭农场+农耕文化+农事体验游""田园景观+山水文化+乡村山水游""乡村风情+民族文化+民俗民风游""美丽乡村+休闲文化+乡村度假游""和谐乡村+养生文化+康体养生游"等。

4. 以盘活公共文化资源的存量为手段,打通公共文化服务体系运行机制

(1)以"新时代文明实践中心"建设为契机,整合公共文化服务体系。以全市为整体,以市、区(县)、镇街、村社四级为单元,以志愿服务为基本形式,打通城乡公共文化服务体系的运行机制、文化科技卫生"三下乡"的工作机制、群众性精神文明创建活动的引导机制,整合人员队伍、资金资源、平台载体、项目活动,推动基层宣传思想文化工作和精神文明建设改革创新,实现更富活力、更有成效、更可持续的发展。

(2)盘活存量资源,扩展公共文化服务体系的范围。重庆市可以将工、青、妇、科、教等分散在不同部门的文化设施纳入公共文化服务体系,盘活现有存量资源,提升社会效益。整合资源还包括利用现有乡村文化资源开展公共文化服务。比如,在周六周日和学生放学以后,利用乡镇中小学操场等为农民提供公共文化服务,尽可能避免农村文化广场的重复建设。

5.以"校地合作"和"文教结合"为助力,推动城乡公共文化共建共享

(1)深化"校地合作",推进文化共建。拓宽和深化各区(县)与当地高校进行"校地合作",积极发挥高校在文化传播和知识创新中的源头作用,充分利用高校在高素质专业人才、科技文化场馆、先进设备设施和成熟人才培养模式方面的优势,积极探索"双学双进"公共文化合作模式。"双学"即一方面区(县)利用党日活动、微党课讲堂、文化艺术活动等形式邀请高校师生深入村社、社区参与,让基层群众学习理论;另一方面鼓励高校邀请基层文化工作者到学校进行文化交流和培训,让师生和实践工作者相互学习。"双进"即高校老师走进区(县)基层文化机构挂职锻炼,区(县)文化干部走进学校结合区(县)情为老师学生开讲座。同时,为了确保校地合作形成长效机制,双方携手共建"公共文化研究中心",共同做好理论研究与文化传播,实现由"送文化"向"种文化"转变。

(2)用文化活跃教育,让教育传承文化。应从制度创新高度认识"文教结合",打破文化、教育两大系统围墙,实现资源共享。博物馆、图书馆、文化馆等文化事业单位、镇街综合文化服务中心、村社文化室等可以设立学生艺术教育实践基地,高水平艺术演出预留出学生公益门票,基层文化活动吸引学生参与;城乡中、小学校可以聘请文化机构的艺术专业人士开办跨界艺术教育课程,指导学生社团和学校的艺术文化活动。"文教结合"的共享平台可以使曾经远离教育的文化机构中的极其丰富的文化资源活跃在学生课堂和生活中,也让教育发挥传承文明的作用。

二、北碚区公共文化治理调研报告

（一）引言

公共文化服务体系建设是基本公共服务体系建设的重要内容。完善公共文化体系建设，推进公共文化治理进程，有利于保障人民群众的基本公共文化权利，提高公共文化供给效率，促进基本公共文化服务更好地实现均等化，实现城乡一体融合发展。2019年4月，习近平总书记在重庆考察时指出，要加快推动城乡融合发展，建立健全城乡一体融合发展的体制机制和政策体系，推动区域协调发展。2019年5月，《中共中央 国务院关于建立健全城乡融合发展体制机制和政策体系的意见》发布，指出了城乡融合发展的总体要求、主要目标和重点任务，从顶层设计着手，搭建起建立健全城乡融合发展体制机制和政策体系的"四梁八柱"。近年来，北碚区积极以创建国家公共文化服务体系示范区为契机，研究制定出台了《北碚区基本公共文化服务保障标准》，并参照国家《关于加快构建现代公共文化服务体系的意见》和《重庆市关于加快构建现代公共文化服务体系的实施意见》，制定出台了《北碚区关于加快构建现代公共文化服务体系的实施意见》，同时配套制定了《北碚区基本公共文化服务实施标准》。通过政策顶层保障，为构建完善的公共文化服务体系提供政策支撑，不断丰富城乡之间的公共文化服务供给类型，提高公共文化服务供给效能，城乡之间、区域之间和群体之间提供了内容、标准、机会均等的公共文化服务，从而更好地实现城乡一体化融合发展目标。

为贯彻落实党的十九大报告和《中共中央 国务院关于建立健全城乡融合发展体制机制和政策体系的意见》的文件精神，了解北碚区城乡融合发展背景下公共文化服务与治理的现状，西南大学公共文化研究中心课题组深入北碚区党政机关、镇街和村社进行了实地调研。课题组分为三个调研小组，共对北碚区18个单位部门展开了调研，访谈对象共计90人。

其中在北碚区委宣传部、北碚区文旅委、农业农村委、发改委、人社局、财政局、教委7个党、政机关,课题组共访谈了20名干部同志;在区文化馆、博物馆、图书馆、融媒体中心4个文化事业单位,课题组共访谈了16名干部同志;课题组还深入到水土街道、龙凤桥街道、童家溪镇、三圣镇等镇街进行调研,访谈相关负责人和工作人员共16名。同时,课题组还走访了燎原社区、和欣家园社区、建设村和古佛村等村社进行调研,了解基层文化活动室的运行情况和基层文化活动的开展情况,访谈了社区书记、综合服务专干和其他相关工作人员共18名。除此以外,本次调研还对20余名群众进行了随机访谈。

此次调研对城乡公共文化服务体系建设、公共文化服务供给、农村公共文化活动开展、总分馆制、公共文化人才队伍、公共文化财政保障、基层公共文化机构运行、政府购买公共文化服务、文旅融合发展等方面进行调查了解,分析发展中存在的问题,为扎实推进城乡融合发展下公共文化服务发展提供决策参考。

(二)北碚区公共文化服务与治理的基本情况

2016年,北碚区以西部第一的优异成绩成功创建第二批国家公共文化服务体系示范区。调研发现,北碚区自创建国家公共文化服务体系示范区以来,深入持久推进后续建设工作,现已基本建成公共文化服务标准化体系,实现了设施建设标准化、服务内容标准化和绩效考核标准化;有序推进城乡公共文化服务社会化,积极盘活社会资源;完成公共文化服务数字化平台搭建,提升了信息化服务水平;持续打造多项公共文化服务品牌活动,实现服务供给精品化。

1.公共文化服务标准化体系基本建成

公共文化服务标准化体系建设是构建现代公共文化服务体系的重要基础。北碚区公共文化服务标准化体系现已基本建成,实现了设施建设标准化、服务内容标准化和绩效考核标准化。一是设施建设标准化。近年来,北碚区不断加强基础设施建设,在推进博物馆、文化馆、艺术中心等大型公共文化设施建设的同时,建成了覆盖城乡的公共文化设施网络。目前,北碚区已建成3个24小时城市书房,以及9个街道、8个镇、103个村、69个社区基层综合文化服务中心,实现文化室在村社区全覆盖,并积极推进通借通还系统向有条件的村社区文化室延伸。公共文化场所已配备必要的电脑、播放机、音响、体育健身等设备和专业器材。广播覆盖率、电视覆盖率、有线电视通村率、有线电视通社率、广播电视综合人口覆盖率均已达到100%,实现了农村"广播村村响、电视户户通"(见表3-18)。二是服务内容标准化。北碚区出台了《北碚区关于加快构建现代公共文化服务体系的实施意见》,并配套制定《北碚区基本公共文化服务实施标准》,明确了北碚区基本公共文化服务的内容、种类、数量和水平。制定《北碚区街道(镇)综合文化站、村(社区)综合文化服务中心服务规范》《北碚区文化馆图书馆分馆建设服务标准》等公共文化机构服务规范,明确了各级公共文化机构的人均藏书量、文化活动次数、培训讲座次数、公益演出次数和公益电影放映次数。三是绩效考核标准化。制定《北碚区公共文化服务体系科学实绩考核办法》《北碚区街道(镇)综合文化站免费开放绩效评价业务指标》《北碚区街道(镇)综合文化服务中心专项治理工作方案》等有关绩效考核政策文件,把公共文化服务体系建设纳入对区级相关部门、街道(镇)党政领导班子和领导干部的科学发展实绩考核,明确考核内容,建立了公共文化服务绩效考核机制。构建了基本公共文化服务实施标准监测评估模型并研发监测评估系统,提高了考核效率。引入第三方开展公众满意度测评,增强公共文化服务评价的客观性和科学性。

表3-18 北碚区城乡公共文化服务建设情况

24小时城市书房(个)	基层综合文化服务中心				村(社区)文化室设置率(%)	广播、电视覆盖率(%)
	街道(个)	乡镇(个)	村(个)	社区(个)		
3	9	8	103	69	100	100

数据来源:调研数据

2.城乡公共文化服务社会化有序推进

发挥市场和社会力量作用,是盘活社会资源、推动公共文化服务向优质服务转变的重要手段。调研发现,近年来,北碚区制定多项引导社会力量和市场参与公共文化服务的政策,有序推进城乡公共文化服务社会化。一是有序推进政府购买。出台《北碚区政府购买公共文化服务的通知》、《政府向社会力量购买公共文化演出服务实施方案的通知》和《政府向社会力量购买公共文化服务目录的通知》,为政府购买公共文化服务提供了政策支撑,建立健全政府向社会力量购买公共文化服务体制机制,形成区到镇街、镇街到村社区分级配送的服务模式。并进一步扩大政府购买范围,将全区73个社区纳入购买范围,且将街镇购买场数提高至6场,将政府购买文艺演出与扶持民间文艺团队相结合。2018年完成政府购买文艺演出、讲座、展览810场次,其中进村517场(见表3-19)。二是持续培育社会组织。鼓励社会组织积极参与公共文化活动,特别是在总分馆制建设方面。金刀峡镇分馆探索引进社会组织和文化志愿者,采取委托管理的方式,通过社会组织提供专业化服务做好总分馆日常管理运行。并相继成立了城乡文化建设促进会、偏岩老倡民俗文化研究中心和嘉溪传统聚落保护与发展中心等社会组织,并制定完善文化类社会组织的规章,明确功能定位,引导其开展公共文化活动、提供公共文化服务。三是不断壮大志愿者队伍。北碚区与西南大学乡村建设学院合作实施兼善文化课堂志愿服务项目,从2013年至今已招募培训大学生志愿者500余名,长期到城乡社区开展文化活动,充实基层公共文化人才队伍,加强公共文化服务"短板"建设,推动城乡公共文化服务进一步发展。

表 3-19　2018年流动文化服务进村推进情况统计表(1—12月)

区县	现有村数量(个)	流动文化进村总场数(场)	其中					服务总人数(万人)	总投入资金(万元)	完成进度(%)
^	^	^	送演出进村(场)	送图书阅览进村(场)(含青少年校外活动)	送展览讲座进村(场)	送辅导培训进村(场)	送法规政策科技宣传进村(场)	^	^	^
北碚区	103	517	206	103	103	90	15	28	140.85	100

数据来源：实地调研

3.公共文化服务数字化平台完成搭建

公共文化数字化的构建,是时代发展的必然,也是推动公共文化服务效能提升的抓手。近年来,北碚区加快推进公共文化服务"数字化",建成了全国首个数字文化馆,借助互联网、新媒体等,让公共文化服务变得触手可及,现已完成搭建公共文化服务数字化平台(见表3-20)。一是建立"碚壳"微信公共平台,对接国家公共文化云和重庆市公共数字文化平台,集"活动中心、场馆预约、活动投票、文化产业、文化动态、志愿服务、文化地图、电子图书、电子期刊、网上教学"等多种服务功能为一体,方便群众随时随地享受公共文化服务,增强了"互联网+文化"的受众体验感。二是建立基层街镇公共数字文化中心。北碚区创新研发基于"文图总分馆制"建设的基层数字文化站业务管理系统,实现"线上全覆盖、线下有试点"和线上线下"一站式"综合数字文化服务,推进区级总馆与街镇分馆公共数字文化资源和服务联动共享。三是积极推动公共文化物联网建设。2014年以来,北碚区在重庆率先推行公共文化物联网试点建设,经过几年的发展,已经实现了线上线下预约的"群众点单、政府配送"的服务模式。访谈调研发现,"点单制"的公共文化服务供给有效改善了公共文化供需脱节的尴尬现实,实现了"你点单,我服务"的针对性"一对一"服务,得到了政府工作人员和群众的一致好评。

表3-20　北碚区公共文化数字化建设情况

区	数字化建设情况
北碚区	2018年新建24小时自助图书馆1个、馆外图书流通点3个、阅读角2个,新增朗读亭1个、电子漂书柜1台。
	在全市率先实现镇街图书通借通还"一卡通"服务,并向有条件的村、社区文化室延伸,将29.7万册图书纳入"一卡通"数据库,实现"一卡借还、多点服务"。

4.公共文化服务供给精品化持续打造

公共文化服务精品化建设可以增加公共文化服务的地区符号价值,提升公共文化服务影响力。调研发现,近年来,北碚区打造了多个公共文化服务品牌活动,突出人民群众主体地位,满足群众文化新期待,以品牌化推动公共文化服务精品化(见表3-21)。一是培育群众性文化品牌。北碚区连续举办"非物质文化遗产特色民间艺术迎春会演"30余年、"缙云之声合唱节"25届、"群众文化艺术节"5届、"碚城同读一本书"5届、"全民读书月"4届、"缙云文化大讲堂"159期、"小小讲解员大赛"5届、"行走中的美术馆"3年,年均开展文化活动400余场,更好地满足了群众对美好生活的精神文化需求。二是打造传统文化特色品牌。北碚区结合乡镇传统文化,发挥学校的作用,积极打造"一镇一品"等特色文化建设,打造乡镇特色文化品牌。三圣镇与三圣中心小校打造的"三圣大鼓"品牌、澄江镇与澄江小学打造的"板凳龙"品牌、童家溪镇与翡翠湖小学打造的"翡翠烧白"品牌等都具有一定的影响力,"非遗进校园"等系列活动成为了传承传统文化品牌活动的典范。

表3-21　"碚享缙悦""1+5+N"品牌群众文化活动具体情况

项目	活动内容
"1" 1个重点文化品牌	缙云之声合唱节
"5" 5项重大品牌文化活动	周末文化广场、非物质文化遗产巡演、碚城同读一本书、行走中的美术馆和童声话碚城

续表

项目		活动内容
"N"一些常规的文化活动	提档升级群众性文化活动	缙云文化大讲堂、群众文化艺术节、新年音乐会、缙云文化村村行、北碚读书月、碚贝亲子故事会、兼善文化课堂、阅读点亮碚城等
	打造特色文化	金刀峡消夏艺术节、静观蜡梅文化节等；两江艺术团优秀剧目巡演,戏剧进校园、进农村

(三)主要亮点和值得推广的经验

1.主要工作亮点

(1)顶层设计立标准,实施监测建机制。北碚区在建立和完善公共文化服务体系工作中注重顶层设计、强调建章立制,科学设立服务标准、规范实施监测机制。一是以创建国家公共文化服务体系示范区为契机,研究制定出台了《北碚区基本公共文化服务保障标准》,并参照国家《关于加快构建现代公共文化服务体系的意见》和《重庆市关于加快构建现代公共文化服务体系的实施意见》,制定出台了《北碚区关于加快构建现代公共文化服务体系的实施意见》,同时配套制定了《北碚区基本公共文化服务实施标准》,明确了服务的种类、数量、质量、覆盖范围和均等化程度,体现了基本权益、政府责任、地域特色和发展方向,为城乡之间、区域之间和群体之间提供了内容、标准、机会均等的公共文化服务(见表3-22)。二是开展基本公共文化服务实施标准监测机制建设项目,构建了监测评估模型并研发监测评估系统,联合清华大学研发了基本公共文化服务标准监测评估平台。具备在线建设监测评估指标体系,在线填报、编辑、统计数据等功能,以实施标准监测为龙头,加快构建现代公共文化服务体系。

表3-22 北碚区公共文化服务和治理政策梳理

区	政策文本
北碚区	《北碚区公共文化服务体系科学实绩考核办法》
	《北碚区街道(镇)综合文化站免费开放绩效评价业务指标》
	《北碚区街道(镇)综合文化服务中心专项治理工作方案》
	《北碚区街道(镇)综合文化站、村(社区)综合文化服务中心服务规范》
	《北碚区基本公共文化服务保障标准》
	《北碚区关于加快构建现代公共文化服务体系的实施意见》
	《北碚区基本公共文化服务实施标准》
	《北碚区公共文化服务体系建设协调机制工作方案》

（2）设施网络强基础，覆盖城乡促均等。北碚区着力构建"一刻钟文化服务圈"，在全市率先建成文图博美体"四馆一中心"区级设施网络体系，在农村建设300个文化中心户，在城市建设20个文化生活馆，在军营建设1个文化兵站，公共文化服务设施实现了城乡全覆盖。一是大力推进文化馆、图书馆总分馆制建设，目前已建成1个文化馆总馆和17个分馆，1个图书馆总馆和17个分馆。此外，根据《重庆市北碚区基层综合性文化服务中心建设规划（2016—2018）》，截至目前，已建成9个街道、8个镇、103个村、69个社区基层综合文化服务中心（见表3-23）。二是继续实施区文化馆、图书馆升级改造，抢救性修缮保护清凉亭、举人楼、逊敏书院等文物遗址，建设完善乡村建设遗址群消防设施，并以重庆自然博物馆为中心，提档升级卢作孚纪念馆、四世同堂纪念馆等文博场馆，打造特色博物馆群。三是针对广大受众文化需求，加强广播电视覆盖工作，实现农村地区广播覆盖率和行政村有线电视通达率两个100%。建成全区农村综合广播信息系统，免费发放直播卫星12079套；实施有线电视数字双向化改造，新架设传输光缆1400千米，新设光接点6456个，确保收听收看好广播电视。

表3-23 北碚区基础网络设施建设情况

区	基础网络建设情况
北碚区	已建成177个村社区文化室,并落实1名享受财政待遇的村社区文化管理员;在农村建设300个文化中心户,在城市建设20个文化生活馆,在军营建设1个文化兵站,公共文化服务设施实现了城乡全覆盖。到2020年,北碚全区街(镇)综合文化站和村(社区)文化室,全面建成集政策宣传、文化娱乐、党员教育、科学普及、普法教育、体育健身等功能于一体,资源充足、设备齐全、服务规范、保障有力、群众满意度较高的基层综合性公共文化设施和场所,形成一套符合实际、运行良好的管理体制和运行机制,推动基层公共文化服务中心成为文化建设的重要阵地、服务群众的重要载体、联系群众的贴心纽带。
	已建成1个文化馆总馆和17个分馆,1个图书馆总馆和17个分馆。9个街道、8个镇、103个村、69个社区基层综合文化服务中心。广播覆盖率、电视覆盖率、有线电视通村率、有线电视通村率、有线电视通社率、广播电视综合人口覆盖率均已达到100%,实现了农村"广播村村响、电视户户通"。

(3)文化活动惠民生,特色品牌添光彩。北碚区大力开展文化惠民活动,以特有的历史底蕴和文化气质塑造活动品牌,扩大服务影响。一是大力开展全民艺术普及、全民阅读和全民健身等文化活动,满足百姓精神文化生活需要。持续开展"北碚印象"大型采风创作活动,传承抗战文化、晏阳初乡村建设文化和卢作孚实业报国精神,组织群众坝坝舞星级争霸赛、群众文化艺术节、"碚城同读一本书"等群众参与度比较高和影响力比较大的群众文化活动。二是培育群众文化活动品牌。持续做好"缙云文化五品牌""全民读书月""碚城同读一本书""全民健身日""群众文化艺术节""童声话碚城"和"行走的美术馆"等群文活动品牌(见表3-24)。"碚城同读一本书"荣获2015年全国"全民阅读优秀案例"一等奖;"行走中的美术馆"荣获2018年全国"优秀公共教育提名项目"。人民日报报道北碚物联网工作《百姓点单、政府配送》;人民日报海外版报道澄江板凳龙《非遗板凳龙,欢乐迎新春》;重庆日报整版报道《北碚:让广大群众共享文化发展成果》;重庆日报报道《重庆两江艺术团:扎根人民结硕果 艺术精品惠民生》。三是以两江艺术团为平台,加强对外文化交流。出访德国杜塞尔

多夫市参加中国节活动,把中华优秀传统文化传递到德国,为两国、两市合作交流、深化友谊做出了积极贡献,也为双方共同打造文艺精品佳作和特色文化品牌打下了基础,进一步推动了优秀文化交流融合。

表3-24　北碚区2018年文化活动实施情况

区	文化活动实施情况
北碚区	培育"碚享缙悦"为主题的"1+5+N"品牌群众文化活动。"1"代表做好做强1个重点文化品牌——缙云之声合唱节,目的在于加大对外交流,提升北碚文化影响力。"5"代表打造5项重大品牌文化活动。"N"代表一些常规的文化活动。 　　一是提档升级群众性文化活动。例如:缙云文化大讲堂、群众文化艺术节、新年音乐会、缙云文化村村行、北碚读书月、碚贝亲子故事会、兼善文化课堂、阅读点亮碚城等。二是打造特色文化,助推乡村文化振兴。做好街镇特色文化摸底调查工作,积极深化"一镇一品""一村一韵"等特色文化建设;持续打造金刀峡消夏艺术节、静观蜡梅文化节等活动,推进特色乡村旅游;开展两江艺术团优秀剧目巡演,做好戏剧进校园、进农村,将更多优质文艺产品送到农村,着力提升农村文化供给水平,不断丰富乡村群众文化生活。

(4)服务供给更精准,百姓需求为导向。一是开办文化馆免费开放艺术培训班。面向全区各行各业的广大文艺爱好者,每年春秋两季通过网络预约和现场签到报名,分成人和少儿开设舞蹈、声乐等10余个艺术门类课程,培训学员万余人次。每个季度培训报名异常火爆,存在名额难求的情况。二是开办机关工作人员艺术培训夜校。区总工会、区直机关工委、老年大学每周一至周四在老年大学针对机关工作人员开办艺术培训夜校,办有钢琴、古筝、瑜伽、摄影、书画、太极等近20个班,每学期参训学员近千人。三是扩大特殊人群公共文化服务范围。在保证老年人、未成年人、农村留守人员、残障人、农民工等特殊群体公平共享公共文化服务的同时,把计生失独家庭、戒毒学员、农民工等人群纳入重点保障对象,在文化馆开辟真情会所,每年举办真情小年夜专场演出;在戒毒所建立文化艺术中心,常年开展阅读、演出、讲座、电影放映等文化服务;利用流动图书车、电影放映车将文化送到农民工集中的工地;2016—2018年政府投入50多万元购买电影消费券、文艺培训券、网吧消费券并发放给低收入

家庭、农民工;在复兴镇大树小学、梨园小学建书屋,在金刀峡镇、蔡家岗镇开办暑期文艺培训班,每年举办环卫工、农民工、农民工子女电影专场(见表3-25)。

表3-25　北碚区保障特殊群体基本文化权益情况

区	保障特殊群体基本文化权益相关情况
北碚区	在保证老年人、未成年人、农村留守人员、残障人等特殊群体公平共享公共文化服务的同时,把计生失独家庭、戒毒学员、农民工等纳入重点保障对象。
	在文化馆开辟真情会所,每年举办真情小年夜专场演出;在戒毒所建立文化艺术中心,常年开展阅读、演出、讲座、电影放映等文化服务;利用流动图书车、电影放映车将文化送到农民工集中的工地;2016—2018年政府投入50多万元购买电影消费券、文艺培训券、网吧消费券并发放给低收入家庭、农民工;在复兴镇大树小学、梨园小学建书屋,在金刀峡镇、蔡家岗镇开办暑期文艺培训班,每年举办环卫工、农民工、农民工子女电影专场。

(5)文化科技相融合,效率提升有良方。一是构建互联互通的公共数字文化服务平台。按照"体系化、连通性、交互式、用起来"的思路,以北碚区公共数字文化服务平台"碚壳"为基础,完善数字资源和服务功能,上对接国家公共文化服务支撑平台、中国文化网络电视平台、重庆市公共文化物联网平台,下延伸到基层综合性文化服务中心,实现公共数字文化互联互通和入站、入户、入手。二是提高基层数字化和网络服务能力。实施数字文化馆、数字图书馆、数字博物馆、数字美术馆提升工程,加强网络资源和新媒体服务。实现全区公共文化场所Wi-Fi全覆盖。升级完善"碚壳"微信公众平台,推动公共文化"一站式""点单式""交互式"服务。100%建成街镇公共数字文化站,促进公共数字文化服务在基层的推广运用,提高基层公共文化单位数字化管理水平。加快馆藏资源数字化,建立地方特色数字资源库(见表3-26)。三是建立现代传播体系。推进有线电视双向数字化改造和直播卫星及无线数字化覆盖工程建设,努力实现广播电视户户通。提高广播电视公共服务能力。完成北碚广播电视台二级标准化台站和网络电视台建设,办好《诗咏北碚》《童声话碚城》《秀才秀艺》《朗

读》和《缙云文化大讲堂》等文化电视栏目。

表3-26　北碚区文化科技融合建设情况

区	文化科技融合建设情况
北碚区	一是完善"1"个平台。提档升级北碚区公共数字文化"碚壳"微信公众平台,对接国家公共文化云和重庆市公共数字文化平台,增强了"互联网+文化"的受众体验感。 二是研发"2"个系统。创新研发基于文图总分馆制建设的基层数字文化站业务管理系统,加强总馆对分馆的业务指导。同时,研发专题文化资源库推送系统,充分利用国家云平台、重庆市云平台和图书馆数据库资源,创建发布"党的十九大""同读一本书""文化政策库""乡村振兴"等面向分馆的公共资源包4个,为基层学习教育、文化活动的策划和开展提供了便利和专业指导。 三是建成"3"个试点。完成天生街道、北温泉街道、童家溪镇数字文化站试点建设,配置迎宾机器人、少儿桌式一体机、远程实时培训终端等深受群众喜爱的数字体验设备。2020年,全区实现基层数字文化站全覆盖。

（6）政府社会齐参与,服务效能得保障。北碚区积极引导社会力量参与,形成"政府+社会多元"供给模式,促进公共文化服务社会化发展。一是为保证公共文化服务经费投入,北碚区设立了文化发展专项基金,近五年城乡基本公共文化服务财政投入资金累计达到8500万元,每年财政用于公共文化服务场馆设施免费开放的资金投入超过50万元。在保障财力投入基础上,通过自查和第三方检查结合进行、专项检查和综合检查轮流进行等方式确保财政资金使用绩效。在分期分阶段建设项目的投入上,财政资金的使用特别强调后续建设项目论证,在经过新一阶段的申报、论证、评审、审批流程以后财政资金才会继续投入,确保项目建设全过程的资金把关和质量管理(见表3-27)。二是加大政府购买力度,根据北碚区经济社会发展水平,建立完善政府购买公共文化服务目录,规范购买流程,扩大购买范围,实施分级配送,做细做实"文化惠民,舞动城乡",区每年送演出、送讲座、送展览到街镇不少于6场,街镇送到村(社区)不少于4场。三是引导鼓励社会力量通过兴办实体、提供产品和服务、捐资捐物、资助项目、赞助活动等形式参与公共文化服务。两江新区管委会与北

碚区政府成立"重庆两江艺术团",挂靠区文化馆管理,采用市场运作、政府购买服务补贴的方式和社会聘用、统筹管理的运行模式。一方面,引进和留住了专业人才,提升了文化馆专业水平,解决了文化体制改革专业院团撤并后创作演出专业水平不高的问题。另一方面,充分利用文化馆的空间和资源,破解了专业院团单独建团的高成本问题,实现了呈现精彩好戏、普惠人民群众。艺术团每年还深入乡村、社区、工厂广泛开展文化"三下乡""缙云文化村村行"等展演活动200余场次。

表3-27 北碚区2018年政府公共文化服务投入情况

区	公共文化服务投入情况
北碚区	政府购买方面:把全区73个社区纳入购买范围,并将街镇购买场数提高至6场,将政府购买文艺演出与扶持民间文艺团队相结合,坚持做好"政府购买、分级配送";完成2018年民间文艺队伍遴选工作,进一步充实参与政府购买服务演出团队;完成政府购买文艺演出、讲座、展览810场次,其中进村517场。
	资金投入方面:设立了文化发展专项基金,近五年城乡基本公共文化服务财政投入资金累计达到8500万元,每年财政用于公共文化服务场馆设施免费开放的资金投入超过50万元。
	社会组织参与方面:鼓励企业、社会组织和其他社会力量,通过直接投资、赞助活动、提供产品和服务,以及采取公益创投、公益众筹等方式,依法依规有序参与总分馆制建设。探索在金刀峡镇分馆引入社会组织和文化志愿者,采取委托管理的方式,通过专业化服务、科学化管理,做好总分馆日常管理运行。加强民间文艺团队、文艺骨干的管理培训,大力推进文化志愿服务,动员社会专业人士参与总分馆制管理运行。

2.值得总结推广的经验

(1)以数字文化用起来为切入点,不断创新公共文化服务手段。一是完善"1"个平台。提档升级北碚区公共数字文化"碚壳"微信公众平台(2014年上线,目前处于关停状态),对接国家公共文化云和重庆市公共数字文化平台,完善"活动中心、场馆预约、活动投票、文化产业、文化动态、志愿服务、文化地图"等服务功能,新增电子图书、电子期刊、网上听书、网上教学等数字资源,极大方便了群众随时随地享受公共文化服务,增强了"互联网+文化"的受众体验感。二是研发"2"个系统。创新研发基于文图总分馆制建设的基层数字文化站业务管理系统,加强总馆对分馆的业务指导,逐步形成"业务工作实时掌握、绩效评价自动抓取、档案资料规范生成"的科学化、信息化管理模式,有力提升基层文化站的工作效率;同时,研发专题文化资源库推送系统,充分利用国家云平台、重庆市云平台和图书馆数据库资源,创建发布"党的十九大""同读一本书""文化政策库""乡村振兴"4个面向分馆的公共资源包,为基层学习教育、文化活动的策划和开展提供了便利和专业指导。三是建成"3"个试点。完成天生街道、北温泉街道、童家溪镇数字文化站试点建设,配置迎宾机器人、少儿桌式一体机、远程实时培训终端等深受群众喜爱的数字体验设备。到2020年,全区将实现基层数字文化站全覆盖。

(2)以塑造群众文化活动品牌为目标,为人民群众搭建百姓舞台。以大型群众文化活动为平台,以培育群众文化品牌为导向,供给培养并重,满足群众文化新期待,不断提高群众文化活动水平,提升北碚文化影响力,培育"碚享缙悦"为主题的"1+5+N"品牌群众文化活动。"1"代表做好做强1个重点文化品牌——缙云之声合唱节,目的在于加大对外交流,提升北碚文化影响力。"5"代表打造5项重大品牌文化活动。分别是周末文化广场、非物质文化遗产巡演、碚城同读一本书、行走中的美术馆和童声话碚城。将"接地气、有人气"的全民阅读、全民艺术普及活动长期坚持和创新策划,赋予品牌联想和品牌情感,丰富市民的精神文化生活。"N"代表一些常规的文化活动。一是提档升级群众性文化活动。例如:缙云文化大讲堂、群众文化艺术节、新年音乐会、缙云文化村村行、北碚读书月、碚贝亲子故事会、兼善文化课堂、阅读点亮碚城等。二是打造特色文化,助推乡村文化振兴。做好街镇特色文化摸底调查工作,积极深化"一镇一品""一村一韵"等特色文化建设;持续打造金刀峡消夏艺术节、静观蜡梅文化节等活动,推进特色乡村旅游;开展两江艺术团优秀剧目巡演,做好戏剧进校园、进农村,将更多优质文艺产品送到农村,着力提升农村文化供给水平,不断丰富乡村群众文化生活。

（3）以打造校地合作升级版为抓手,深度融合公共文化与国民教育。北碚区充分发挥辖区高校资源、人才等优势,在决策咨询、人才培养、场馆共享、活动开展、志愿服务等方面,与西南大学合作共建,增强公共文化发展合力。一是合作共建,丰富公共服务供给。与西南大学合作共建吴宓旧居陈列室并对外免费开放,向北碚市民开放西南大学图书馆,与西南大学音乐学院、美术学院签订协议合作开展文化演艺、美术展览等活动,让北碚区市民享受高品质的文艺演出。二是人才共享,充实文化人才队伍。引进西南大学音乐学院20余名在校学生常年参与两江艺术团各项演出,提高演出团队整体水平。与西南大学乡村建设学院合作实施兼善文化课堂志愿服务项目,补充基层文化队伍的不足。与西南大学体育学院合作,在北碚区缙云体育中心挂牌西南大学校外实习基地。与西南大学新闻传媒学院合作,将"碚壳"微信公众号作为新媒体教学案例,吸引100余名在校大学生深入挖掘北碚文化资源,做好内容更新推送。三是借力智库,加强历史文化研究。与西南大学历史文化学院、文学院、乡村建设学院等学院合作,成立专家委员会,开展抗战文化、乡建文化研究,推进北碚历史文化专题陈列展,指导古籍保护开发,筹备出版《北碚历史文化综述》。

（4）以媒体推介和文化交流为平台,不断扩大北碚文化影响力。一是以媒体推介为平台,加强北碚文化宣传。人民日报报道北碚物联网工作《百姓点单,政府配送》;人民日报海外版报道澄江板凳龙《非遗板凳龙,欢乐迎新春》;重庆日报整版报道《北碚:让广大群众共享文化发展成果》;重庆日报报道《重庆两江艺术团:扎根人民结硕果 艺术精品惠民生》;重庆日报报道的《北碚:智能化悄然改变人们的工作和生活》中大篇幅提到北碚数字文化。二是以两江艺术团为平台,加强对外文化交流。出访德国杜塞尔多夫市参加中国节活动,把中华优秀传统文化传递到德国,为两国、两市合作交流、深化友谊做出了积极贡献;参加第六届"百馆联动"系列活动,完成重庆市北碚区文化馆《巴渝风韵》专场文艺演出,并接旗承办第七届"百馆联动"活动;参加2018年中国文化馆年会,在"欢跃四季"全国广场舞普及推广论坛活动上就"重庆市北碚区群众广场舞星级争霸赛"的优秀案例与大会同仁交流分享;参加重庆市群星奖获奖作品巡演、中秋非遗传习活动、戏剧曲艺展演交流活动等文化馆联盟活动;成功举办全国部分文化馆联盟优秀合唱团展演暨重庆·北碚第二十五届"缙云之声"合唱节,邀请全国部分文化馆选送优秀合唱团参与展演与交流,共同打造文艺精品佳作和特色文化品牌,进一步推动了优秀文化交流融合。

(四)主要问题

1.公共文化服务治理主体单一

北碚区目前公共文化服务治理主体较为单一,仍然以政府为核心,社会、企业、个人等主体的参与较为缺乏(见图3-25)。当前治理主体以图书馆、文化馆和博物馆为主,2018年已建成1个文化馆总馆和17个分馆,1个图书馆总馆和17个分馆。由于北碚区的公共文化机构管理运营服务提供商和社会性文化服务机构规模小、数量少,且质量和水平不够高,专业性和技术性有待加强,导致公共文化服务的社会参与主体和政府购买服务的承载主体可选择性比较有限。还存在可选择的社会组织太少,成立社会组织的审批程序太烦琐的困境。按照当前的现状,公共文化活动经费和公共文化设施修建的经费都由政府承担,以政府为核心的单一主体相比多元化的市场和社会主体,人力财力物力一定程度上会受到限制,民间传统文化演出团体演出很难得到足够的资金保障(见图3-26、图3-27)。最后在部分镇街和公共文化机构实际操作过程中对社会力量参与带来的各种风险显得有所顾虑,缺乏行之有效的手段和方式。社会组织和企业除了部分参与自上而下的政府购买服务之外,很难从其他渠道参与。治理主体的单一性制约了农村公共文化服务质量的提升。

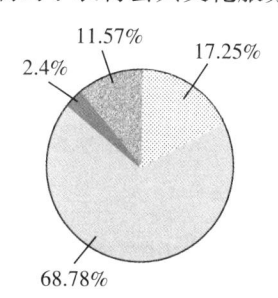

图3-25　北碚区公共文化服务体系建设总体模式

数据来源:调研数据

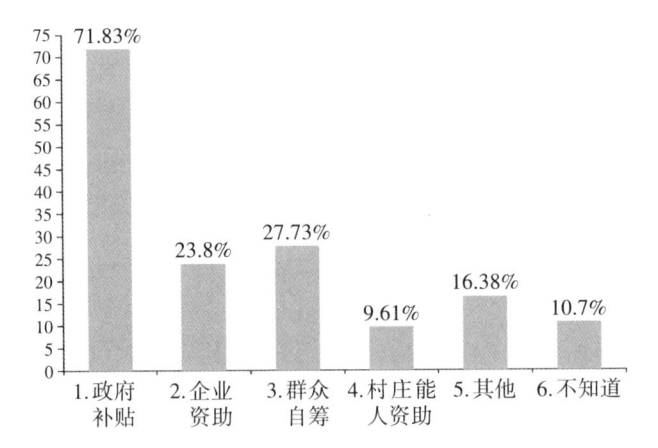

图 3-26　北碚区文化服务或活动经费的主要来源

数据来源：调研数据

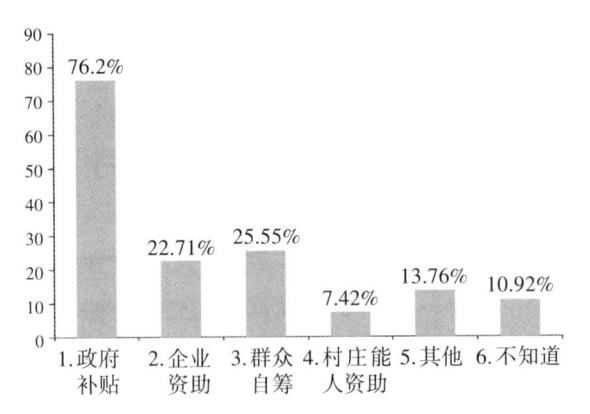

图 3-27　北碚区文化设施建设费用的主要来源

数据来源：调研数据

2.公共文化服务人才的匮乏

北碚区基本文化服务领域人才匮乏主要表现在三个方面。一是专业技术人才和管理人才的缺乏。本轮机构改革之后，文旅融合力度加大，很大程度地提升了公共文化服务工作人员的专业性，但是也面临着基本公共文化服务领域专业技术人才和管理人才缺乏的问题，特别是街镇层面。城区的公共文化专业和技术人才较为缺乏的主要原因是缺乏编制，人员流动性较大。而基层则更多地受到经济发展、地理位置、晋升通道等多方面因素的影响,导致引不进人才更加留不下人才,因此基层公共文化人才总量仍然不足(见图3-28)。二是乡贤和志愿者的缺乏。特别是街镇层面,因为大部分乡贤一旦走入城区深造就很难再继续回到家乡工作,流入大城市的可能性会比较大。其次是志愿者深入偏远街镇进行志愿服务成本较高,因此很难像城区一样形成规模的志愿服务活动。基层文化工作人员的缺乏,导致基层公共文化需要不能得到更好的服务。三是基层公共文化服务工作人员年龄结构不合理。全区镇街综合文化服务中心干部,整体年龄偏大,尽管工作经验较为丰富,但是工作精力和热情有限,创新意识不足。

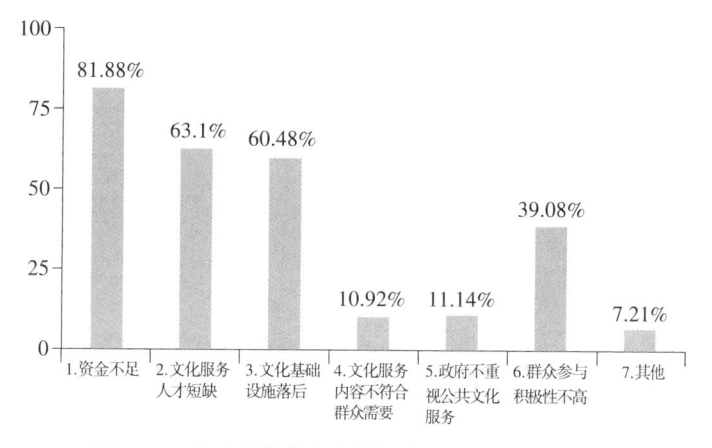

图3-28 北碚区公共文化服务存在的关键问题汇总

数据来源:调研数据

3.公共文化服务供给与需求的矛盾

目前全区的公共文化服务供给有了大幅度的提高,公共文化服务体系不断完善,公共文化服务阵地建设完备,基本公共文化设施覆盖面也不断扩大。但是在公共文化服务的供给有效性上仍然表现出以下几个方面的问题:一是基础性公共文化服务的无效供给,存在内容不丰富、形式较单一等问题,特别是农家书屋的低使用率和电影下乡活动的无效性。部分乡镇综合文化站门可罗雀,不少农家书屋大门紧闭,导致资源闲置和"沉睡"问题。公共文化活动提供是群众被动接受,导致送出的服务不受欢迎、资源浪费,而群众的文化需求也得不到有效满足(见图3-29)。二是乡镇(街道)文化站和村(社区)文化室提档升级尚未全面完成,服务功能还不完善,加之受到农村人口的老龄化和空虚化影响,作用发挥受限,文化机构出现功能"虚化"和"弱化"问题。三是高品质公共文化服务供给不足。由于当前网络技术的快速发展,人民生活水平的日益提高,人民群众的文化诉求日益趋向多样化,单一的政府供给主体受到经济、人力等因素的影响,不能及时跟进了解符合人民群众的多样化、个性化公共文化服务需求,且提供的公共文化服务和产品有限,没能及时地满足人民群众的实际文化需求,造成了基本公共文化服务供给与需求之间的矛盾(见图3-30、图3-31)。

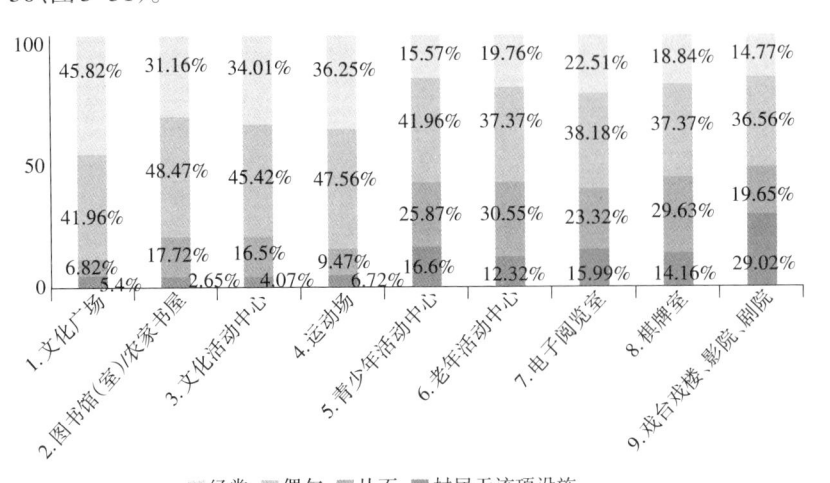

图3-29 北碚区居民使用文化设施的频率汇总

数据来源:调研数据

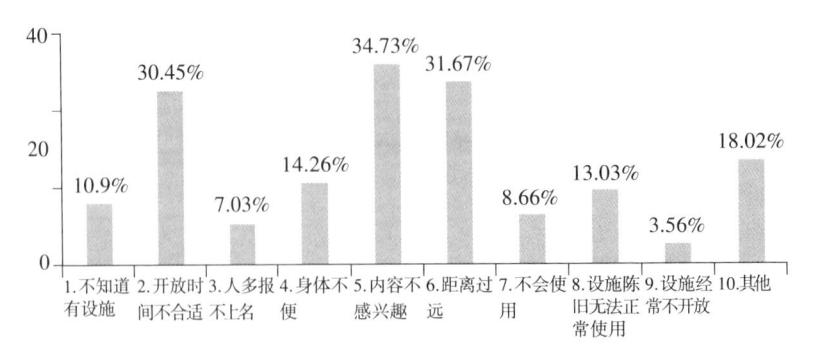

图3-30 北碚区居民认为影响使用公共文化设施的原因

数据来源:调研数据

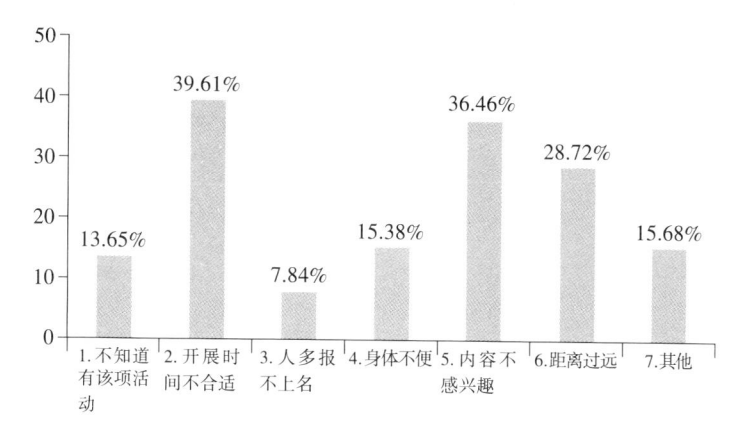

图3-31　北碚区居民认为影响参与公共文化活动的原因

数据来源：调研数据

4.文旅融合的城乡公共文化服务体系不健全

一是文旅融合的观念有待加强，部分基层工作同志的理解过于片面，认为文旅融合就是文化和旅游方方面面的结合，甚至以旅游统领文化工作，而不是坚持"宜融则融、能融尽融"，对文旅融合的理解仍然处于表面，没有真正地转变思维，转变工作想法。二是文旅职能融合的深度不够，首先是区级原文化部门和原旅游部门各有各的职能、各有各的业务，机构合并、人员整合只是开始，重头戏还是职能融合到位（见图3-32）。其次是乡镇和街道的基层文化和旅游工作职责尚未有效整合，依然呈现"分而治之"的情况，导致文化和旅游在人员、资源的融合和共享方面难以实现等。最后是文化和旅游的知识与人才融合程度不强，相互不熟悉对方业务知识，相关业务交流和培训不足。三是文旅产业融合度不佳，北碚区文创产业发展缓慢，与当地特有的历史文化、生态文化等文化资源结合度较低，多为简单的文化产品开发，形式较为普遍，没有真正地将创意融入其中。在文化创意产业发展过程中还没有将其文化内涵开发出来，文化内涵出不来，就无法推出"创意"，与文化产业融合度比较低，产业发展模式仍较为传统，没有文化特色，"文化＋创意＋产业"的模式运用较少，产业经济效益增长缓慢（见图3-33）。

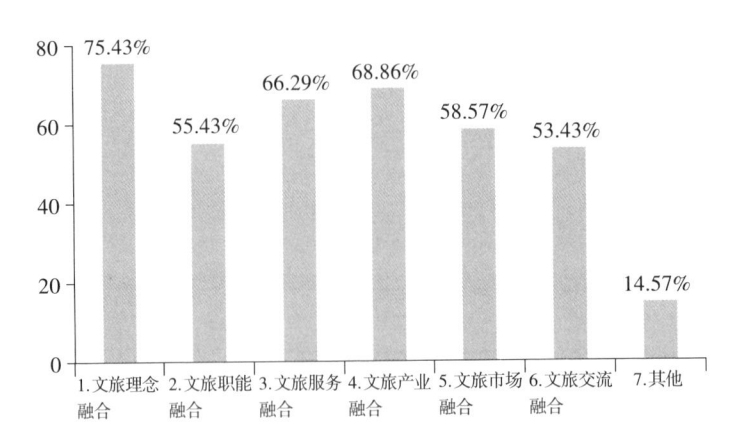

图 3-32　北碚区文旅融合发展工作中的重点突破点汇总

数据来源：调研数据

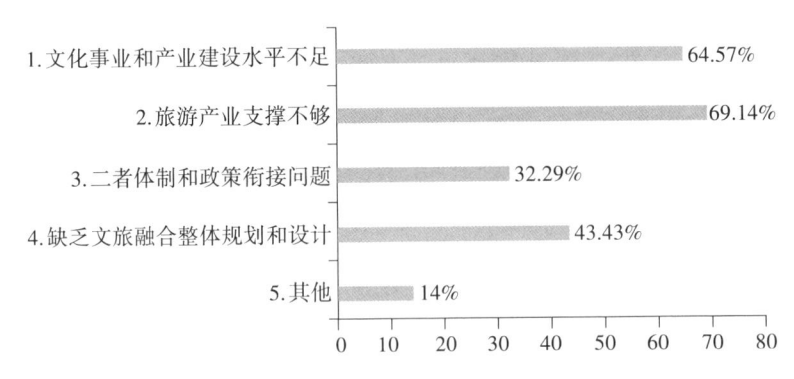

图 3-33　北碚区在文旅融合中面临的主要困难

数据来源：调研数据

5.城乡公共文化服务发展不均衡

基本公共文化服务城乡发展失衡主要表现两个方面：一是城乡基础设施建设发展的不均衡，二是基本公共文化服务供给的不均等。城乡基础设施建设发展的不均衡主要表现在基层公共文化服务基础设施建设和城区基础设施建设差距大，城区人群享有的公共文化服务方式已呈多样化、常态化，而基层街镇由于受到财政、基层文化支撑人才等因素的影响，可得到的服务仍受限于站室、广场等阵地单一、低水平的服务（见图3-34、图3-35）。大量的公共文化服务资源和产品都集中在城区,基层的公共文化服务基础设施较为落后,基层设置的文化站、图书室等基础设施使用率较低,特别是网络技术的基础较为薄弱。基本公共文化服务供给的不均等表现为基层的公共文化服务和产品的形式较为单一,多样化的公共文化服务类型多集中于城区等发展较快的地区,对基层的基本公共文化服务的供给多是以保障最基本的文化权利为主,因此模式较为传统,同时也由于乡村地区自身的经济发展劣势,城乡之间的差距也越来越大,造成了城乡公共文化服务供给失衡。

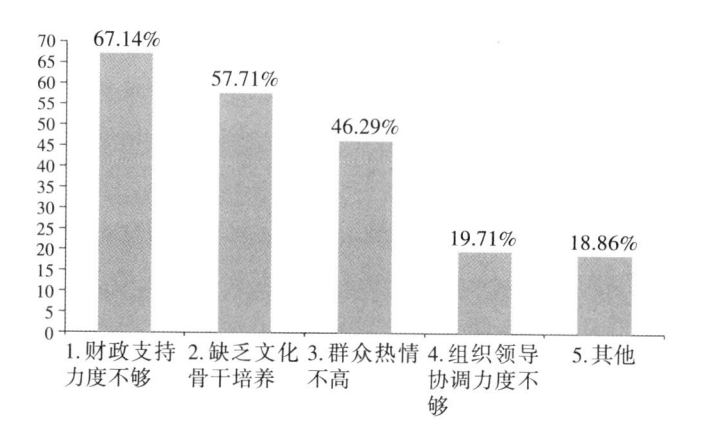

图 3-34 "送文化下乡"中遇到的主要困难

数据来源:调研数据

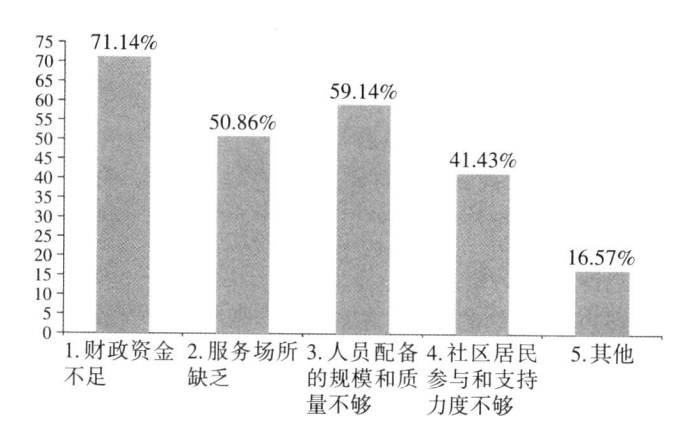

1. 财政支持力度不够 67.14%
2. 缺乏文化骨干培养 57.71%
3. 群众热情不高 46.29%
4. 组织领导协调力度不够 19.71%
5. 其他 18.86%

图 3-35 公共文化服务向基层社区下沉过程中存在的困难

数据来源:调研数据

1. 财政资金不足 71.14%
2. 服务场所缺乏 50.86%
3. 人员配备的规模和质量不够 59.14%
4. 社区居民参与和支持力度不够 41.43%
5. 其他 16.57%

6.城乡公共文化服务联动治理机制不够完善

一是以城带乡的公共文化联动机制不够完善。从横向来看,城市和农村的公共文化服务一体化水平不足,两套系统依然呈现割裂的现象,二者的资源、人才等共享和协同有待加强。从纵向来看,公共文化服务和资源向基层和农村下沉机制有待完善。图书馆和文化馆的总分馆制正在推进,但是距离真正的城乡文化资源共建共享和互联互通仍有较大差距(见表3-28)。北碚区图书馆基层点数量和文化馆基层点数量各17个,总馆对分馆仅为业务性指导,无明确的职能职责,无法控制人力、财力。镇街图书馆使用率不高,图书馆使用率低于文化室,"碚壳"更新内容与生活紧密性低,迅速发展后由于经费欠缺,落后于听书资源微信公众号。二是当前城乡公共文化主要表现为从城到乡的单向文化交流。城市文化处于中心、主导位置,而乡村文化处于边缘、被支配地位,乡村建设容易变得千篇一律,失去了特色。部分进入城市的农民工和流动人口,成为城市文化"边缘人"。城乡文化互动联动机制的不足和缺位不利于城乡融合发展,导致公共文化治理推动城乡融合发展的动能不足。

表3-28 北碚区制定公共文化城乡联动发展整体规划情况

选项	比例
1.本地区制定了专门的公共文化城乡联动发展整体规划	66.85%
2.本地区没有制定专门的公共文化城乡联动发展整体规划,但在文化事业发展相关规划(或经济社会发展总体规划中)中包含了公共文化城乡联动发展相关内容	20.86%
3.本地区从未制定过任何形式的公共文化城乡联动发展整体规划	1.43%
4.其他	10.86%

数据来源:调研数据

(五)对策建议

1.完善多元化投入机制,健全城乡文化治理体系

(1)构建多元化公共文化服务投入机制,要完善基本公共文化服务的多元投入机制。一是加大公共文化财政投入。各级财政要加大对基本公共文化服务的投入,拓展公共文化服务建设资金筹集和投入渠道。北碚区级财政应足额拨付公共图书馆购书经费、文化馆(站)群众文化业务经费、公共文化机构免费开放经费及农村文化建设专项资金、非物质文化遗产保护经费。公共财政重点要扶贫扶弱,为推进基本公共文化服务"兜底线、补短板"。二是创新公共文化服务投入方式。北碚区为促进农村公共文化服务质量的提升及公共文化治理的有效性,必须建构多元化主体的治理模式。可以采取政府购买、项目补贴、定向资助、贷款贴息等政策措施,引导和鼓励社会力量参与公共文化服务体系建设。

(2)完善公共文化服务人才管理制度。一是保障基层公共文化人才落实到位。认真解决基层文化工作人员"引不进来,留不下来"的问题,通过制度的保障,给予相应的人才补贴,完善福利政策,特别是医疗、保险、养老和待遇方面,做好配套政策的落实,完善晋升通道和基层工作人员的激励机制,建立健全志愿者人才服务体系。二是引进和培育专业技术性及管理类人才。通过组织各种形式的专业技术培训,提升公共文化工作队伍的专业水平和业务能力。在"文化+技术"模式的推动下,要特别注重专业技术型人才的保障,为公共文化服务体系建设提供智力的保障。三是加强文化人才的培育培训。通过培训可以进一步提升队伍素质,设置合理的晋升通道,缓解公共文化人才晋升压力过大的问题。同时还要积极挖掘民间文化队伍,重视发现和培养乡土文化能人,积极发挥他们在"种文化"上的作用,建设充分展示本土特色的公共文化人才队伍。

2.对接需求提高供给效能,推进城乡文旅融合进程

(1)精准对接文化需求,提高供给效能。一是深入基层对接实际需求,拓宽文化服务范围。贴近人民群众,准确了解群众对所提供公共文化服务的满意度,明确群众真正需要的文化服务。根据群众的兴趣爱好拓

展服务范围,提高群众的参与度和积极性,加大对基础设施阵地的管理力度,实现其文化功能。二是根据地区个性搭配公共文化服务类型。城乡之间受到经济、社会、政治、地理等因素的影响,发展水平不一。所以要具体情况具体分析,对于相对贫困、发展较为落后的农村地区,采取文化事业发展与脱贫攻坚相结合,充分保障农村群众的基本文化权益。对于经济发展较快的农村地区,可以选择提供符合群众需求的高品质公共文化服务。但需要注意的是,在城乡一体融合背景下,在注重个性提供不同公共文化服务的同时,更要逐步缩小城乡之间、各乡镇之间的差距,促进农村公共文化繁荣发展,完善农村公共文化服务体系建设。三是大力推进文化志愿服务。完善文化志愿者选拔招募、服务管理和激励保障机制,建立北碚区文化志愿者注册系统和数据库。动员组织专家学者、艺术家等社会知名人士参加文化志愿服务,扩大志愿队伍,有助于精准对接群众的实际公共文化服务需求。

(2)加快推动城乡文旅融合的发展进程。一是更新文旅融合观念,首先要更新文化治理观念和旅游发展理念,要树立文化事业与文化产业之间和谐共生的大文化观,确立全域旅游和全时旅游的大旅游观,并在此基础上,坚持以人民为中心的文化治理和旅游发展观,按照"以文促旅,以旅彰文"的思路深化文旅融合发展。二是结合特色文化资源,打造文化精品IP,发展新文创产业。文旅融合要有品牌意识和故事思维,结合场景塑造,打造具有吸引力的IP,深度挖掘北碚特有的民国文化、抗战文化、乡村建设文化等,围绕故事和场景,形成一条具有北碚标志性和代表性且极具影响力和美誉度的体验旅游线路。

3.建立城乡互联互通机制,促进城乡一体均衡发展

(1)加强阵地建设实现城乡均衡发展。一是加强文化阵地建设,构建一体化设施网络体系。通过扩大"文化+科技"的运用,加大网络基础性设施的覆盖率和利用率。大力推进文化馆、图书馆总分馆制建设,继续实施区文化馆、图书馆升级改造。加强广播电视覆盖工作,建成全区农村综合广播信息系统,实施有线电视数字双向化改造,确保收听收看好广播电

视。二是构建互联互通的公共数字文化服务平台。以数字化共享平台为基础,加强新媒体和网络资源的利用,延伸到基层综合性文化服务中心,促进公共数字文化服务在基层的推广运用,提高基层数字化和网络服务能力。三是充分继承和发展优秀传统文化。利用乡村传统文化的优秀因子,让传统文化"活"在当下,立足城市游客的乡愁情结,提升乡村旅游的文化底蕴和特色魅力。同时做好物质文化遗产和非物质文化遗产的传承,吸引城市资金回流乡村用于乡村建设和维护,加强传统村落的保护工作。旅游吸引"客流"、文化"留客"既传承了人们的历史记忆,又使农村地区优秀戏曲曲艺、民族文化、民间文化等非物质文化遗产实现活态传承。

(2)建立公共文化服务城乡互通联动机制。一是以北碚区文化馆、图书馆为中心推进总分馆制建设。加强对文化服务中心、农家书屋的统筹管理,实现农村、城市社区公共文化服务资源整合和互联互通。继续开展城乡文化互动,促进农村文化建设。二是健全公共文化资源向农村和基层下沉机制。推进文化下乡活动,丰富文化下乡内容与形式,使更多公共文化服务资源下沉到农村基层,创新乡村文化服务供给,提高公共文化供给效率,满足人民群众的文化需求,使城乡居民享有同样的文化权利,能够共享文化成果,增强农民的文化获得感。三是塑造各有特色的城乡公共文化互补机制。推进城乡融合发展过程中要守住乡村文化根脉,在立足我国乡村传统文明的基础上,有机吸取城市文明及外来文化优秀成果,推动乡村优秀传统文化渐进式的创新性发展。利用农村广场、戏台等公共空间,依托农村传统节庆活动、赶场等文化习俗,借助非遗技艺等生产方式、生活方式开展公共文化活动,尽可能让农村公共文化服务"通文脉、接地气"。

三、万州区公共文化治理调研报告

（一）引言

党的十九大提出要按照"产业兴旺、生态宜居、乡风文明、治理有效、生活富裕"的总要求，建立健全城乡融合发展体制机制和政策体系，加快推进农业农村现代化，这是针对新型城乡发展关系做出的重大战略部署。2019年4月15日，《中共中央 国务院关于建立健全城乡融合发展体制机制和政策体系的意见》发布，这是贯彻落实党的十九大精神的重大决策部署，根本目的是重塑新型城乡关系，走城乡融合发展之路，促进乡村振兴和农业农村现代化。这意味着，当前在我国推动城乡融合发展，既有现实而深刻的时代背景，又有重要而深远的意义。

为进一步深入贯彻落实十九大报告"要建立健全城乡融合发展体制机制和政策体系"的重大决策部署以及《中共中央 国务院关于建立健全城乡融合发展体制机制和政策体系的意见》的文件精神，推进健全普惠共享的城乡公共文化服务体系进程，了解万州区城乡融合发展背景下公共文化服务与治理的现状，西南大学公共文化研究中心课题组深入万州区党政机关、镇街和村社进行了实地调研。课题组共对17个单位部门展开了调研，访谈对象共计100人左右。其中在宣传部、文旅委、农业农村委、发改委、人社局、财政局、教委等7个党、政机关展开调研，访谈对象共计26人；在区文化馆、博物馆、图书馆等3个文化事业单位进行调研，访谈对象共计16人；课题组还深入五桥街道、沙河街道、长岭镇等镇街进行调研，访谈相关负责人和工作人员共14名。同时，课题组还走访了长龙社区、梨花路社区、安溪村和安乐村等村社进行调研，了解了社区文化活动室的运行情况和基层文化活动的开展情况，访谈了社区书记、综合服务专干和其他相关工作人员共18名，除此以外，本次调研还对30余名群众进行了随机访谈。

此次调研涉及内容较为丰富,包括公共文化服务体系建设、公共文化服务供给、公共文化活动开展、公共文化人才队伍、历史文化保护传承、精品文化品牌打造、公共文化财政保障制度、基层公共文化机构运行、政府购买公共文化服务、文旅融合发展等,了解已取得的成就,总结经验,发掘并分析问题,提出相关对策建议,为持续推进城乡融合发展下公共文化服务发展提供相关政策参考。

(二)万州区公共文化服务与治理的基本情况

按照党中央、国务院部署和市委要求,万州区在公共文化服务建设中始终坚持政府主导、社会参与的基本原则,以公共财政为支撑,以促进城乡公共文化一体化建设为基本遵循,文化民生得到较好保障,人民群众精神文化生活更加丰富。

1.明确战略目标,发展规划基本形成

万州区政府高度重视公共文化服务体系建设,确定了以实现基本公共文化服务标准化、均等化作为发展目标,以公共财政为支撑,以公益性文化单位为骨干,以全体人民为服务对象,以保障人民群众基本文化权益为主要内容,完善覆盖城乡、结构合理、功能健全、实用高效的公共文化服务体系的战略任务。"十三五"规划明确了文化事业指导思想,制定了文化事业发展目标和文化事业发展规划,并将构建特色融合型文创产业作为2019年"一心六型"工作计划的关键内容和渝东北文创产业高地建设的重要举措。

2.强化文化硬件建设,阵地设施日趋完善

万州区着力推进城乡文化设施标准化、均等化建设,基本形成了门类较为齐全、布局较为合理、服务较有特色的城乡三级公共文化基础设施和机构网络体系。文化馆、博物馆和图书馆三馆配备齐备,其中区文化馆为全国一级馆,区博物馆为国家二级博物馆,区图书馆为国家一级馆。2019年,万州区在各乡镇街道设立文化馆分馆52个、图书馆分馆13个(政府主办9个、民办公助4个),还建成41个乡镇综合性文化服务中心、11个街道

文化服务中心、181个社区文化室、413个村文化室。扎实推进公共文化服务体系示范点创建,建成61个村(社区)综合性文化服务中心示范点(见表3-29),积极发挥典型示范引领作用,促进农村公共文化体系阵地设施不断完善。

表3-29 万州区公共文化服务基础设施和机构建设情况(单位:个)

总分馆制度		基层综合文化服务中心			
文化馆分馆	图书馆分馆	街道	镇(乡)	社区	村
52	13	11	41	181	413

数据来源:调研数据

3.注重产品内容生产,供给质量不断提高

万州区深入挖掘本土传统文化资源,全力打造具有本土特色的文化节庆活动和文艺精品节目,组织高质量的文化产品供给(见表3-30)。各类精品活动的组织单位三峡川剧艺术研究传承中心、三峡曲艺保护传承中心被授予"第七届全国服务农民、服务基层文化建设"先进集体,优秀万州籍表演艺术家谭继琼和何菊芳荣获"梅花奖"和"牡丹奖"等国家级奖项。

表3-30 万州区特色的节庆活动和文艺精品节目汇总表

节庆活动	特色文艺精品节目	
中国长江三峡国际旅游节	方言话剧:《薪火》《移民金大花》《三峡人家》	现代川剧:《鸣凤》《白露为霜》
世界大河歌会		

4.推进历史文化挖掘保护,文化资源愈加丰富

以文化遗产挖掘和保护为契机,积极整合各类文化资源,促进公共文化服务内容和形式不断多样化。万州区已经进行了三批14个乡镇历史文化挖掘工作,组织开展地面文物和可移动文物普查、非物质文化遗产调查,从地方历史文献、文物古迹、民风民俗中梳理本土文化发展脉络,明确地域文化主线,并积极研究提炼城乡特色文化内涵,促进文化旅游元素注

入传统村落、乡土民居,助力城乡文旅融合发展。同时万州区将挖掘出的历史文化元素有机融入小城镇和乡村振兴规划建设中,明确塑造建筑景观风格,靓化村容街道的风貌特色,彰显本土特色文化底蕴,提升乡村建设的品质,充分发挥文化在旅游发展中的灵魂作用。

5.合力开展群体文化活动,城乡文化日益繁荣

万州区坚持面向基层、服务群众的服务方针,开展丰富多彩的群体文化活动,不断增强人民群众文化获得感(见表3-31),结合"渝州大舞台"开展"希望的田野""爱在万州"等送演出进基层和组织文艺人才帮扶进村活动,2018年完成2032场流动文化进村活动,采取政府购买社会服务方式,完成8000场惠民电影的放映工作。万州区组织多场流动文化进基层活动特别是送文艺(戏曲)演出进基层活动,还创建区级曲艺传承培训基地,逐步推进南浦剧场、百安剧场等5个小剧场的建设,并持续开展戏曲进校园、三峡曲艺"周周演"、旅游驻场演出等文化活动,把更多优质文艺节目送到百姓家门口。在针对特殊群体的公共文化活动方面,万州区积极组织农村品学兼优的学生到博物馆开展游学活动,让更多的农村学子享受优质公共文化服务。

表3-31 万州区群体文化活动举办情况汇总表

群体文化活动类别	群体文化活动名称	举办次数(单位:次)
流动文化进村	"希望的田野""爱在万州"等	2032
惠民电影	惠民电影放映	8000
全民艺术普及活动	第三届中国西部优秀曲艺节目展演活动、2019年春节文艺惠民演出、2019新年音乐会、全民阅读、送春联进社区、进乡镇活动、非物质文化遗产项目泥塑展、迎新文艺会演暨十九大宣传活动、"情满万州"万州区少儿音乐会、非物质文化传统美术展	500

数据来源:调研数据

6.强化文化体制改革,服务效能逐渐增强

万州区以增强万州公共文化服务效能为核心,扎实推进城乡公共文化服务体系改革任务。积极落实万州区机构改革方案,组建万州区文化和旅游发展委员会,优化职能配置,推进文化旅游融合发展。其次,持续深化公益性文化机构改革,按照"转制一批,整合一批,划转一批,撤销一批,保留一批"的总体要求,对原有事业单位三峡歌舞剧团、三峡杂技艺术团、三峡曲艺团、三峡川剧团、三峡京剧团和区演出公司进行体制改革,三峡歌舞剧团等改制成公司,三峡川剧团和三峡曲艺保护中心转变为三峡川剧艺术研究传承中心、三峡曲艺保护传承中心,人员身份、经费渠道不变。并稳步推进区四家电影公司、三峡文化商店进行体制改革,改制成为公司,积极探索图书馆、文化馆总分馆制度,初步形成了通借通还的图书总分馆制度和双向委托的文化馆总分馆制度。改革区文化馆法人治理结构,实行文化馆理事会制度,不断完善运行模式,提高文化服务效能。

7.着力构建长效机制,服务保障更加高效

万州区不断健全公共文化服务体系保障,积极建设公共文化长效运行机制。在人才保障方面,不断壮大公共文化人才队伍,制定出台了《万州区"平湖英才"计划实施办法(试行)》,对于特别优秀的文艺拔尖人才,采取一事一议的方式予以引进。并建立人才激励机制,对于认定的优秀文化人才给予岗位津贴、研修培训、健康服务等福利,对获得省部级以上奖励的文艺个人给予物质奖励。在志愿者建设方面,万州区深入推进公共文化设施志愿服务工作,成立博物馆志愿者服务队伍,目前已有志愿者140人。在公共文化考核方面,万州区建立城乡公共文化工作督导考核,将公共文化服务纳入对万州区党委政府的考核内容,推动政府重视城乡公共文化服务体系建设。

(三)主要工作成绩与经验总结

1.主要工作亮点

(1)着力完善公共文化服务体系。万州区城乡公共文化服务体系建设推进速度快、标准高,三级公共文化基础设施和机构网络体系已基本形成,文、博、图三馆齐备,基层公共文化服务中心以及村社文化室运转有序。并建有万州革命烈士陵园1个,由烈士事迹陈列馆、烈士墓、纪念碑(亭)等纪念设施构成,是渝东北地区规模最大的爱国主义教育基地。且启动公共文化体育物联网建设,以区文化馆为配送主体,建立联动机制;区图书馆每周免费开放63小时,24小时图书自助借还机系统已正式投入运行;并建成街道—镇(乡)—村(社区)基层综合文化服务中心,已初步形成门类较为齐全、布局较为合理、服务较有特色的公共文化服务体系。其次,万州区在完善公共文化服务体系中持续重点推进惠民电影放映工作,并已形成由区电影公司具体承担惠民电影放映工作的模式。在此模式下,区电影公司成立工作组,组建惠民电影放映队共计37个,其中公司直属放映队4个、乡镇放映队33个,共同承担在全区52个乡镇街道开展惠民电影放映工作,在全区134所学校中充分发挥中小学生爱国主义影视教育作用(见表3-32)。截至2019年8月,全区已完成2019年惠民电影放映4329场,其中,村3303场,观影人数达66万人次;社区1026场,观影人数达40万人次(见表3-33)。同时,为改善农村群众观影环境,区政府积极推进农村室内惠民电影放映厅建设。自2016年至2020年,建成农村室内惠民电影放映厅30个,其中2019年建成5个,已形成了较为完善的农村电影放映厅建设体系。

表3-32 万州区电影公司放映队分布情况表(单位:个)

性质	数量
公司直属放映队	4
乡镇放映队	33
总计	37

数据来源:调研数据

表3-33 万州区2019年惠民电影放映情况分布表(截至2019年8月)

放映地区	放映场次(次)	观影人数(万人)
村	3303	66
社区	1026	40
总计	4329	106

数据来源:调研数据

(2)大力实施文艺精品创作工程。文艺文化创作精品工程是打造文艺力作、提升文化产业实力的重要途径。近年来,万州区深入挖掘传统文化资源,全力打造具有本土特色的文化节庆活动和文艺精品节目,高质量丰富文化产品供给。并集中力量抓好党的十九大、改革开放40周年重大主题创作。按照全市"兴调研转作风促落实"的工作部署,围绕党的十九大关于文化建设的重大部署和习近平总书记关于文化工作的重要讲话、重要思想,围绕新时代人民群众日益增长的文化需求,确定一批重点课题深入开展调研和创作,不断推出讴歌党、讴歌祖国、讴歌人民、讴歌英雄的精品力作,坚持讲品位、讲格调、讲责任,抵制低俗、庸俗、媚俗。常态化推进"深入生活、扎根人民"主题实践活动,采取慰问演出、采风创作、辅导讲座等形式,使主题实践活动蔚然成风。一是举办大型文艺精品活动,精心策划中国长江三峡国际旅游节和世界大河歌会等极具影响力的节会活动,先后推出大型方言话剧《薪火》《移民金大花》《三峡人家》,现代青春川剧《鸣凤》,大型现代川剧《白露为霜》等舞台艺术精品,荣获国家级、市级奖项,并多次进京和到全国有关省市演出,在戏曲界被誉为中国戏剧的"万州现象"。二是注重文化产业精品化发展,首先是推动传统媒体与新兴媒体、文化与旅游产业融合发展,积极培育信息传输、文化创意设计等新兴业态,加快推进三峡书城、重报万州中心、新三峡国际影视动漫文化旅游产业园、动漫科技文化公园等重大产业项目建设。其次,将构建特色融合型文创产业作为2019年"一心六型"工作计划的关键内容,通过实施地方特色文化挖掘工程、文创产业培育工程和文创融合发展工程,进一步彰显地域文化特色,加强地方历史文化保护、传承和利用,健全现代文化市场体系,积极培育引进新兴文化产业,深入推动"文化+"融合发展,努力把文化产业培育成为支柱产业,建成渝东北文创产业高地。目前万州区博物馆根据观众需求,积极开发各类文创产品,如组织翻印《民国万县志》,制作"西山题记""汉砖"拓片、"馆藏器物"和"万州文物古迹"明信片,馆藏书画书签,西山题记绸扇等多种文创产品。

(3)强力推进历史文化挖掘保护工程。历史文化是一座城市的根脉与灵魂,保护和传承好城市的历史文化,是树立城市公共文化形象、凝聚人心的重要途径。万州区以文化遗产挖掘和保护为契机,积极整合各类文化资源,促进公共文化服务内容和形式不断多样化。万州区已经完成两批14个乡镇历史文化挖掘工作,组织开展地面文物和可移动文物普查、非物质文化遗产调查,明确地域文化主线,并积极研究提炼城乡特色文化内涵,促进文化旅游元素注入传统村落、乡土民居,助力城乡文旅融合发展。一是引导社会组织参与历史文化保护精品工程,组织各文化相关协会等社会团体,深入基层,开展乡镇(街道)历史文化挖掘工作,出版了两期《流淌的乡愁——万州历史文化挖掘丛书》,提升了基层特色文化资源的挖掘质量。二是不断加大文化遗产保护开发力度,推动建设天生城大遗址公园、何其芳故居复建等文旅融合项目,着力打造本土化文化品牌。重庆三峡移民纪念馆于2018年5月建成开放,并被评定为国家AAA级景区,截至目前累计接待游客数量超65万人次,逐渐成为展示万州形象、丰富市民文化生活、颂扬百万移民精神的窗口和平台。三是积极组织非遗申报,从制度层面保护公共文化资源。组织"三峡绣""冉师傅牛肉干传统制作工艺""万州烤鱼"等7个项目积极申报第六批市级非遗项目。截至目前,万州区已列入国家级名录2项,市级名录26项,区级名录116项;现有国家级代表性传承人3名,市级代表性传承人23名,区级代表性传承人115名,可供开发利用的文化资源愈加丰富(见表3-34)。

表3-34 万州区申遗情况分布表

类别	非遗项目(项)	代表性传承人(名)
国家级	2	3
市级	26	23
区级	116	115

数据来源:调研数据

(4)合力开展丰富多彩的群众文化活动。万州区坚持面向基层、服务群众的服务方针,开展丰富多彩的群体文化活动,不断增强人民群众文化获得感。一是积极开展流动性群众文化活动,通过结合"渝州大舞台"开展"希望的田野""爱在万州"等送演出进基层和组织文艺人才帮扶进村活动,以遴选的方式每年向全区52个乡镇、街道送去四批次文艺演出服务,2018年累计完成2032场流动文化进村活动。并持续开展三峡曲艺"周周演"惠民演出活动,全年演出超百场次,通过川东竹琴、金钱板、四川清音等艺术表现形式原汁原味展现传统巴渝文化和非物质文化遗产的魅力。二是举办特色的群众性文化活动,在美术、书法、摄影、文学、曲艺、戏剧、舞蹈、声乐、器乐等专业辅导、培训方面齐头并进,举办公益性讲座如合唱指挥知识讲座、摄影知识讲座、音乐赏析讲座等12次,组织实施大型展览如《版画艺术》《树叶画》、"继承传统·不忘初心"2018年名家书画迎春邀请展、"讴歌新时代,共筑中国梦"庆祝"三八"国际妇女节油画作品联展、渝万律师程小明书法作品展、瞿光明先生国画作品展、"墨韵三峡 情系万州"张培武师生中国画作品汇报展、美丽万州——庆祝改革开放40周年万州区美术作品展等13次。举行第三届中国西部优秀曲艺节目展演活动,来自西部各城市的26个优秀曲艺节目和万州本土曲艺节目登台,为市民献上精彩的文化盛宴。举办2019年春节文艺惠民演出、2019新年音乐会、全民阅读、送春联进社区进乡镇活动、非物质文化遗产项目泥塑展、迎新文艺会演暨十九大宣传活动、"情满万州"万州区少儿音乐会、非物质文化传统美术展等全民艺术普及活动500余场,极大地丰富了群众精神文化生活。三是大力推进政府购买公共文化服务工作,大力实施政府购买文艺下乡进村演出服务。万州区相继出台了《关于印发万州区政府购买服务实施意见的通知》(万州府办发〔2015〕99号)、《转发区文化委区财政局政府向社会力量购买公共文化演出服务实施方案》(万州府办〔2015〕106号)等政策文件,采取政府购买社会服务方式,相继开展了8000场惠民电影放映进基层、《纪念改革开放四十周年》图文展巡展、万州书法家送万福进万家等系列活动。四是不断健全群众文化活动投入保障机制。首先是加大政府对群众性文化活动的财政支持力度,以2018年为例,万州区文化和体育传媒支出达2.1亿,较好保障了文化设施建设、惠民电影、送戏下乡、免费开放以及节庆活动开展。其次是不断壮大公共文化人才队伍,组织"三区人才"每周定点培训、辅导乡镇、街道办各类学员达2000多人次,不定期在各乡镇、街道办举办各类讲座、演出、展览40多场。并制定出台了《万州区"平湖英才"计划实施办法》,连续五年推行《万州区文化体育人才帮扶进基层实施方案》。按照《办法》和《方案》对特别优秀的文艺拔尖人才,采取一事一议的方式予以引进,对认定的优秀文化人才给予岗位津贴、研修培训、健康服务等福利,对获得省部级以上奖励的文艺个人给予物质奖励。目前万州区共有文化领域专业技术人才867名,其中高级职称188人,中级职称326人,初级职称353人。五是积极畅通群众文化需求反馈渠道,采取"订单"服务方式,实现供需有效对接。以互联网为依托,积极开展公共文化物联网工作。截至目前,已有作为配送主体的文艺演出志愿团队117支、志愿者242名,作品数526件。配送文艺演出节目114套,文艺培训有音乐、舞蹈、戏剧曲艺、美术书法、摄影、语言及其他等7个类别共192个产品,展览展示27次,政策宣讲32次,文化讲座29个,阅读指导11个,其他产品11个。

2.经验总结

(1)积极稳妥地推动文化体制改革。一是积极稳妥推进经营性文化事业单位改革。按照"转制一批,整合一批,划转一批,撤销一批,保留一批"的总体要求,推进文艺演出剧团体制改革,对原有的事业单位三峡歌舞剧团、三峡杂技艺术团、三峡曲艺团、三峡川剧团、三峡京剧团、区演出公司实施体制改革。深入推进公益性文化事业单位内部机制改革,推进区电影公司、龙都电影公司、周家坝电影公司、百安坝电影公司改制为有限责任公司以及三峡文物商店体制改革。规定新公司全盘接收原公司的人员、资产、债权、债务。启动三峡文物商店改制为有限责任公司,并出台配套政策。二是积极探索公共文化设施建设、管理和使用新机制,切实解决公益性文化设施定位不清、活力不足、效率不高等问题,努力提高公共文化服务质量和水平。指导和督促三峡歌舞剧团、三峡杂技团等改制企业修改和完善公司章程。推行文化企业履行"一岗双责",支委委员以双向进入、交叉任职的方式进入董事会、监事会和经营管理层,党支部书记兼任董事长,履行第一责任人职责。深化内部管理制度改革,指导和督促改制企业建立健全各项规章制度,以制度管人、管事、管资产、管导向,以制度保障民主集中制,集体研究决策"三重一大"事项。与改制企业签订《目标管理工作责任书》,将完成各类演出场次、全年创收、实现国有资产保值增值、完成文化人才帮扶进基层工作等内容纳入业务目标考核。健全干部人才管理制度,加强人才培训工作。三是推进乡镇街道综合文化站(文化服务中心)内部机制改革。强化基层文化机构服务职能,深化劳动人事、收入分配等方面的内部改革,全面推行聘用合同制和岗位负责制,引入竞争激励机制,激发内在活力,提高服务水平。

(2)加大公共文化服务政策支持力度。为加快建设万州区公共文化服务体系,万州区加大对公共文化服务设施、资金、队伍等各方面的政策支持力度。一是国有文化资产管理政策。经营性文化事业单位转制为国有企业后,与原主管主办单位国有资产隶属关系不变且符合国家规定的,国有资产监管体制维持不变。二是资产和土地处置政策。对于转制企业原有的土地及重大资产,经评估后作为国有资产注入该企业;对于政府投资建设的大型设施,转制后的企业原则上采取国有资本有偿使用等措施。三是社会保障政策。自收自支文化事业单位转制前已经离退休的人员,由改制后的企业管理,离退休待遇和经费渠道不变;所有在职在编事业人员作为"老人"按原方式参加养老保险,转企后新进人员与企业建立劳动关系,一律参加企业养老保险;对于自收自支事业单位转企改制时欠缴的社会保险费、退休职工补贴的差额部分,由改制后的企业承担,确有困难的可采取一事一议的方式解决。四是人员分流安置政策。对于单位辞退人员,可参照有关规定给予经济补偿。经济补偿按其工龄每工作1年,支付其本人1个月的上年月平均工资,其中月平均工资高于万州区上年月平均工资3倍以上的,按万州区上年月平均工资的3倍计算。五是财政税收政策。支持文艺剧团转企改制,一次性分别给予三峡歌舞剧团、三峡杂技艺术团、区演出公司改革配套经费,用于解决现有演出场地设施设备的维修改造，添置必要的演出设备，保障其后续发展。六是购买公共文化服务补助政策。鼓励以政府购买服务或按场次补贴等方式，支持体制改革后的三峡歌舞剧团有限责任公司、三峡杂技艺术团有限责任公司、三峡川剧艺术研究传承中心、三峡曲艺保护传承中心、区演出有限责任公司、四家电影公司，深入基层、深入群众，培育和引导农村演艺、放映市场。七是精品奖励、人才引进政策。对万州区获得省部级及以上奖项的文艺作品和个人，原则上由区财政按1∶1配套进行奖励，未设置奖金的比赛，参照同等级赛事给予奖励。由区委宣传部、区文广新局会同区财政局制订具体的奖励办法，并负责组织实施。加大拔尖文艺人才的引进力度，对特别优秀的文艺拔尖人才的引进，采取一事一议的方式解决。

(3)注重构建公共文化服务标准化体系。一是设施建设标准化。充分利用已有的设施资源，统筹建设集宣传文化、党员教育、文明教育、科技普法、体育健身等多功能于一体的综合文化服务中心。按照相关建设标准，每个乡镇（街道）应至少建有1座综合文化站（文化服务中心）和1个户外文化广场，综合文化站（文化服务中心）面积应达到国家标准；每个村（社区）至少建有1座综合文化室，并配备必要的电脑、电视机、播放机（含数字电影放映机）、音响、灯光照明、道具、体育健身等设备和专业器材。二是服务内容标准化。以群众基本文化需求为导向，制定公共文化设施服务规范，明确基本公共文化服务的内容、种类、数量、水平。建立群众文化需求反馈机制，确保服务供给与群众需求有机对接。明确各级公共文化设施的人均藏书量、文化活动次数、培训讲座次数、公益演出次数和公益电影放映次数等。建立公共场所阅报栏、应急广播体系，实现农村广播"村村响"，电视"户户通"。公共文化设施要实现全年免费开放，达到国家规定时间要求，开放时间应与公众的工作时间适当错开。三是绩效考核标准化。建立公共文化服务绩效考核机制。区文化委要会同有关部门，根据国家、市级公共文化服务标准和相关服务规范，制定公共文化服务绩效考核标准。要委托社会专业机构，采取民意调查、明察暗访等多种方式，对公共文化服务效能进行群众满意度测评。

(4)实行公共文化设施志愿服务机制。万州区着力打造志愿者团队，并主要围绕区博物馆展开。区博物馆组织志愿者开展常态化活动,为文明城市建设增添活力和动力。一是组织志愿者开展礼仪礼节、急救知识、文博知识等方面的培训,提升志愿者的文化和服务素质;二是组织志愿者多次前往天生城、库里申科烈士墓等区内文物保护单位,进行历史文化保护宣传;三是利用"5.18国际博物馆日""中国文化遗产日"、春节等节假日,组织志愿者到社区、乡镇等地开展保护传统文化、历史文化的宣传;四是在周末或节假日期间,组织志愿者为前来博物馆参观的观众提供引导和免费讲解等服务;五是志愿者利用休息时间到区内文物点开展安全巡查。区博物馆自2009年免费开放以来,便成立了志愿者服务队伍,随着参观人员的不断增多,志愿者人数日益增多,截至目前,已有志愿者200余人。

(5)推进政府购买公共文化服务工作。万州区大力实施政府购买文艺下乡进村演出服务,深入实施文化惠民工程,丰富和活跃农村群众文化生活。由区文旅委及各乡镇(民族乡)人民政府、各街道办事处向区级专业剧团或民间有资质的文艺演出团队购买弘扬社会主义核心价值观和中国梦时代主题、传承优秀传统文化、主要表现新农村建设和脱贫攻坚行动的现实题材、农民群众喜闻乐见的优秀节目。每年万州区开展政府购买文艺下乡进村演出服务1104场,其中,区级财政为52个乡镇(街道)各购买4场,共计208场;乡镇(街道)财政为每个村购买演出不少于2场,共计896场,极大程度满足了群众文化需要,丰富群众的文化生活。

(6)通过地方规划助力公共文化服务发展。万州区十分重视公共文化服务建设,并组织区文旅委、区文联、区史志办等相关单位多次召开座谈会,认真总结"十二五"文化事业发展成就,分析"十三五"文化事业发展形势,明确"十三五"文化事业指导思想,制定"十三五"文化事业发展目标,规划万州区文化事业发展规划,并纳入《重庆市万州区国民经济和社会发展第十三个五年规划纲要》中。内容主要包括以下五个方面:加强社会主义核心价值体系建设、积极构建现代公共文化服务体系、激发文艺创作生产活力、加强历史文化遗产保护、大力发展文化产业,为公共文化服务发展奠定坚实基础。目前,区内构建现代公共文化服务体系,全面建成农村"半小时文化服务圈"、城市"十五分钟文化服务圈"目标已基本完成。

(四)主要问题

1.城乡公共文化服务体系建设与群众需求之间存在差距

(1)公共服务设施建设滞后。基层公共服务设施受经费、场地等因素限制,建设相对滞后,设施配备无法满足人民群众多元化需求。新形势下,对公共文化服务设施的要求逐年提高,万州区已建区、乡镇层面公共文化服务场馆大部分修建于2011年,普遍存在设施老旧的现象。同时,在提倡打造公共文化服务云平台及信息化服务、数字化建设的当前,乡镇及村(社区)级公共文化服务设施设备也进入到一个更新换代时期,乡镇、村(社区)中在使用的设施设备,特别是电子阅览室中的电脑,使用年限达10年之久,这不仅影响农村文化活动的自我发育,也制约了乡村公共文化服务事业的后续发展。

(2)公共文化服务投入明显不足。文化建设经费基数低,历史欠账多,财政投入增长与文化发展需求之间仍有差距。财政投入重文化设施硬件配备,对公共文化服务、组织开展群众活动的经费等软件投入明显不足;多元化文化投入体系尚未形成,社会化资金投入较少,激励政策不足,政府有限的资金难以满足公共文化建设的实际需要。"公共文化"的帽子反而给基层政府带来了工作量的大幅度增加,加上经费投入的数量和在编人员的比例远远低于工作量的水平,最后"公共文化"反而阻碍了基层文化阵地的发展,无法良好执行,"公共文化"也就变成了一纸空文,形成了恶性循环。

(3)公共文化服务运行机制尚需完善。公共文化服务存在多头管理、条块分割的现象,协调和统筹的难度较大。部分公共文化服务项目存在"重设施建设、轻管理使用"的现象,运营管理力度不足,使用率偏低甚至闲置,公共文化资源尚未实现社会效益最大化。

2.城乡公共文化治理的人才建设存在薄弱环节

(1)人力不足,"做不了"事。在实地调研中发现,万州区基本建成了公共文化人才体系,形成区—街道(乡镇)—社区(村)公共文化人才配备的"闭环",但在实际的基层公共文化人才队伍建设中,由于编制、年龄结构以及人事权限等方面的问题,人力不足、"做不了"事的现实困境依旧存在。一是大量混编、混岗、人才抽调现象导致人力不足。在实地的访谈调研中,课题组发现万州区的基层公共文化服务中,基层公共文化人员的混编、混岗、人才抽调现象尤为普遍。在基层工作中,由于工作重心和工作量不同,并且跟扶贫、经济建设和环境保护等工作的硬性指标相比,公共文化方面的工作更偏向软性指标,因此部分文化服务中心的编制和人员经常因工作需要被挪到其他单位、部门使用,例如某镇文化服务中心的事业编制7人,实为2人,其余编制、人员均被区文旅委、镇党政办、社事办抽调使用。类似混编、混岗情况的频发一定程度上影响了基层公共文化工作的人员配备以及基层公共文化工作的正常开展。二是基层公共文化工作人员年龄结构不合理、年龄普遍较大导致人力不足。根据课题组访谈调查结果发现,基层公共文化人员的年龄结构失衡现象较为常见,工作人员年龄普遍较大,其中40岁以上的有44人,占比67%。并且在访谈中有工作人员曾表示单位实际工作20人,50岁以上的有17人,几乎无人能做数字化、信息化等方面的工作。并且一些地方甚至视公共文化部门为"养老单位",较大制约了基层公共文化人才队伍建设,影响了基层公共文化服务供给。三是基层公共文化部门的人事权限问题导致人力不足。由于事业单位的性质决定,在基层公共文化工作中行业部门仅管业务,并无人事权限,人事任免基本由本级政府决定。因此,在这种"仅指导业务,不管人财物"的管理模式下,基层公共文化部门人员大多以"先处理街道、乡镇安排的事"的工作心态处理基层公共文化相关工作,一定程度上也限制了基层公共文化部门人力资源的利用。

(2)人才匮乏,"用不了"人。根据调研发现,万州区十分重视人才保障工作,并着力推进相关人才引进政策,但依然存在对公共文化人才的重视程度不够,并且由于招考制度、基层队伍素质等方面的限制,"人才匮乏"成为了基层公共文化人才队伍建设的通病。一是招考和引进人才的限制导致人才匮乏。首先由于公共文化服务的特殊性，大部分岗位需要与具体业务对口的专业人才，但由于公招时无法设置部分必要的限制条件，如博物馆讲解员的身高条件等，并且用人单位在公招时的自主权太少，带来部分"高分低能"的考试型人员，导致招聘结果难以满足用人单位的需要。并且这类"非专业型"人员工作适应时间较长，影响基层公共文化人才队伍建设的进度。其次，囿于对高层次人才比例的严格限制，一定程度上也影响了中高级公共文化人才的引进，导致基层公共文化人才队伍依旧以初级人才为主，中高级人才占比普遍低于30%。二是基层公共文化部门队伍素质参差不齐导致"用不了"人。首先是基层公共文化部门人员学历水平参差不齐，差异较大的学历水平一定程度上影响了部门人才队伍建设。其次是基层公共文化部门人员专业性水平低，难以适应数字化建设发展。由于干部的数字化工作水平不高并且大多数人员的年龄偏大，其自身能力跟不上基层数字化公共文化服务的要求，从而导致部分基层公共文化部门数字化建设几乎无人推进。

(3)人才流失，"留不住"人。在调研中发现，目前万州区公共文化人才队伍建设的另一大现实困境是基层公共文化部门岗位比例设置不合理、职称评定机制不健全、编内编外人员薪酬差异大导致的人才稳定性低、人才流失、"留不住"人的问题。一是岗位比例设置不合理挫伤公共文化人才的积极性导致人才流失。在公共文化这一专业性要求较强的领域，岗位比例设置关系着公共文化部门的自身定位与长远发展。但从调研访谈的情况来看，在基层公共文化部门中专业技术岗的比例以及中高级职称比例的设置都存在不合理的现象，一些部门并未按照在职人员的比例来合理设置专业技术岗位，导致不少单位专业技术岗编制满员时，只能以临聘人员方式聘请专业人才，直接影响公共文化年轻人才的发展，挫伤其工作积极性，导致人才流失。二是专业职称评定机制问题导致人才流失。根据调研访谈资料，由于受限于行业主管部门，乡镇文化服务中心无评定副高职称的资格，但处于同一级别的农业服务中心却有副高指标，由此容易导致基层文化服务中心干部的工作积极性不高，经常出现"工作一辈子,仍然是中级职称"的现象。并且有时甚至会占用农业服务中心的副高指标,但这种方式并不能有效解决文化服务中心专业职称评定的上限问题,从制度层面改变基层专业职称评定机制才是解决良策。三是一部分公共文化部门未能实行"同工同酬",在实地的调研访谈中发现,编外人员工资待遇远不及正式职工的现象普遍存在。由于编制不足以及部门岗位的特殊性,基层公共文化部门不得不使用编外人员来解决部门人手紧缺问题。然而在实际的工作中工作量与工作内容大致相同的人员,却因编制问题而导致待遇差距较大,以至于大量的基层公共文化人才在编制的门槛前望而却步,较大地影响了编外基层公共文化人才的工作热情,导致一部分文化人才将现单位作为过渡跳板,消极怠工。

3.农村公共文化供给效能不佳,缺乏需求导向

调研发现,目前万州区在城乡公共文化治理方面已取得较大成效,但农村地区的公共文化供给效能不佳、需求导向不明显等问题也逐渐显现。万州区目前已逐步建立完善农家书屋、村文化室、文化中心户和基层综合文化服务中心等公共文化设施场所。2018年,已建成100个村、52个社区综合文化服务中心、29个文化中心户。总体来说万州区已基本实现了公共文化设施的全覆盖,公共文化的"硬件建设"方面已基本完成。但公共文化硬件设施的"管"和"用"的问题却在农村公共文化发展中突显出来,大量农村年轻人口向城区或市区汇集,农村以留守儿童和老年人群体为主,根据调研问卷反映的情况来看,农村地区90%的受访群众文化水平为高中或中专及以下,并且其中大部分的受访群众文化水平为初中及以下,其本身文化水平普遍较低。在文化娱乐活动方面,根据问卷调查结果,农村地区受访群众中仅33人愿意日常看书或看报,占总受访群众的38.82%,因此其对"农家书屋"、图书室等精神文化刚性需求并不强烈。在农村地区的图书室、"农村书屋"的使用情况方面,根据问卷调查结果,75%的受访群众表示从未去过或最多每月去1至2次图书室,可见乡村公共文化设施闲置情况突出,公共文化服务供给效能待提高。

（五）对策建议

1.创新体制机制，推进城乡公共文化服务体系完善

（1）加快完善现代公共文化服务政策体系。在深入调研、充分论证的基础上，做好城乡公共文化服务体系完善的规划设计，建立公共文化服务协调机制，制定万州区公共文化服务体系完善和优化工作方案，明确万州区基本公共文化服务标准和指标体系，制定全区文化馆（站）、博物馆、图书馆、体育场馆等公共文化机构管理规范、评价标准和绩效考核办法。以区文化馆为配送主体，建设公共文化物联网，建立联动机制。立足万州文化工作发展现状和未来需要，重点研究完善公共文化基础设施、公益文化演出购买、文化文物遗产保护、公共文化服务绩效考评、文化人才队伍建设等措施和办法，促进万州区公共文化服务标准化、均等化建设，加快城乡文化一体化进程。

（2）强化城乡公共文化服务的政策力度。整合利用文化资源，不断完善现有的区、乡镇（街道）、村（社区）三级管理网络，加强对基层公共文化工作的指导。突出城区文化设施的引领作用。稳步推进区级标志性文化设施建设，完善城市功能。加快三峡移民纪念馆布展及对外开放工作；推进三峡文化艺术中心、图书馆新馆等项目建设。通过一系列重大文化项目建设，提升万州城市品位。充分发挥基层文化设施的作用。进一步深化乡镇综合文化站标准化规范化建设，巩固和完善广播村村响、电视户户通、文化信息资源共享、惠民电影放映、农家书屋、基层文艺骨干培训等文化惠民工程。深化公共文化服务设施免费开放力度，提供优质服务，切实保障人民群众基本文化权益。

（3）推动群众文化活动长效机制的建立。建立群众公共文化活动组织和开展的常态化机制，指导基层文化活动开展，促使群众文化活动深入民心、深得民心，有效满足群众日常文化需求。用主题鲜明、形式创新、内容丰富、规模适度的文艺演出活动贯穿全年、覆盖城乡。持续实施送文化下乡活动；认真组织开展国家和市级层面的各类文艺方面的赛事活动。引导群众自主开展文化活动，形成长效机制，最大限度吸引乡镇农民、社区居民参与,全面、扎实推进基层文化建设。

2.优化人员结构,加强基层公共文化人才队伍建设

(1)统筹规划,加强基层公共文化人才的顶层设计。一是制定并完善万州区基层公共文化人才队伍建设中长期规划,以文化专业技术人才作为队伍建设的重点,以业余文化骨干、文化志愿者为辅助力量,从而有效解决目前基层公共文化人才短缺、人力不足、队伍规模偏小的问题。二是充分认识到基层公共文化人才的重要性,树立科学的基层公共文化人才观,珍惜基层公共文化人才资源,培养一支"懂文化、爱文化、享文化"的基层公共文化人才队伍。在基层公共文化服务领域营造尊重基层公共文化人才的工作氛围,真正做到关心基层公共文化人才成长,支持基层公共文化人才工作,扶持基层公共文化人才发展。三是加强基层公共文化人才队伍建设的宏观指导,将基层公共文化人才队伍建设纳入基层党委、政府重要议事日程和目标考核评价体系中,建立科学的决策、协调和督促落实制度。四是进一步制定并出台万州区加强基层公共文化人才队伍建设的意见,针对部门特点,并以基层公共文化部门在职人员的比例为基础,合理设置基层公共文化部门岗位,优化专业技术岗与行政岗的岗位比例。

(2)壮大队伍,加大对体制外公共文化人才的培养力度。一是打破体制和身份的限制,将体制外的民间艺人、"非遗"传承人、业余文化骨干、文化志愿者等人士纳入基层公共文化人才储备范畴,纳入基层公共文化业务培训规划,壮大基层公共文化服务供给队伍,出台相关激励办法和制度,在职称评定、政府奖励、支持资助等方面给予基本同等待遇。二是加强基层公共文化志愿者队伍建设,进一步完善相关选拔、培训、服务、激励、考核等制度,提升基层公共文化志愿服务的质量和效率。三是加强与高校合作,共同实施文化课堂等志愿服务项目,充实基层公共文化人才队伍,将其纳入基层公共文化人才队伍建设,提升基层公共文化服务水平,推动基层公共文化服务进一步发展。

(3)以用为本,完善基层公共文化人才发展机制。一是探索将现有的基层公共文化人才由横向块状的行政管理转向纵向条形的专业管理,将乡镇、村、社区的文化人员管理权限上移,纳入区级文化行政管理部门,避免"业务部门只管业务,管不了人财物"的尴尬管理困境,从而确保人才的职业化、专业化。二是合理设置基层公共文化人才的职称评定范围,实现同级的公共文化人才与其他人才的职称评定范围一致,改变目前乡镇文化服务中心无评定副高资格的现状,破除基层公共文化人才的自我发展瓶颈,也缓解目前其他人才指标被占用的尴尬困境。三是加强校地合作,围绕基层公共文化人才素质和能力提升,建立基层公共文化部门与基础教育、职业院校、大学的公共文化人才教育和培训体系,加强基层公共文化人才与高校师生的联动,实现"两进""两推"的合作模式,即基层公共文化人才进高校培训,高校师生进基层实践,从而推动基层公共文化人才培养发展,推动高校师生深入基层锻炼。四是加强基层公共文化人才培训,特别是针对数字化水平提升方面,缓解当前基层公共文化发展中数字化建设"断节"的现状。通过提升基层公共文化人才参与数字化建设的能力,带动基层公共文化数字化发展。五是提高优秀编外基层公共文化人才待遇。目前基层文化单位编制数量有限,并且大多数单位编制已是饱和状态,因此不少单位通过招聘临时人员来缓解基层公共文化工作压力。在实际工作中,不少编外人员的工作质量与水平基本等同甚至高于编内人员,但由于薪酬限制导致优秀编外基层公共文化人才工作积极性降低,稳定性差。因此在完善人才发展机制时应减少编制对于薪酬的影响,对专业技术水平较高并且工作能力较强的优秀编外人才采用激励机制,以相应专业技术岗位待遇为基准,提高其工作待遇水平,留住优秀编外基层公共文化人才。

3.引导公共文化资源向农村倾斜,建立需求反馈机制

(1)以保障为主,引导公共文化资源向农村倾斜。农村的公共文化发展由于历史、政策等原因一直远远滞后于城市,由于农村公共文化资源底子薄、公共文化发展资金不足等原因导致农村公共文化活动难以开展、公共文化服务难以创新。自2016年起,万州区村级文化室每年1万元的日常运行经费被取消,文化室的日常维护工作得不到保

障,类似"有钱建,无钱养"的现象仍然存在。因此统筹城乡公共文化融合发展,必须使农村的公共文化尽快跟上城市的公共文化发展。而资源保障是农村公共文化发展的重要抓手,必须加大对农村公共文化方面的人力、物力和财力的投入,使得农村有发展公共文化的基础和资源,缓解农村公共文化发展的配套资金不足、活动开展受限的尴尬处境,解决相关部门公共文化治理难题,从而进一步实现农村公共文化发展、公共文化服务和公共文化治理与城市"看齐"。

（2）改"重供给"为"重反馈",建立农村公共文化需求反馈机制。建立农村公共文化需求反馈机制是解决目前公共文化资源浪费、公共文化服务效能不佳的一大途径。提供老百姓喜闻乐见的公共文化从而使得公共文化资源得以充分利用,主要是积极做好农村群众公共文化服务的需求调查,通过满足农村群众的需求来带动公共文化发展,鼓励更多的社会力量特别是农村群众自身参与农村公共文化服务。例如可在征求当地群众反馈意见的基础上将其年龄结构、文化水平纳入提供公共文化服务的参考标准,在文化水平较低、年龄结构老化的地区可以放映影像资料、听音频资料来代替农家书屋的作用;在文化水平较高、年龄结构趋于年轻化的地区可以微信公众号推送、网上资源共享的方式来提供公共文化服务等。只有在建立城乡公共文化需求反馈机制的基础上,因地制宜地提供群众满意的公共文化,才能更好地发挥公共文化服务的作用,使得公共文化资源的利用最大化。

四、忠县公共文化治理调研报告

(一)引言

为贯彻落实党的十九大报告和《中共中央 国务院关于建立健全城乡融合发展体制机制和政策体系的意见》的文件精神,了解忠县在城乡融合发展体制机制改革下公共文化服务体系建设的新目标和新态势,以及其公共文化服务体系建设如何推进城乡融合发展,西南大学公共文化研究中心承担的重庆市委改革办2019年改革咨政调研课题"重庆市城乡体融合发展体制机制改革中公共文化治理与政策创新研究"课题组于2019年8月7日—8月9日在忠县展开为期三天的调研活动。本次调研主要分三个调研小组前往忠县党政机构部门、部分镇街村社共17个单位进行调研,访谈干部近80名,并随访群众30余名。其中在宣传部、文旅委、农业农村委、发改委、人社局、财政局、教委等7个党、政机关,一共访谈了19名干部同志;在县文化馆、博物馆、图书馆等3个文化事业单位,一共访谈了13名干部同志;课题组还深入到忠州街道、乌杨街道、拔山镇等镇街进行调研,访谈相关负责人和工作人员共12名。同时,课题组还走访了香怡社区、红星社区、高寨村、五星村、六合花园小区等村社和小区进行调研,了解基层文化活动室的运行情况和基层文化活动的开展情况,访谈了社区书记、综合服务专干和其他相关工作人员共18名。除此以外,本次调研还对30余名群众进行了随机访谈。发放了《村居公共文化治理调查问卷》43份、《个人公共文化服务调查问卷》184份、《公共文化治理与政策创新调查问卷》13份。

此次调研围绕城乡融合发展、小区文化工程、文化大户建设、政府购买公共文化服务和公共数字文化建设、城市书屋建设、公共文化服务绩效考核、公共文化服务人才、总分馆制、基层公共文化治理、基层公共文化服务体系建设等内容进行调查了解,分析发展中存在的问题,为扎实推进城乡融合发展下公共文化服务发展助力。

(二)忠县公共文化服务与治理的基本情况

按照党中央、国务院部署和市委要求,忠县按照现代公共文化服务体系建设的基本要求,不断强化基层公共文化建设,不断改进服务方式,不断提升服务质量,文化民生不断得到改善,人民群众文化权益得到较好保障。

1.抓规划引领,建立健全政策保障体制机制

一是将文化事业发展作为忠县国民经济和社会发展"十三五"总体规划的重要章节,明确了公共文化建设的主要内容。在"十三五"重点专项规划中,将文化事业发展列为17个重点专项规划之一,并不断强化与另外16个重点规划的衔接与协调,在城市规划、土地规划与生态环保规划中,为文化项目预留空间。二是将文化事业融入忠县"三大攻坚战""十项行动方案",并列入政府工作报告、国民经济计划报告等加以重点推进。2018年以来,确立了大力实施以全域旅游为方向的文化旅游产业发展行动方案,为有效促进文旅融合发展奠定了坚实保障。三是建立标准化规范化的建设方案或服务章程。《忠县基层公共文化服务标准化建设实施方案》从服务供给标准化、服务设施标准化、服务内容标准化、服务考核标准化、服务形象标准化等五个方面对县、乡镇(街道)、村(社区)、农村文化中心户(县城小区文化室)四级公共文化机构的服务制度进行了规定和要求。制定完善了《忠县乡镇(街道)综合文化服务中心服务规程》《忠县文化馆服务规程》《忠县公共图书馆服务规程》《忠州博物馆服务规范》以及《忠县城区小区文化室(文化中心)管理办法》等一系列规范化的服务章程,对公共文化服务机构的服务设施与环境、服务对象与开放时间、服务内容与方式等方面进行了明确规范。

2.抓体系建设,夯实四级公共文化服务网络阵地

通过财政投入,不断强化新场馆建设和旧场馆提档升级,目前已初步形成了以"两馆"为龙头,镇街文化站为主体,村(社区)综合文化服务中心

为骨干,文化中心户为补充的四级公共文化服务网络(见表3-35)。其中2018年建成286个标准村(社区)综合文化服务中心、470个农村文化中心户、20个居住小区文化活动室、20个全民阅读示范点,公共文化服务体系阵地建设成效显著。

表3-35　忠县四级公共文化服务体系建设情况

架构	阵地保障	数量保障(个)
龙头	图书馆、文化馆	2
主体	镇街文化站	29
骨干	村(社区)综合文化服务中心	286
补充	文化中心户	470

数据来源:调研数据

3.抓标准建设,推动公共文化服务方式转变

充分利用流动文化大篷车、流动图书车、流动文化展板、流动文化讲座等形式,深入乡镇(街道)、村(社区)、文化中心户等,开展送演出、送培训、送展览、送讲座,由传统固定服务向流动服务转变。通过完善城乡电子阅览室,新建数字图书馆、数字阅读体验厅、移动图书馆、城市书房、卫星数字农家书屋,采购电子图书、触摸屏式电子阅读机等形式,推动公共文化服务方式由传统服务向数字化服务转变。在大力实施文化惠民服务进万家活动之余,构建城乡服务联动机制,实行县级馆与乡镇站"结对子、种文化"指导制度,每年对300余名基层文艺骨干进行集中培训,促进"送文化"向"种文化"转变,激发基层群众自办文化的热情,推动城乡文化共同繁荣。以公共文化物联网为平台,创新"群众点单、政府配送"的思路,全面推进政府购买公共文化服务,满足不同群众精准性的文化需求,实现群众公共文化服务由大众化服务向定制式服务转变。

4.抓文化生产,提高公共文化产品供给能力

积极打造影视作品,与浙江东阳九彩影视合作,在忠县拍摄电影《婚前故事》。出版文学作品,以忠县著名历史人物巴蔓子将军、政治家陆贽

为原型,先后出版了《话说巴蔓子》《大唐廉相陆贽》等文学书籍。创作艺术精品,以全市先进扶贫工作者杨骅为原型,创作音乐作品《传承》,该作品荣获重庆市第十五个精神文明建设"五个一工程"奖,公共文化产品供给能力得到强化。

5. 抓文化品牌,着力城乡群众文化繁荣

举办"我要上春晚"节目选拔赛,不设门槛,为有文艺兴趣爱好特长的群众提供展示舞台,为广大群众提供雅俗共赏的文艺节目。举办忠县春节联欢晚会,以本土原创为特色,积极打造群众文化活动品牌。推动乡镇挖掘节庆文化内涵,积极培育"一镇一品"文化特色,打造特色文化节会活动,目前已成功推出马灌镇"乡村甜园·多彩马灌"油菜花节、官坝镇桑葚节、双桂镇荷花节等文化节会,着力实现城乡群众文化繁荣与发展。

6. 抓体制保障,完善公共文化服务运行机制

把公共文化服务建设发展的投入作为财政保障的重点之一,近三年共投入资金22554万元,有力保障了城乡公共文化服务体系发展。人才队伍方面,2017年以来,忠县文化部门共招聘人才23名,其中各乡镇街道文化服务中心3人、县图书馆3人、县文物保护中心(博物馆)7人、其他文化事业单位10人,实现了忠县所有乡镇文化站正式编制人员均在3名以上。在考核机制上,实行双重考核机制,将公共文化服务纳入对忠县党委政府的考核内容,忠县党委将公共文化服务纳入对乡镇街道的考核内容,强化各级政府对公共文化服务体系建设的投入,并制定了《2018年忠县乡镇(街道)公共文化服务率考核指标》。

(三)工作亮点和值得推广的经验

1. 工作亮点

(1)文化馆总分馆制工作亮点纷呈

忠县文化馆总分馆试点工作本着坚持"双向委托""双向管理""双向考核"的基本原则,按照"一个总馆+多个分馆+若干个基层服务点"的三

级公共文化服务模式,实行"目标均等化、建设一体化、管理双重化、服务标准化"精细化管理,促进优质资源向基层倾斜和延伸。一是业务副馆长实行"一年一调"选派制度。二是分馆业务实行"一月一报"考核制度。三是分馆建设实行"一馆一品"特色制度。四是试点分馆实行"一点一线"延伸制度。五是人才队伍实行"一季一训"培训制度。推进了县、乡镇(街道)两级文化单位融合发展,实现了乡镇(街道)、村(社区)公共文化设施的资源融合和互联互通,让基层群众文化生活的内容更丰富,质量更高,服务方式更便捷。

(2)"三个深化"持续推进全民阅读

一是深化基础设施建设。充分依托图书馆、文化站(室)、农家书屋等公共文化设施,稳步推进"一卡通"借阅服务;开通了24小时自助图书馆,数字图书馆、移动图书馆投入运行。新建小区图书室15个,全民阅读示范点20个,提档升级特色书店2家。二是深化活动内容。以"读书月"为品牌,年均组织大型读书活动10场次以上。策划组织了诵读大赛、读书征文评比、名家进校园、老年读书节、忠义大讲堂、惠民书展、好书推介、主题演讲等读书活动,为广大市民搭建起更广阔的读书交流平台。三是深化示范引领。开展书香校园评选、全民阅读推广大使等评选活动,获评全国书香之家5家、重庆市十佳书香校园2家、重庆市全民阅读示范单位1家、重庆市十佳读书人1名,通过发挥先进典型的示范引领,调动市民的读书热情。

(3)多项举措助力乡村文化振兴

乡村文化振兴是乡村振兴战略的重要一环,为推动乡村文化振兴,忠县利用现有资源搭建了梦想课堂、小马工作室、新时代农民讲习所、乡村振兴榜样展示墙、失德曝光台等阵地,并建成2个乡村文化振兴示范点和1个乡情陈列馆。忠县县委站在决策高地,为乡村文化振兴制定并实施了一系列鼓励扶持政策,其中2018年由中共忠县县委宣传部、中共忠县县委网络安全和信息化领导小组办公室、忠县精神文明建设委员会办公室、忠县文化委员会(现忠县文化与旅游发展委员会)联合印发的《忠县推动乡村文化振兴工作方案》更是亮点纷呈。该方案规划了农村思想道德教育行动、优秀乡土文化挖掘传承创新行动重点工作、乡村文化供给优化升级行动、优秀乡土文化挖掘传承创新行动、乡村移风易俗行动等多项重点工作,并逐一明确了牵头部门和配合部门,基本形成了党委领导部门协同推动的乡村文化振兴工作格局(见表3-36)。

表3-36 忠县乡村文化振兴工作格局

重点工作	分任务	牵头部门	配合部门
农村思想道德教育行动	新时代农民讲习所	县委宣传部	县委组织部、县委党校、县科委、县农委
	乡村家庭道德教育	县妇联	县委宣传部、县文明办、县教委、县文化委等
	乡村振兴榜样宣传	县委宣传部	县文明办、县农委、县民政局、县商务局等
	乡村德法相伴	县委政法委	县委宣传部、县法院、县检察院、县文明办等
	乡贤文化培育	县委宣传部	县委政法委、县委组织部、县文明办、县农委等
	农民科学素质提升	县科委、县科协	县委宣传部、县农委、县文化委、县卫健委
	农村精神文明创建	县文明办	县城乡建委、县教委、县农委、县民政局等
优秀乡土文化挖掘传承创新	乡村文化遗产资源普查	县文化委	县史志办、县教委、县城乡建委、县农委等
乡村文化供给优化升级	乡土文化保护利用	县文化委	县城乡建委、县农委、县国土房管局等
	乡村物质文化遗产保护	县文化委	县城乡建委、县农委、县国土房管局、县规划局
	乡村非物质文化遗产保护	县文化委	县财政局、县城乡建委、县农委、县规划局等
	民间传统工艺发展	县文化委	县城乡建委、县规划局
	地方戏曲创新发展	县文化委	县委宣传部、县财政局、县教委
	文化产业优化升级	县委宣传部	县发展改革委、县经济信息委
	乡村文学艺术创作	县委宣传部	县财政局、县教委、县文化委、县文联

续表

重点工作	分任务	牵头部门	配合部门
乡村移风易俗行动	精品剧目下基层巡演	县委宣传部	县财政局、县文化委、县文联
	基层综合性文化服务中心建设	县文化委	县委宣传部、县财政局
	广播电视传输网络普及	县文化委	县委宣传部、县财政局、县网络公司
	基层电影放映厅建设	县文化委	县财政局
	文化下乡内容和形式	县文化委	县文联
	乡村公共文化服务建设	县文化委	县委宣传部、县财政局、县文联
	乡村文化人才队伍建设	县文化委	县委宣传部、县编办、县文联
	抵制家园脏乱，提倡清洁宜居	县城乡建委	县卫计委、县城市管理局、县妇联
	抵制不孝父母，提倡孝老爱亲	县文明办	县委宣传部、县法院、县公安局、县民政局等
	抵制婚嫁恶俗，提倡喜事新办	县民政局	县文明办、团县委、县妇联
	抵制丧葬陋习，提倡文明治丧	县民政局	县文明办、县公安局、县环保局、县文化委等
	抵制乱摆酒席，提倡节俭适度	县纪委	县委组织部、县文明办、县商务局、县民政局等
	抵制迷信邪教，提倡崇尚科学	县委政法委	县委统战部、县文明办、县科委、县公安局等
	抵制好逸恶劳，提倡勤劳致富	县农委	县委宣传部、县文明办、县民政局、县扶贫办
	抵制不讲诚信，提倡信守诺言	县发展改革委	县委宣传部、县文明办、县农委、县工商局
	抵制沉溺赌博，提倡健康娱乐	县文化委	县委宣传部、县公安局
	抵制强梁蛮横，提倡邻里和谐	县委政法委	县文明办、县农委、县公安局、县司法局

注：表格中县文化委为现县文旅委

(4)公共文化服务物联网高效运行

县委县政府高度重视公共文化服务体制机制创新,以有效整合资源、创新服务机制、创新服务方式为突破点,成立"重庆市公共文化物联网忠县分中心"工作领导小组,负责领导和统筹忠县文化物联网服务建设工作。组长由县委常委、宣传部部长亲自挂帅,成员单位覆盖县、乡镇和街道,包括县委宣传部、县财政局、县文化委员会、团县委、县妇联、县科协、县文联、县文化馆、县图书馆、各乡镇(街道)文化服务中心。根据工作内容明确了各成员单位的具体职责,并制定了一系列相关制度。同时,安排了3名日常工作人员并积极招募志愿者队伍,在县级主管部门统筹指挥下,通过工作人员的联络、协调、志愿者招募、审核、岗前培训、建立档案等工作形成了一支强有力的覆盖县城、乡镇、村社的服务队伍,确保公共文化服务物联网高效运行。

(5)基层小区文化工程初见成效

忠县基层小区文化工程是第四批国家公共文化服务体系示范项目,是重庆市入选的两个示范项目之一,旨在打通公共文化服务"最后一公里",促进公共文化服务体系落地,为社区群众提供便捷、丰富和优质的公共文化服务,推进公共文化服务向基层覆盖,向高效能转变。该工程围绕文艺演出、读书看报、广播电视、文体活动、展览展示、讲座讲坛、教育培训等方面内容,按照"户主为主、社区为辅、街道资助、社会共建"的建设方式,在各居住小区建成一批集宣传文化、体育健身、科学普及、普法教育多种功能为一体的城市小区文化室、文化活动中心、文化活动广场,为基层群众提供基本公共文化服务,并利用覆盖广泛的公共文化物联网和社区广电网络智慧平台,及时提供物流配送、社区政务、文化生活资讯服务等信息。从2018年初开始创建基层小区文化工程以来,忠县已在忠州街道建成22个小区文化室(包含4个文化中心),白公街道已建成3个小区文化室。基层小区文化工程的建设是忠县公共文化治理工作中重要的亮点:

一是建设施,守住小区文化阵地。

公共文化服务设施是扎根在基层的文化阵地。忠县以打造"城市15

分钟服务圈"为基层小区文化工程的建设目标,在四级公共文化服务体系的基础上建设"小区文化室、小区文化中心、标准社区综合文化服务中心、示范社区综合服务中心"四位一体的基层小区文化设施网络。忠县的四级公共文化服务网络以"两馆"为龙头,镇街文化站为主体,村(社区)综合文化服务中心为骨干,文化中心户为补充,目前已建成286个标准村(社区)综合文化服务中心、470个农村文化中心户、20个居住小区文化活动室、20个全民阅读示范点,可见忠县公共文化服务体系基层阵地建设成效显著,为基层小区文化工程的建设打下了基础。

打造"小区文化室、小区文化中心、标准社区综合文化服务中心、示范社区综合服务中心"四位一体的基层小区文化设施网络(见表3-37)。其中小区文化室按照"三区域一场地"(一个图书阅览区域、一个电子阅览区域、一个文化娱乐区域、一个健身场地)进行建设。建设标准为"六个一",即一块标牌、一套书籍、一套阅览桌椅、一套电脑、一套文体器材、一套上墙规章制度。小区文化中心按照"三室一场一窗"(一个图书阅览室、一个电子阅览室、一个多功能文化娱乐室、一个乒乓球台或篮球场、一个宣传橱窗)进行建设。建设标准为"八个一",即一块标牌、一套书籍、一套阅览桌椅、一套电脑、一套文体器材、一台广场舞音响、一个室外宣传橱窗、一套上墙规章制度。标准社区综合文化服务中心房屋面积不低于150平方米,配备基本的演奏乐器、演出服装、道具、广场舞音响、棋牌、图书报刊阅览设备、教育培训和电教设备以及体育健身设施等各类功能设施设备。达到"十个一"标准,即一块标牌、一个图书阅览室(社区书屋)、一个电子阅览室(互联网+文化)、一个文化活动室(棋牌室)、一个多功能厅(党员教育、科普、法治教育、梦想课堂、道德讲堂、市民议事等)、一个文体广场、一个健身室或排练厅、一台广场舞音响、一套投影仪器、一套上墙规章制度。示范社区综合文化服务中心房屋面积应不低于300平方米,配备基本的演奏乐器、演出服装、道具、广场舞音响、棋牌、图书报刊阅览设备、教育培训和电教设备、体育健身设施以及广电网络智慧社区、电子报刊阅读机、儿童触摸一体机、微型图书馆等智能化的文化设施设备。达到"十二个一"标准,即一块标牌、一个图书阅览室(社区书屋)、一个电子阅览室(互联网+文化)、一个文化活动室(棋牌室)、一个多功能厅(党员教育、科普、法治教育、梦想课堂、道德讲堂、市民议事等)、一个文体广场、一个健身室或排练厅、一套广场便携音响、一套投影仪器、一套社区广电网络智慧平台、一台自助图书借阅机、一套上墙规章制度。忠县的公共文化设施网络建设为城乡居民便捷化使用公共文化设施提供了重要基础和平台,有力支撑了城乡居民的公共文化参与(见图3-36)。

表3-37 忠县"四位一体"基层小区文化设施网络

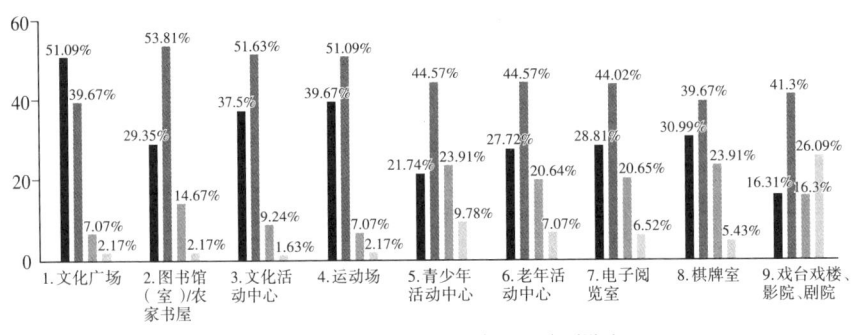

阵地	建设范围	建设标准
小区文化室	三区域一场地	六个一
小区文化中心	三室一场一窗	八个一
标准社区综合文化服务中心	面积不低于150平方米	十个一
示范社区综合服务中心	面积应不低于300平方米	十二个一

图3-36 忠县城乡居民使用公共文化设施的频率分布

数据来源:调研数据

二是树品牌,打造小区系列活动。

忠县基层小区文化工程通过多种途径,围绕文艺演出、读书看报、广播电视、文体活动、展览展示、讲座讲坛、教育培训等方面内容,为群众提供基本公共文化服务。结合传统节日、重要节假日和民俗节庆活动等,组织开展文艺演出、书法绘画、摄影展览、体育竞赛等群众有积极性且易参与的文体活动。结合基层小区文化图书馆建设和公共文化物联网基层服务点建设,开展流动图书、流动文艺演出、各类文体培训等服务活动。树立了"社区文化节""书香飘忠州 图书进万家"等小区品牌活动,其中社区文化节已举办三届,活动对象几乎覆盖全县所有街道社区,包括歌咏赛、才艺比赛、美术摄影作品联展的系列活动,极大地提高了社区居民的积极性。"书香飘忠州 图书进万家"活动由忠县图书馆主办,主要开展流动图书车进村社活动,包括"书香中国"图片展览、流动图书现场免费阅读等活动内容。精彩纷呈的公共文化活动为城乡居民提供了丰富的文化菜单,能够满足城乡居民多元化的公共文化需求(见图3-37)。

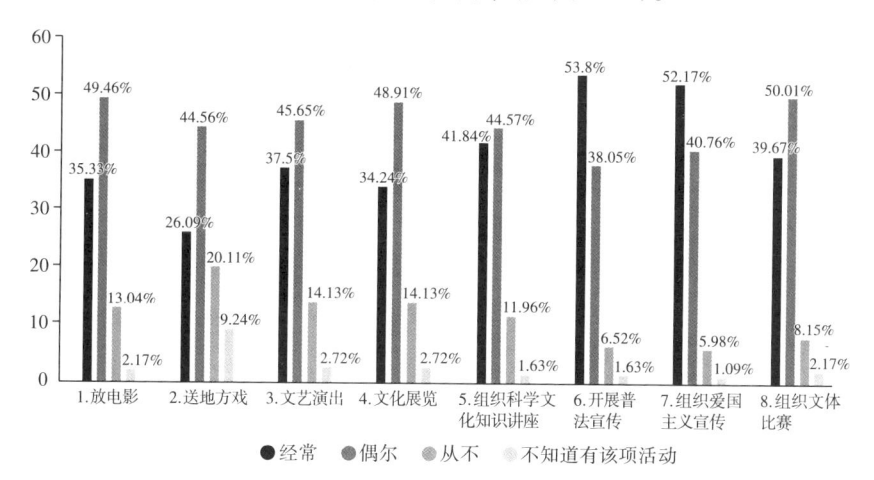

图3-37 忠县城乡居民参加公共文化活动的频率分布

数据来源:调研数据

2.值得总结推广的经验

(1)全力推进公共文化服务标准化建设

一是制定标准的服务制度。研究制定了标准化建设实施方案,从服务供给标准化、服务设施标准化、服务内容标准化、服务考核标准化、服务形象标准化等五个方面对各级公共文化机构的服务制度进行了规定和要求。二是完善规范的服务章程。制定完善了一系列规范化的服务章程,对公共文化服务机构的服务设施与环境、服务对象与开放时间、服务内容与方式等方面进行了明确规范。三是树立统一的服务形象。重点以视觉形象识别方面(VI)、服务理念意识方面(MI)以及行为识别方面(BI)为主要建设任务,实施"八个统一"的服务形象,从而改进服务方式、提升服务内容、展示服务形象。

(2)强化基层公共文化服务专项治理

为切实解决当前部分乡镇(街道)综合文化服务中心存在的设施闲置、人员不在岗、活动匮乏、基本公共文化服务不健全等突出问题,忠县立足《中华人民共和国公共文化服务保障法》,专门研究制定相关专项治理工作方案,主要针对乡镇(街道)综合文化服务中心设施存在闲置、出租、挪作他用等情况和未按照规定对公众开放等情况做出相关规定,并对乡镇党委、政府对乡镇(街道)综合文化服务中心建设不重视、责任不到位、经费不拨足、人员不配齐等情况做出整改要求。通过专项治理进一步提升了全县基层综合文化服务中心服务效能,优化了公共文化服务供给,更好满足了人民群众对美好生活的新期待。

(3)革新服务理念,转变服务方式

政府部门在公共文化服务实际工作中,树立共建共享的理念,建立协同机制,完善地方党委领导、政府管理、部门协同、权责明确、统筹推进的公共文化服务体系建设管理制度,在制度上保障基层公共文化服务资源共建共享。整合基层公共文化服务资源,探索实现共建共享的方式和途径,通过公共文化建设项目和文化惠民项目等项目推进基层公共文化服务资源的共建共享。忠县在抓好阵地建设,构筑四级公共文化服务网络的基础上,革新服务理念,转变服务方式,进一步提升了公共文化服务的管理效能。一是由固定服务向流动服务转变。将坐等上门转变为向村、社送服务,主动走向社会,走进老百姓。充分利用流动文化大篷车、流动图书车、流动文化展板、流动文化讲座等形式开展送演出、送培训、送展览、送讲座服务。二是由传统服务向数字化服务转变。完善城乡电子阅览室,开通了中国文化网络电视平台,基点学校全部建成卫星数字农家书屋,拓展了农村儿童数字阅读平台。三是以"送文化"为主,逐步向"种文化"转变。为促进城乡文化融合发展,还建立了城乡服务联动机制,县级馆与乡镇站建立了"结对子,种文化"的指导制度,每年对300余名基层文艺骨干进行集中培训,激发基层群众自办文化的热情,各乡镇开展了以基层群众为主体的形式多样、特色鲜明的品牌活动,让过去多年的被动接受变为主动参与,有效推动城乡文化共同繁荣。

(4)优化服务供给,提升服务效能

一是在实现免费开放上力求优质。启动实施了县文化图书"总分馆制",选派了优秀文化专干到镇街分馆任分馆长,通过业务副馆长实行"一年一调"选派制度、分馆业务实行"一月一报"考核制度、分馆建设实行"一馆一品"特色制度、试点分馆实行"一点一线"延伸制度、人才队伍实行"一季一训"培训制度,拓宽总分馆的服务内容,将文化设施、文化队伍、文化资源有效整合,切实推进了县、乡镇(街道)两级文化单位融合发展,实现区域内文化联盟的形成。二是在公共文化服务供给上求精准。充分利用公共文化物联网服务平台,开展菜单式服务,通过政府配送公共文化产品,有效推动了社会力量参与公共文化服务建设,实现"你点我送"的定制式公共服务,使人民群众真正享受到均等、便捷服务。年均为全县29个乡镇(街道)免费配送了文艺培训、文艺演出、文化讲座、展览展示、政策宣讲、阅读指导等文化服务共1500余场次,服务群众达30余万人次,推动了文化惠民项目与群众文化需求的有效对接。三是在建立政府购买服务项目上求均等。按照"政府购买、群众受益"的思路,县、乡(镇)政府每年采购1000场左右优秀文艺项目,进乡镇、进学校、进社区、进村社演出,让群众不出家门就能欣赏精彩的文艺节目。

(四)比较突出的问题

尽管忠县建成了四级公共文化服务体系,基本实现了公共文化服务基础设施的全覆盖,在基层小区文化工程建设上取得了不错的成绩,但是仍然存在供需矛盾、人才缺乏、资金不足、文旅融合深度不够等问题,在提升公共文化服务效能方面还有很长一段路走。

1.供需矛盾依然突出,群众需求的回应性差

文化旨在"化人",公共文化服务的供给必须基于人本身的发展需要。当前群众对公共文化服务供给的诉求不仅表现为需求"量"的增加,还表

现为"质"的上升。从调研结果来看,忠县公共文化服务供需错配的问题主要表现在供不适求的矛盾,而不是供不应求的矛盾。当前群众对公共文化供给的需求呈现出自主性、异质性、多样性、可变性等特点。但目前公共文化产品的刚性供给与群众的现实需求间还存在一定差距,还不够对老百姓的胃口。一方面,供给内容与需求内容相矛盾。机构空置化、设施资源休眠、活动流于形式、实施开放时间与群众休闲时间冲突等现象频繁出现。忠县公共文化服务供给力度不断加大的同时,供给与需求存在一定错位,真正面对农村、面向农民的公共文化产品有效生产不足。群众对公共文化的需求呈现多元化、多样化,使得送文化送演出下乡等活动的效果不强,群众认为政府送出的文化产品和服务始终较为落后,从问卷分析可以看出,影响群众使用公共文化服务设施的原因中,"开放时间不合适"(38.04%)和"内容不感兴趣"(26.63%)占比最高,为主要原因(见图3-38)。我们也可以看出,影响群众参与公共文化活动的原因分析中,"开展时间不合适"(39.61%)和"内容不感兴趣"(36.46%)也是占比最高,为主要原因(见图3-39)。另一方面,供给方式与需求广度相冲突。公共文化服务供给内容的单一性与群众文化需求多样性之间存在一定落差,供给主体单向供给,缺乏服务对象的监督和反馈,对群众需求和偏好的感知能力有待强化。这两个方面问题导致公共文化活动提供由群众被动接受,导致送出的服务不受欢迎、浪费资源,而群众的文化需求也得不到有效满足。

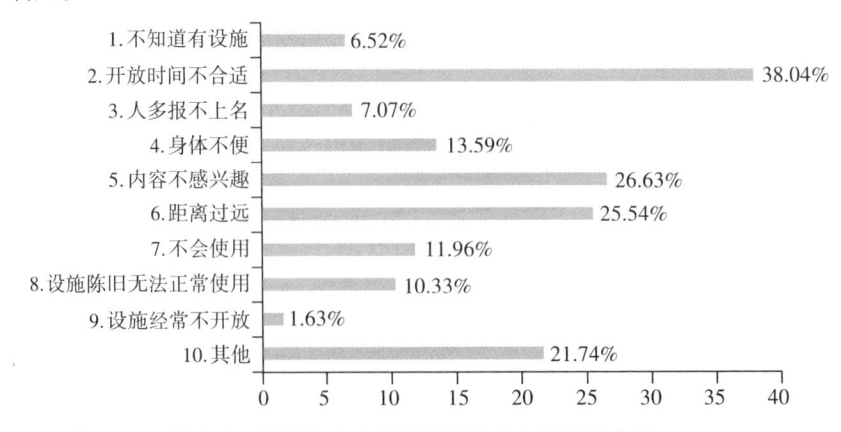

1.不知道有设施	6.52%
2.开放时间不合适	38.04%
3.人多报不上名	7.07%
4.身体不便	13.59%
5.内容不感兴趣	26.63%
6.距离过远	25.54%
7.不会使用	11.96%
8.设施陈旧无法正常使用	10.33%
9.设施经常不开放	1.63%
10.其他	21.74%

图3-38 影响群众使用公共文化服务设施的主要原因分析

数据来源:调研数据

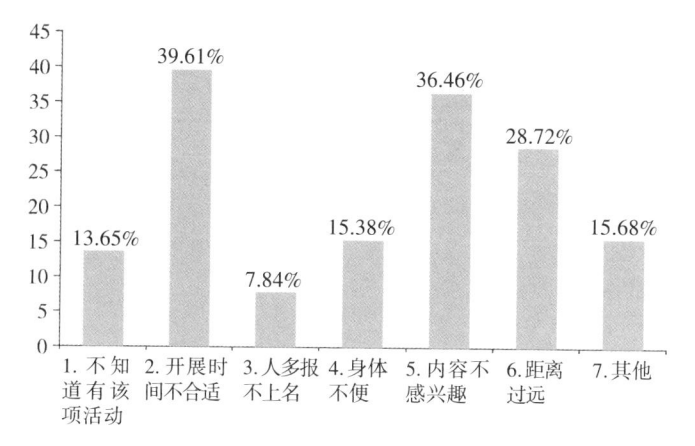

图3-39　影响群众参与公共文化活动的原因分析

数据来源：调研数据

2.人才资金配置不足，"硬件"基础弱

从调研问卷的分析结果来看（见图3-40），受访群众认为当前忠县公共文化服务存在的最关键问题是"资金不足"（76.74%）和"文化服务人才短缺"（62.79%）。

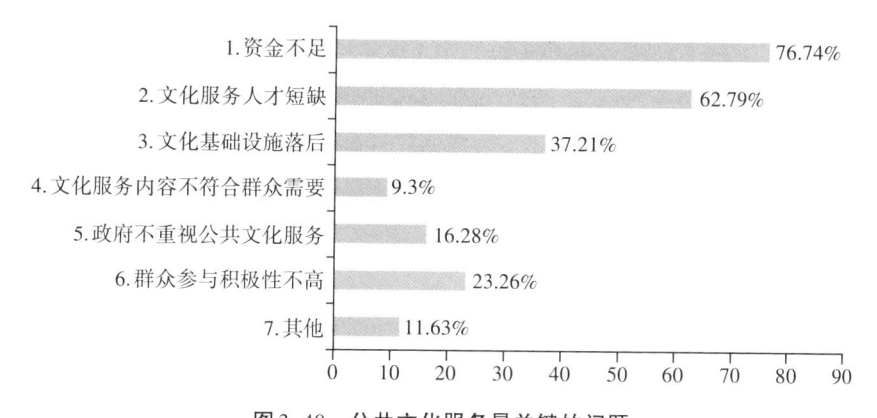

图3-40　公共文化服务最关键的问题

数据来源：调研数据

（1）资金投入与满足城乡居民公共文化需求之间尚有一定的差距

首先表现在，城乡公共文化服务的总体财政投入比例较低，财政投入总额不足，部分镇街仍然存在"重经济建设、轻文化建设""说起来重要、干起来次要"现象，在一定程度上影响了公共文化财政投入和服务开展；其

次,城乡之间、镇街之间的财政投入结构不均衡;第三,投入的主体较为单一,吸引社会化资本的程度不够等。从问卷分析结果来看(见图3-41),政府补贴是忠县村(居)文化服务或活动经费的主要来源。

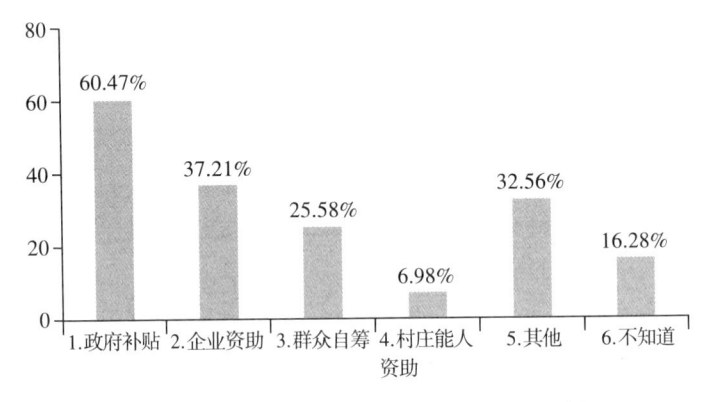

图3-41 村(居)文化服务或活动经费的主要来源

数据来源:调研数据

(2)人才队伍建设还不能满足现代化公共文化服务体系的要求

第一,公共文化人才队伍的整体数量不足,尤其是镇街和村社基层公共文化人才较为缺乏。调研发现忠县村、社公共文化工作人员多为兼职和志愿服务。第二,基层公共文化人才队伍的年龄结构、知识结构、能力结构亟须优化,如从调研数据分析来看(见图3-42),忠县村(居)公共文化服务工作人员的文化程度中,小学、初中和高中文化程度的比例高达79.07%,而大学(专)本科的比例仅为20.93%。第三,公共文化人才队伍的专业化水平有待提高,专业技术人才尤其是高级职称文化人才有所欠缺。部分公共文化工作人员由其他部门转岗而来,专业背景和工作经验不对口,专业素质和能力不相匹配。第四,公共文化人才的管理和使用有待规范,部分基层公共文化人才存在混岗使用和拉通使用等情况,存在严重的"混编混岗""专职不专干""专干不专业"等问题,工作人员对公共文化服务工作的投入力度不高。受访的村(居)公共文化服务工作人员"工作投入度较高"和"工作投入度高"的比例仅为58.14%,较大程度上影响了基层公共文化工作的稳定性和专业性(见图3-43)。第五,城乡公文化服务的互联、互通机制,特别是人才交流机制、资源融通机制、服务共享机制还有待加强。

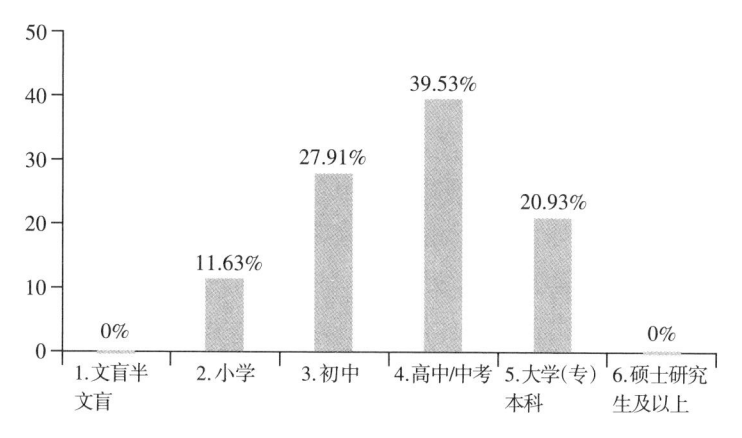

图3-42　村(居)公共文化服务工作人员文化程度

数据来源:调研数据

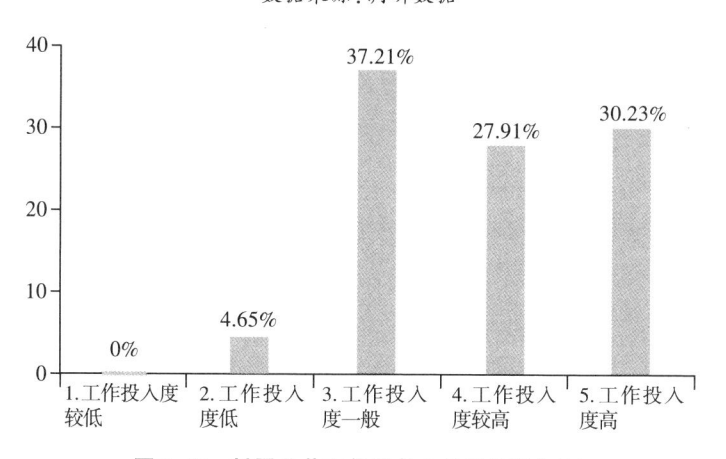

- 1.文盲半文盲：0%
- 2.小学：11.63%
- 3.初中：27.91%
- 4.高中/中考：39.53%
- 5.大学(专)本科：20.93%
- 6.硕士研究生及以上：0%

图3-43　村居公共文化服务人员工作投入度

数据来源:调研数据

- 1.工作投入度较低：0%
- 2.工作投入度低：4.65%
- 3.工作投入度一般：37.21%
- 4.工作投入度较高：27.91%
- 5.工作投入度高：30.23%

3.管理体制存在短板,公共文化服务效能亟须提升

一是公共文化服务的监督考核机制不完善,导致公共文化服务的过程管理不够严谨,服务的标准化、规范化水平不均衡。缺乏监督的公共文化服务,犹如真空地带,干好干坏一个样,干与不干一个样,没有了规范的过程管理,"懒"服务就乘隙而入。受"重经济轻文化"影响,公共文化说起

来重要，做起来不重要，这种普遍的社会认识没有得到根本扭转，使得公共文化服务在政府考核体系中不是核心指标，缺乏硬约束，因而通常不是基层政府的中心任务。再加上上级领导部门和本级领导对公共文化工作的注意力分配不足，更多关注某一时期和阶段的重点工作和中心任务，导致公共文化工作时常处于边缘地位。"重建设轻管理"也就成为顺理成章之事。二是管理指导错位。现行体制下，乡镇综合文化站的人事由当地乡镇政府管理和考核，而其业务由上级政府部门进行指导。在较为缺乏刚性考核管理的情况下，综合文化站的公共文化服务活动、农家书屋的开放自然得不到保障。再者，部分基础设施归口管理不明朗。譬如村村响广播，按原有规定，当属乡镇广播站管护，但是，因为是综合文化站在具体使用操作，这就导致损坏的"村村响"广播在相互推诿中无人管、修不了。三是考评执行无刚性。由于日常管理服务无法量化，难免留有作假应付的空间。对文化站、农家书屋的服务工作如何"荷枪实弹"地考核，目前还没有一个科学可操作的制度体系。四是公共文化服务的需求管理机制不足，群众的多样文化需求难以及时反馈到供给侧，同时社会力量参与公共服务供给的购买机制、捐助机制等缺少完善的设计，使得公共文化服务供给的效能没有充分展现出来。

4. 文旅融合亟须体制破解，"真融合"和"深融合"面临挑战

（1）文旅理念融合亟须加强，"真融合"任重道远

调查显示，文旅理念融合在忠县文旅融合发展工作中占比非常大，高于文旅产业融合、文旅服务融合、文旅市场融合、文旅职能融合、文旅交流融合等方面（见图3-44）。但是目前部分基层工作同志的理解过于片面，认为文旅融合就是文化和旅游方方面面的结合，甚至以旅游统领文化工作，而不是坚持"宜融则融、能融尽融"，找准文化和旅游工作的最大公约数、最佳连接点。文旅融合亟须克服基层工作同志的惯性思维，避免画地为牢、貌合神离，也要防止简单思维，避免相互替代、违背规律。

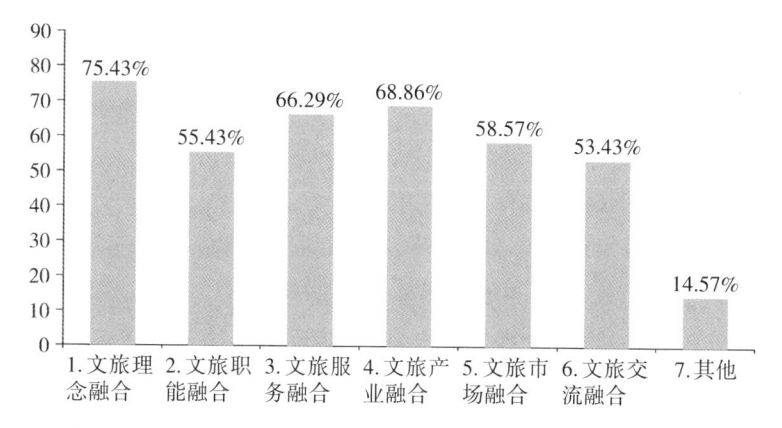

图 3-44　忠县文旅融合发展工作中需要重点突破方面的占比情况

数据来源：调研数据

(2) 文旅服务融合尚存体制障碍，"深融合"前路漫漫

忠县文旅融合发展面临的主要困难当中，"二者体制和政策衔接问题""缺乏文旅融合整体规划和设计"两个方面的总占比高达75.72%（见图3-45）。与公共文化领域相比，因其行业特点和原有管理体制所限，旅游公共服务体系在内涵、外延、发展依据、体系框架等方面并不十分明确，旅游法虽涉及少量公共服务内容，但更多侧重于产业促进和市场规范。因而如何统筹公共文化服务和旅游公共服务两大体系，实现二者的深度融合面临着体制障碍。

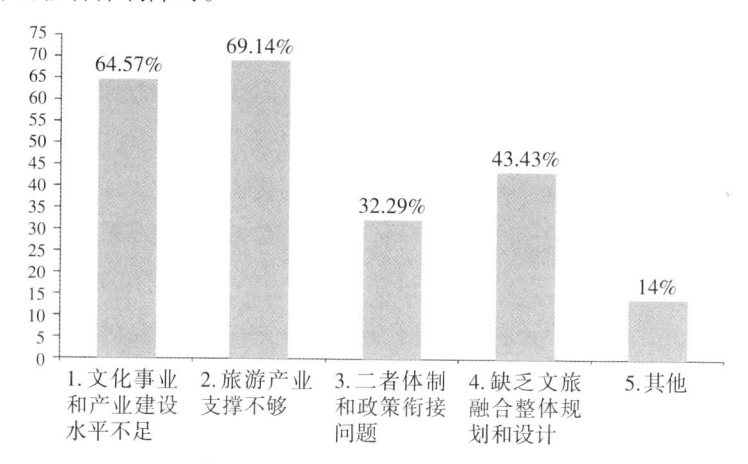

图 3-45　忠县文旅融合发展面临的主要困难

数据来源：调研数据

(五)主要思考和建议

1.供需精准识别与对接,回应群众的多样化需求

(1)建立需求反馈机制

识别公民多元化公共文化需求。精准识别群众的公共文化服务需求是精准供给公共文化服务的前提。面对群众公共文化服务需求的自主性、异质性、多样性、可变性等特点,应运用网络媒体等现代科学技术,通过走访、座谈、问卷调查等多种民意调查的形式,全面了解群众的公共文化服务需求,使群众的公共文化服务需求能够准确、及时地传递给供给主体。构建"需求征集—服务供给—意见反馈"的良性需求反馈机制,可以通过满意度调查、群众公共文化服务质量评价等方式,将群众对公共文化服务的感知、群众公共文化服务需求的满足程度等评价结果,作为供给主体调整公共文化服务内容与方向的主要依据,使群众从公共文化服务的被动接受者转变为公共文化服务供给的主动参与者、积极影响者以及内容决定者,从而缓解公共文化服务供需矛盾。

(2)个性化服务供给,提升公共文化服务的回应性

需求反馈机制收集到群众的需求之后,需对群众的公共文化服务需求做出回应,提供差异化、个性化的服务以回应、满足不同主体的公共文化服务需求。一是面向乡镇(街道)的"一地一策"供给。从忠县的地区特色来看,每个乡镇或街道有不同的发展特色,因此应避免大水漫灌式、"标配式"的文化供给,需要以乡镇或街道为单位提供特色的文化服务与文化产品。比如,从调研组实地调研来看,忠县乌杨街道和拔山镇有不同的地域特色,乌杨街道是忠县的工业重镇,外地人口输入较多,人口结构复杂,而拔山镇劳务输出人口多,老人留守人口居多。二是面向不同群体的个性化供给。比如要为留守农村的老人、妇女等提供贴近农村生活、喜闻乐见、积极向上的娱乐性文化活动,为留守儿童提供教育性的文化活动。三是完善已有的公共文化物联网平台,真正实现面向不同项目的"点菜式"供给。建立"百姓点菜"机制,以"订单式""点单式"等方式优化供给结构,将选择权交给群众。比如可以组织现场选书、推荐书单活动,将选择权交

给群众,提高农家书屋的利用率。

2.补足"硬件"资源,提升公共文化服务效能

(1)建立多元投入机制,用活公共文化设施,提高公共文化服务效率

一是鼓励社会力量参与投入,加大公共文化服务社会化承接组织的培育力度,健全完善政府向社会力量购买公共文化服务机制,扩大政府购买服务范围,鼓励社会力量参与公共文化服务,通过兴办实体、赞助活动、捐资捐物等方式提供公共文化服务,实现提供主体多元化。二是公共文化设施的开放时间要"活"。综合文化站、农家书屋的免费开放工作,不能死搬"朝九晚五"的工作时间表,要结合当地群众生产生活以及学校学生的作息时间,进行合理调整。确保农闲时节、周末、寒暑假、傍晚休息时,农民和学生进站进屋参加活动不吃闭门羹。

(2)培育文化主力军,打造专事人才队伍,实现专人专用

培育文化人才,必须建立健全文化队伍管理机制,解决综合文化站人员编制紧缺、被侵占借用的问题,做到专人专用,并稳定和发展专兼职结合的文化队伍。一是要广纳专才。具有一定水准的文化人才队伍是基层文化大繁荣的主力军。文化队伍要做好吐故纳新,放宽选才用才政策,采取多种形式、多种渠道从民间文化能人中招聘一批热心基层文化工作的人进入文化队伍,从文化艺术类专业高校毕业生中选拔一批优秀的专业人才充实到文化队伍,以此提高文化艺术人才的整体水平。二是要专才专帮。通过各种形式,加强基层文化干部业务能力的提升。充分发挥当地文体骨干带动作用,从中定期选派一批文化志愿者定向帮扶指定乡镇,对其文化站和农家书屋等的管理、群众文化活动的开展、民间文艺团体的节目编排等进行业务指导,逐步提高农村公共文化服务水平。

3.以推动文化和旅游深度融合为引导,创新忠县城乡公共文化服务体系

(1)更新城乡公共文化治理理念,促进忠县城乡文旅深度融合

基层文旅部门应更新对公共文化及其与旅游发展的认知,要认识到公共文化服务不是花钱的任务和累赘,其不仅是满足新时代人民美好生

活要求的必需品和服务型政府义不容辞的公共责任,而且在培养邻里关系、共塑精神家园和提升生活凝聚力上具有催化作用,同时还可以成为推动旅游产业发展、改进城乡居民生活物质条件的基础。因此按照"以文促旅,以旅彰文"的要求,忠县应坚持城乡公共文化服务体系建设与文旅融合一体化发展,促进城乡公共文化服务体系与文化产业、旅游产业的结合,发挥公共文化事业引领文化产业和旅游业,文化产业和旅游业涵养公共文化事业的作用,从而在文旅融合发展中探索新型城乡公共文化服务体系建设,依托公共文化服务体系建设助推文旅产业向纵深发展。

(2)加强忠县现有公共文化设施和旅游公共设施的整合

在继续提升公共文化服务保障水平的同时,将文化公共服务的投入、设施和服务内容同旅游公共服务有机衔接,将公共文化设施社会化运营试点同发展旅游有效结合;在文化公共服务设施中丰富旅游和教育功能,在旅游公共服务设施中增加文化内容。重点依托国家公共文化服务体系示范区、城市旅游服务中心、全域旅游服务中心等,促进文化和旅游公共服务的一体化。引导公共文化机构在服务好当地居民的同时,面向游客提供文化服务。推动重点旅游区域基层综合性文化服务中心、重点旅游乡镇的公共文化服务站与旅游咨询中心、旅游休闲设施统筹建设与运营。推动城市书房、特色图书馆以及流动公共文化服务设施纳入旅游目的地或旅游点规划,串联进入相关旅游线路;推动文化志愿服务进旅游景区、旅游度假区;将农家书屋等农村文化公共服务设施与乡村旅游公共服务设施整合;完善图书馆、文化馆、博物馆等旅游服务配套功能建设,加强文创产品开发,丰富旅游产品文化内涵;将文化志愿者和旅游志愿者队伍整合等等。

(3)挖掘忠县乡村传统文化和促进农文旅融合发展

文旅融合应采取逐步推进、由易到难、分步实施的方案,先从"硬融合"开始,再逐步推行"软融合",最后推进"深融合",实现文化繁荣与旅游旺盛的高效循环。公共文化服务设施与旅游公共设施是"硬融合"的重要内容,可以作为文旅融合的切入口,从硬件的接入倒逼软件的升级。一方面,对现有公共文化服务和旅游产业的公共设施存量进行整合、改造,通过摸底调查,形成设施改造和对接的清单,借助融合实现两个方面设施的提质升级,从而改变公共文化服务设施"无人问津"和旅游产业公共设施"供不应求"的局面。对于新增设施,要按照文旅融合的要求和标准进行整体设计和一体化建设,避免公共文化设施和旅游服务设施各自为政。另一方面,通过设施融合有效降低建设成本的同时提高后期使用效率。

五、武隆区公共文化治理调研报告

（一）引言

建立健全城乡融合发展体制机制和政策体系是一个系统工程，目的在于重塑新型城乡关系，走城乡融合发展之路，促进乡村振兴和农业农村现代化。加快城乡融合发展，关键是要推动公共服务向农村延伸、社会事业向农村覆盖，加快推进城乡基本公共服务的均等化。推动乡村振兴，实现城乡融合发展，必须健全城乡公共文化服务体系，推动文化资源重点向农村和基层倾斜，提高公共文化服务的覆盖面和适用性，让城乡居民都能够享有更丰富、更适合各自特点的文化服务。

为贯彻落实党的十九大报告和《中共中央 国务院关于建立健全城乡融合发展体制机制和政策体系的意见》的文件精神，了解武隆区城乡融合发展背景下公共文化服务与治理的现状，西南大学公共文化研究中心课题组深入武隆区党政机关、镇街和村社进行了实地调研。在为期3天的调研中，课题组分为三个调研小组，共对武隆区17个单位部门展开了调研，访谈对象共计100余人。其中在区委宣传部、文旅委、农业农村委、发改委、人社局、财政局、教委等7个党、政机关，共访谈了26名干部同志；在区文化馆、博物馆、图书馆等3个文化事业单位，共访谈了12名干部同志；课题组还深入到土坎镇、江口镇、凤山街道、芙蓉街道等镇街进行调研，访谈相关负责人和工作人员15名。同时，课题组还走访了中山社区、芙蓉中路社区、石梁子社区、芋荷村、复兴村等村社，了解了基层文化活动室的运行情况和基层文化活动的开展情况，访谈了社区书记、综合服务专干和其他相关工作人员共22名。除此以外，本次调研还对20余名群众进行了随机访谈。

此次前往武隆区的调研主要针对城乡公共文化服务体系建设、公共文化服务供给、农村公共文化活动开展、公共文化人才队伍、公共文化财政保障、政府购买公共文化服务、地区文旅融合发展、地区文化传承、基层公共文化服务设施等问题进行了调查访谈，总结地区公共文化治理工作亮点和经验，并着力分析地区公共文化治理面临的现实问题，为进一步推进地区城乡融合发展和公共文化治理提供参考意见。

（二）武隆区公共文化服务与治理的基本情况

"重庆武隆"是重庆旅游的一面旗帜，武隆区在发展旅游业的同时，积极创建国家级文旅融合示范区，在公共文化建设方面取得了基础性成就，逐步完善公共文化服务体系，着力开展公共文化活动，有序推进公共文化传承创新工作，并逐步发挥文化扶贫功能。

1.公共文化服务体系逐步完善

武隆区在政策、设施、人员方面给予公共文化服务体系建设充分的支持，现已形成区、镇（乡）、村三级文化网络，基本保障城乡居民基本公共文化服务需求。一是公共文化服务政策保障体系逐步完善。武隆区相继出台了《关于做好政府向社会力量购买公共文化服务工作的通知》《武隆区"十三五"文化发展规划》《武隆区全民阅读规划纲要及工作方案》《推进武隆区村级综合文化服务中心示范点建设实施方案》《武隆区推动乡村文化振兴工作方案》等政策文件，为公共文化服务体系建设提供了强劲的组织保障、制度保障和政策保障。二是公共文化建设资金逐年增加，合理安排公共文化服务专项治理资金，为全区公共文化治理提供资金保障，公共文化服务设施逐步完善。武隆区"三馆一站一书屋"优化升级，文化馆、图书馆总分馆制建设快速推进（见表3-38），博物馆新馆建设有序推进，数字化建设卓有成效。截至2019年8月，全区建有文化馆1个（一级馆）、图书馆1个（二级馆）、区级博物馆1个，26个乡镇综合文化站（一级站9个、二级站4个、三级站13个），23个图书馆分馆，26个基层示范村，186个农家书屋，480个文化中心户，全面完成20户以上自然村广播村村响，基本实现全区农村电视户户通。在建（提档升级）的综合文化服务中心有9个，拟建（提档升级）综合文化服务中心3个。三是公共文化服务人才队伍逐步完善。武隆区大力推行政府购买公共文化服务,招聘文化工作者,带动文化人才队伍建设。2019年以来,武隆区先后核发了文化旅游脱贫攻坚专项资金、基层文化设施免费开放专项资金、贫困地区村文化活动室设备购置资金等资金共计800万元以上,招募文化志愿者15名,引进紧缺文旅人才2名,有力保障全区公共文化服务工作有序开展。

表3-38 图书馆、文化馆总分馆制建设情况统计表

区县	图书馆总馆数量	图书馆分馆数量(个)					文化馆总馆数量	文化馆分馆数量(个)				
		总数	社会力量参与数量	直属分馆数量	基层点数量	其他		总数	社会力量参与数量	直属分馆数量	基层点数量	其他
武隆区	1	27	0	1	26	0	1	27	0	14	13	0

数据来源:调研数据

2. 公共文化活动日渐丰富

武隆区公共文化活动种类不断增加,2018年全区共计开展公共文化服务活动1178场次(见图3-46)。同时文化馆、各个乡镇(街道)扎实开展各类公共文化惠民活动。一是着力开展文化进校园、社区活动。武隆区建构以学生为主体的群文阅读课程体系,打造武隆区中小学晨读和"1+X群文阅读"特色课程,落实每个中小学生每天平均课外阅读不少于20分钟,每周阅读课不少于2学时,课外阅读不少于1小时,借助"三课"(课程、课堂、课题)和"四名"(名师、名校、名学生、名家长)工程,以特色课程建设为契机,建立了武隆区中小学教师专业成长联盟。同时成立了社区教育讲师团,开展社区居民学习需求调研,开展订单式、菜单式讲座,内容涉及养生、道德与法治、优秀传统文化、智能手机使用、贫困乡村种养殖业培训等内容,持续推进"芙蓉大讲堂""汉平大家谈""讲师团流动课堂"等学习品牌建设。在每个乡镇配备专兼职社区教育干部1名,选送46名社区教育专兼职干部参加市级以上专题培训。在江口镇、鸭江镇、赵家乡试点,推进社区教育与乡镇文化站资源整合。社区教育与区老年大学联合,共

享优质资源,创办的声乐班、国画班、舞蹈班等深受欢迎。二是文化惠民活动持续开展。2019年1月至6月,区图书馆接待读者8.1万余人,借阅图书6.3万册,开展全民阅读推广活动25场次。博物馆对外免费开放达127天,累计接待观众9.2万余人次,其中未成年观众4.7万余人次,完成义务讲解和公务讲解110余场。送展览进社区、学校、乡镇10场次,文物知识进课堂2次。三是政府购买公共文化服务逐步完善。《武隆区政府关于购买公共文化服务考核办法(暂行)》,为乡镇购买公共文化演出服务提供考核办法,由区文旅委成立武隆区向社会购买公共文化服务演出工作考核小组,促进政府购买公共文化服务规范化发展。2019年1月至7月,武隆区共完成购买服务68场次,惠及群众40余万人。不仅提高了公共文化服务质量,更节约了公共文化服务成本。

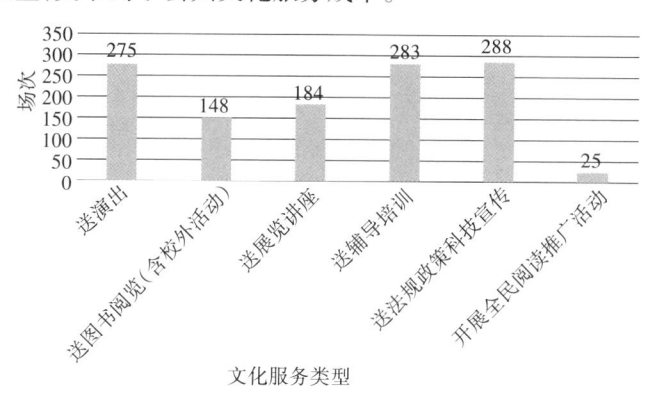

图3-46 武隆区提供流动公共文化服务活动情况

数据来源:来源于调研数据

3.公共文化传承创新工作有序推进

武隆区加大对自然遗产、文化遗产的保护传承和创新工作,让非遗文化进校园、进社区、进景区,在继承的基础上不断发展创新,打造武隆文化品牌。一是公共文化传承工作。截至2019年7月,武隆区成功申报市级非遗名录26项、区级非遗名录161项,及非遗名录代表性传承人205名,生态文化保护区1个。现已建成印象武隆公司、浩口苗族仡佬族乡中心校、后坪苗族土家族乡中心校等5个市级非遗传承教育基地;白马天然蜂蜜、鸭江老咸菜、羊角豆干等传统制作及酿制技艺等成为市级生产性保护示范基地;建立了仙女山耍锣鼓、鸭平吹打、后坪山歌、木叶吹奏、薅秧号子、打篾鸡蛋、浩口蜡染、巷口藤编、青吉棕编等10个非遗传习所等(见图3-47)。二是公共文化创新工作。武隆创作的歌曲《你和我》入选重庆"五个一"工程。文化馆2019年春期免费艺术培训班从去年的13个班增至18个班,学员达800余人,到馆群众达5万余人次;红叶民乐团、灵动舞蹈团、民族歌舞艺术团、莲萧腰鼓队、武陵合唱团、童声合唱团等业余文艺团队常年在文化馆开展各类培训活动;馆内开展形式多样的专题讲座20余场次;成功进行了免费开放春期班的汇报演出。

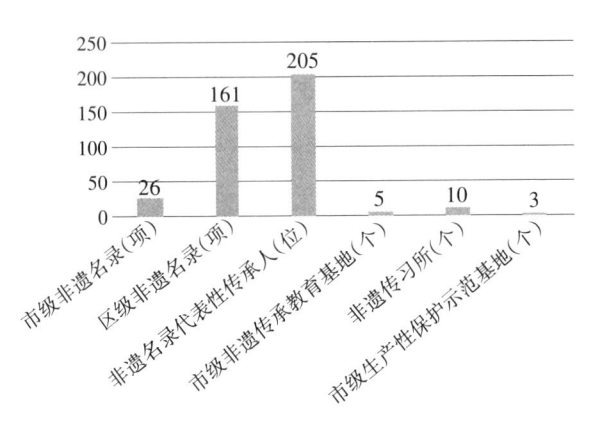

市级非遗名录(项)	26
区级非遗名录(项)	161
非遗名录代表性传承人(位)	205
市级非遗传承教育基地(个)	5
非遗传习所(个)	10
市级生产性保护示范基地(个)	3

图3-47 公共文化传承工作数据一览表

数据来源:调研数据

4.文化扶贫功能逐渐显现

武隆区坚持以文化为魂,在促进乡村文化振兴的同时,以"旅游+"的模式带动相关产业发展。一是乡村文化振兴。武隆区精心创作脱贫节目10余个,结合送演出进基层活动,组织艺术表演团体赴27个乡镇(街道)演出30余场。扎实开展农村思想道德教育行动,开展梦想课堂活动2800余场次,开展"家风润万家""孝善立德"先进事例宣传活动79场次。同时,武隆区加强对后坪天池坝苗族村寨、浩口仡佬族田家寨、沧沟大田学堂堡村寨、土地犀牛寨等古村落和历史遗址遗迹的抢救性保护工作,下一步武隆区将打造文化体验带,进一步挖掘少数民族自治乡与古村落的内在文化内涵,促进乡村文化振兴。二是文旅融合发展。武隆区坚持"以文为魂",深入挖掘和保护传承优秀传统文化、地域文化、民俗文化、民族文化等,在为旅游业注入文化内涵的同时,又有效起到了助推脱贫攻坚的作用。浩口乡田家寨苗族文化和蜡染文化成功申报为国家级传统村落,成为远近闻名的民族文化旅游示范点,带动了周边60多户、230余名群众通过销售农特产品、提供餐饮和住宿服务等实现了增收。武隆区游客人次和旅游收入连续多年保持两位数的增长,2018年接待游客达到3200万人次,旅游收入150亿元。同时武隆区深入挖掘乌江"纤夫文化",与国际知名导演张艺谋联合打造的大型山水实景演艺项目"印象武隆"累计演出2300余场、收入3.3亿元,获得了"中国首届视界大赏年度最佳旅游演出奖""中国旅游总评榜年度旅游品牌大奖"等20余项品牌荣誉。

(三)主要工作亮点和值得总结推广的经验

1.主要工作亮点

(1)全面深化促联动,扎根本土立特色

武隆区在公共文化服务体系建设过程中,始终关注相互协同、有序衔接的公共文化服务供给各要素,积极促进文化建设工程全面开花,实现本地土壤"种"本地文化。其一,武隆区以文化惠民、文旅融合等形式,将文化建设工程与脱贫攻坚工程、乡村振兴工程、城乡发展一体化等政府工程相融合,形成覆盖全城乡的公共文化服务设施。武隆区成功举办首届中国(武隆)农民丰收节暨CCTV-7《我们的节日——美丽乡村快乐行走进重庆武隆》大型特别节目,仙女山冰雪节以及文化惠民消费季等活动,助推群众脱贫和城乡均等。其二,武隆区着力推进本地公共文化政策法规、公共文化活动、文化产业、文艺创作和文化遗产和文物保护等工作,各乡镇举办符合自身的文化节活动。如火炉镇的庖猪乐文化节、脆桃节等,庙垭乡的乡村旅游季,文复乡村旅游季暨第二届"文复之星"少儿才艺大赛,土地乡喀斯特犀牛古寨民俗文化节,大洞河乡的千年杜鹃花.醉美大洞河文化节,民族团结进步宣传周等。石桥乡的"摆手舞""竹竿舞"深受老百姓欢迎。实现本地文化资源与旅游产业要素深度融合,彰显了本土文化特色。

(2)文旅融合树靶向,产业联动塑文化

武隆区积极推行多元互动与合作,以旅游融合文化发展,以产业带动文化发展,推动公共文化服务经济化发展。一方面,建设产城景融合发展区及四条产城景示范带,打造沿乌江城市拓展带,力求承接大都市圈,成为主城连接带。同时打造一园多组团,以旅游发展较好的仙女山镇与白马镇为核心,辐射周边乡镇,带动片区产业发展。进一步将打造文化体验带,依托少数民族自治乡与古村落,将文化融入旅游中,让文化跟上旅游,打造武隆特色本土文化。另一方面,招商引资推动文化产业发展。2018年武隆区开展了全区大调研工作,摸清文化家底。统计摸底8街镇8处历史(文化)建筑,将羊角古镇、土坎老街、江口市级特色小镇、后坪高山民族风情小镇等有历史记忆、地域特色、民族特点的美丽小镇纳入规划版图。有序推进天坑寨子、星际未来城、阳光童年等文化产业项目建设,并实现全区规上文化企业总数达4家,实现营业收入超6.5亿元。武隆区接待游客人次和旅游收入从2009年以来,每年均保持较大增幅,其中2009年、2010年连续两年翻番,进入发展快车道。"十二五"期间,全区累计接待游客8755.74万人次,旅游收入356.69亿元,同比分别增长337.13%、352.79%,接待境外游客163.38万人次,同比增长575.36%。

(3)与外交流成绩显,艺术创作精品繁

武隆区积极弘扬本土特色文化,推动文化交流活动,持续推进文艺创新,鼓励群众艺术创作。一方面,对外文化交流成绩显著。在第十八届重庆市美术书法摄影联展中,武隆区作品《鸟鸣山更幽》获一等奖;在2017第五届重庆市社区文化节中,武隆区的摄影作品《喜悦》获二等奖;在第六届重庆市美术作品展中,武隆区作品《春日游》获版画类三等奖。在"全国少年儿童阅读年——经典阅读绘画大赛"中,廖晨曦《唱吧!跳吧!》获儿童组金奖,张力丹《我心飞翔》获少年组银奖,吕美瑾《我是一棵树》获儿童组铜奖。另一方面,以文艺创作推动文化弘扬,繁荣武隆文化。川江号子第九代非遗传承人杨兴勇将代表地方特色的民歌《抬工号子》登上了中央电视台《中国民歌大会》的舞台;将武隆《抬石号子》唱进了安徽卫视《中国农民歌会》;版画作品《七月清风》在国家级刊物美术杂志上发表;舞蹈《山谷里二哥》在重庆市第七届乡村文艺会演中获得二等奖;广场舞《唱响武隆》在"中国梦·巴渝风"2016年重庆市群众广场舞展演中荣获优秀团队称号;音乐作品《唱响武隆》和《你的美丽动我心》在重庆市美丽乡村原创歌曲大赛获三等奖和优秀奖。

(4)精准供给多群体,基层服务对民意

武隆区紧抓公共文化活动,立足不同群体需求,精准供给公共文化,以基层公共文化服务满足群众文化需求。其一,推进社区文化建设,激活现有公共文化资源。武隆区利用现已建成的"农家书屋""社区图书馆""乡镇文化站"等,面向在职在岗人员、城乡居民、中小学生等各类人群,深入开展各类素质教育和职业教育,周期性地开展系列重大学习活动,推出"全民终身学习周""全民阅读周""全民健康月""文明市民日"等终身学习活动。其二,积极探索现有文化资源向本地群众持续供给渠道。武隆区积极推动民生实事流动文化服务进村、春节送演出下乡活动、惠民电影放映等文化下乡活动,积极举办"唱响武隆"系列比赛、微视频大赛等比赛,举办阅读讲座、党史连环画讲故事等读书活动。仅2017年,便举办了"唱响武隆"原创歌曲演唱大赛决赛、2017年春节团拜会、2017年迎春文艺晚会、2017闹元宵游乐暨猜灯谜活动、武隆区第六届广场舞大赛等大型文化活动8场;组织开展区政府购买公共文化演出服务暨2017年送演出下乡活动156场次,开展"4·23"世界读书日系列读书活动、暑假读书系列活动等各类读书活动30余场;积极做好农村电影放映惠民工程工作,共放映电影2700场,观看群众40万余人次。同时,采用"菜单式"和"订单式"的公共文化服务,精准对接居民的公共文化服务需求。其三,文化资源免费开放工作有序推进,打造面向全社会的公共文化服务。仅2017年,武隆区便投入230万元,开展"两馆一站"免费开放绩效评价工作,指导督促文化馆、图书馆、乡镇综合文化站按照开放空间、开放项目和开放时间等规定要求,开展免费开放工作,组织开展培训、图书借阅、电子阅览等活动。区博物馆全年共接待观众22万人次,为旅游度假的游客也提供了可供学习的文化资源。

(5)硬件设施配齐全,非物遗产常重点

武隆区大力促进公共文化服务平台建设,改善公共服务基础设施,大力加强文化遗产和文物保护,高效利用文化遗产,注重传承文化遗产。一方面,武隆区积极推动公共文化服务平台创新,全面完成了全区公共文化物联网建设,"标准化广播电视台创建项目""龙洞坪高山广播电视无线发射台基础设施建设项目""中央广播电视节目无线数字化覆盖工程一、二期项目"和"广播电视制播能力提升建设项目"四个公共文化设施建设项目,提供了基本公共文化服务平台。率先成立了"新媒体信息中心""视界武隆"网站,WLTV023微信服务号和"掌上武隆"APP客户端,让整个新媒体与传统媒体的融合进入一个新阶段。另一方面,文化遗产和文物保护持续有力。武隆区在近几年接连完成对大石箐石林寺抢救性保护修缮、和平中学旧址消防系统工程、羊角文物避险搬迁建设、武隆重庆乌江博物馆建设等工程的建设工作,完成了《古镇·羊角碛》书籍初稿及《武隆区第一次全国可移动文物普查成果》编写工作,完成羊角文物拆迁保存和三峡后续项目申报工作。另外,武隆区成功申报了《平桥薅秧号子》《石桥木叶吹奏》《凤来大石菁香会》《乌江船工号子》《青吉棕编》《羊角黄氏家训》《武隆碗碗羊肉》《土坎苕粉传统制作工艺》等项目的市级非遗代表性项目,切实提升非遗保护工作水平。

2.值得总结推广的经验

(1)文旅融合,探索公共文化服务新模式

武隆区以创建国家级文旅融合示范区为契机,通过对优秀传统文化、地域文化、民俗文化和民族文化等资源的挖掘、保护和传承,以文促旅,以旅彰文,在创新公共文化服务模式的同时,推动文化和旅游融合高质量发展。浩口乡通过挖掘田家寨苗族文化和蜡染文化,成功申报为国家级传统村落,成为远近闻名的民族文化旅游示范区。仙女山镇通过挖掘乌江"纤夫文化",打造大型山水实景演艺项目"武隆印象",成为了全市文旅融合的一张亮丽名片。江口镇花园村收集传统农耕工具进行展示,建成农耕文化展示厅,成为传承和弘扬农耕文化的文旅体验区,实现从静态文化保存到动态文化传承的转变。

(2)志愿服务,壮大文化服务人才队伍

武隆区在建设城乡公共文化服务体系过程中,充分发挥志愿者的人才支撑作用。如江口镇"芙蓉大讲堂"中,志愿者组织开展四点半课堂,为农村留守儿童提供作业辅导、心理辅导和行为矫正指导等,为其健康成长搭建平台。羊角镇艳山红村组织成立村红十字会服务队,定期开展应急救护培训讲座。凤山街道充分利用社区注册志愿者的作用,发挥其在社区文化活动中的组织、动员、凝聚及带头作用。在开展新时代文明实践活动中,以志愿者为主体力量,组建了街道、村(社区)二级志愿服务队伍,引导街道职工、群众注册成为志愿者,定期组织开展政策宣讲、法制教育、文体活动等志愿活动,打通基层公共文化服务"最后一公里"。在大型文艺活动中,以区、乡镇(街道)两级文艺爱好者为主,组建基层文艺队伍,开展文化志愿服务活动。

(3)创新方式,实现文化资源服务下沉

武隆区不断创新公共文化资源服务下沉机制,实现文化资源向基层纵深延展。在图书馆文化馆总分馆制的总框架下,不断丰富公共文化资源的整合与共享的实践路径,实现文化资源扁平覆盖。各类中小学依托学校图书室打造面向全社会的公共文化服务,如长坝镇中心校与社区服务中心共建开放式图书室,仙女镇中心校利用暑假,向游客、度假居民、小孩开放图书室。大力倡导社区文化建设,将社区学校建在文化站,盘活存量,为居民提供丰富多彩的文化活动。2018年,武隆区政府购买公共文化服务活动送到乡镇157场次,由乡镇送到村社800余场次,通过各种形式开展送文化进基层活动以及配合重庆杂技团、重庆川剧院、重庆民族歌舞团等主体开展"渝州大舞台城乡文化互动工程送演出进基层活动"30余场次。

(4)强化"定制",精准对接民众文化需求

在城乡公共文化内容供给上,坚持以民众需求为导向,促进供需匹

配。基于辖区居民的公共文化需求，定期邀请司法干部、技术能人、中学老师等专家学者，为村民讲解公序良俗、法律知识、惠民政策、农业生产、企业经营、医疗卫生等知识，满足民众文化需求。接龙乡立足需求导向，通过公共文化设施功能定位标准化、服务内容标准化，重点针对老人、妇女、儿童等农村留守群体思想文化需求，从满足学教礼仪、文体活动、乡风展示、议事聚会等多种功能出发，组织开展乡风文明、教育培训与文体娱乐等方面的文化活动，实现了公共文化服务供需的有效对接。2018年，武隆区文化馆艺术中心共举办暑期培训班、春期培训班、秋期培训班三期，开设有民族舞、拉丁舞、爵士舞、美术、书法、声乐、钢琴、播音主持、国学、二胡、英语等10余个艺术专业，培训学员达1000余人。

(5)拓展阵地，打造农村公共文化服务新平台

武隆区在基本公共文化阵地建设之余，利用各乡镇学校，积极强化学校与村（居）两委合作，共建社区学习中心，成为农村公共文化服务的新平台。武隆区每年划拨专项经费40万元，建设社区学习中心，各中心校与村居两委合作，每个乡镇特聘专业技术教师，成立了社区教育讲师团。开展社区居民学习需求调研，开展订单式、菜单式讲座，内容涉及养生、道德与法治、优秀传统文化、智能手机使用、贫困乡村种养殖业培训等，持续推进"芙蓉大讲堂""汉平大家谈""讲师团流动课堂"等学习品牌建设。同时社区教育与区老年大学联合，共享优质资源，创办声乐班、国画班、舞蹈班，满足各类群体的文化需求。

(四)主要问题

1.公共文化服务有限供给与实际需求存在矛盾

(1)重供给侧输出，轻需求侧培育

一方面，供给内容与需求内容相矛盾。近些年武隆区公共文化服务供给力度不断加大，但是供给与需求存在错位，真正面对农村、面向农民的文化产品生产始终不足，群众对公共文化的需求呈现多元化、多样化，使得送文化送演出下乡效果不强，在对"在平时生活中，您参与以下文化活动的频率"的问题结果统计中发现，"送地方戏"是居民参与最少的。说

明政府送出的公共文化服务与设施无法满足居民的真正需求(见图3-48)。另一方面,供给方式与需求广度相冲突。公共文化服务供给效能有待提升,公共文化服务与群众需求还没有实现无缝对接,存在形式较单一问题。公共文化活动由相应群众被动接受,导致送出的服务不受欢迎、资源浪费,而群众文化需求也得不到有效满足。不能根据基层百姓的需求,以"做文化,传文化,享受文化"的培育路径供给文化。在对"影响您参与公共文化活动的原因主要有哪些?"问题结果统计中发现,"开展时间不合适""距离过远""内容不感兴趣"是影响居民参与公共文化服务活动的主要原因(见图3-49)。

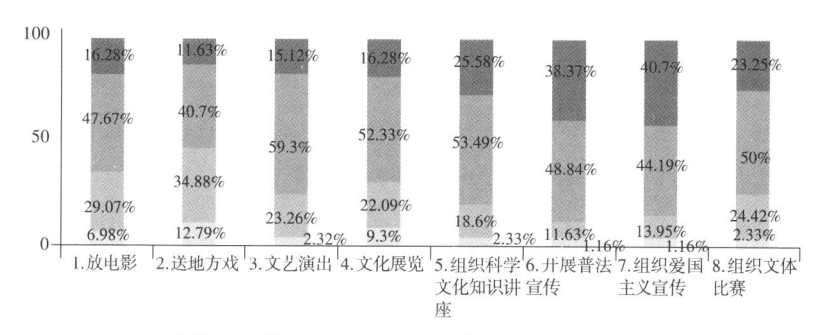

图3-48 武隆区居民参与公共文化服务活动的频率

数据来源:调研数据

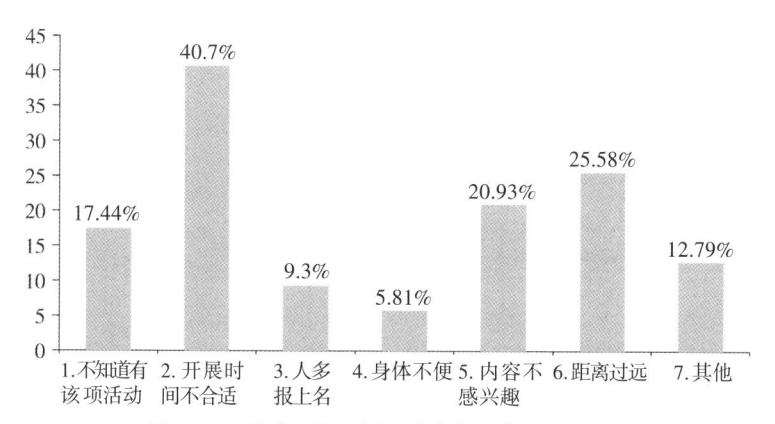

图3-49 影响武隆区居民未参与公共文化活动的原因

数据来源:调研数据

(2)财政投入与资金需求存在矛盾

其一,城乡公共文化服务的总体财政投入比例较低,财政投入总额不足。在走访调研中,有工作人员表示"文化就是要烧票子的"。诚然,文化建设需要大量的资金,但市级财政资金给予的支持有限,区级财政资金紧张,许多项目达不到预期效果。在问卷调查中发现,资金不足仍是武隆区公共文化服务最关键的问题(见图3-50)。其二,不同地区经济发展水平和财政水平存在一定差异,城乡之间、镇街之间的财政投入结构不均衡,尤其是农村片区公共文化设施表现出了镇街之间、村与村之间发展不平衡的特征,造成了强者不强、弱者更弱的发展态势,不利于整体发展。其三,投入的主体较为单一,吸引社会化资本的程度不够。在问卷调查中发现,八成以上的受访者认为政府补贴仍是武隆区村(居)文化设施建设、文化服务、文化活动经费的主要来源(见图3-51、图3-52)。承接政府购买公共文化服务的企业需要满足一定的资质,而武隆区的公共文化机构管理运营服务提供商和社会性文化服务机构数量少,且质量和水平不够高,专业性和技术性有待加强,政府购买服务的承载主体可选择性比较有限。公共文化供给服务仍然由政府承担,减轻政府重担和提高公共文化供给质量和效率的难题亟待解决。

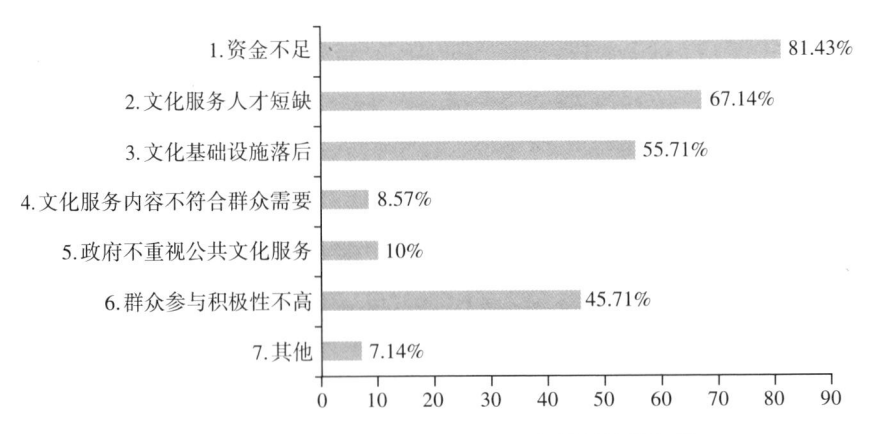

选项	比例
1.资金不足	81.43%
2.文化服务人才短缺	67.14%
3.文化基础设施落后	55.71%
4.文化服务内容不符合群众需要	8.57%
5.政府不重视公共文化服务	10%
6.群众参与积极性不高	45.71%
7.其他	7.14%

图3-50 武隆区村(居)公共文化服务最关键的问题

数据来源:调研数据

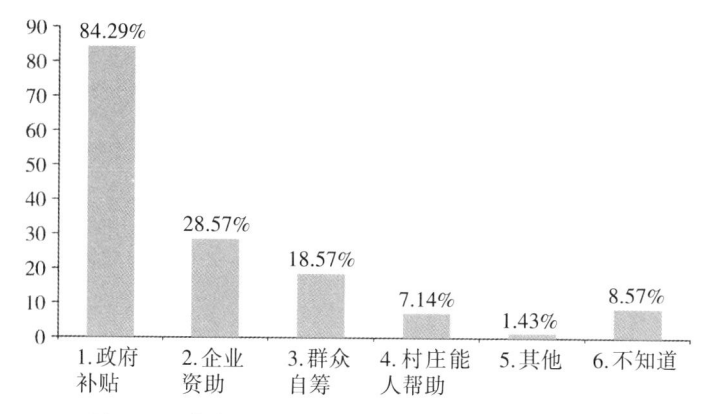

图 3-51　武隆区村（居）文化设施建设费用的主要来源

数据来源：调研数据

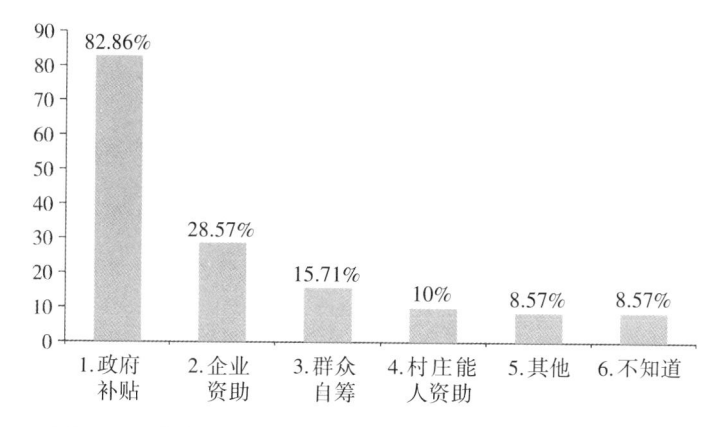

图 3-52　武隆区村（居）文化服务或活动经费的主要来源

数据来源：调研数据

（3）专业人才队伍与服务体系需求存在矛盾

一是，公共文化人才队伍的整体数量不足，尤其是镇街和村社基层公共文化人才较为缺乏，在村、社的公共文化工作人员多为兼职或志愿服务。图书馆免费对外开放服务窗口工作人员不足，缺乏数字图书馆建设专业技术人员。文物保护管理编制人员基数低、人员少，文物保护力量不足，在开展活动及文物保护等方面有实质性难题。问卷调查发现，74.29%的受访工作人员表示从事公共文化服务活动是"职责所在"（见图3-53），这也就造成了仅有37.15%的受访工作人员认为自己的"工作投入度较高"以及"工作投入度高"(见图3-54)。二是,公共文化人才的管理和使用有待规范,部分基层公共文化人才存在混岗使用和拉通使用的情况,影响了基层公共文化工作的稳定性和专业性,也影响了基层公共文化人才的晋升。乡镇文化站普遍存在"在编不在岗、在岗不在任、在任不专业"的现象。截至2019年8月,武隆区乡镇综合文化站编制有86人,实际在岗仅74人,存在"在编不在岗、在岗不在任"的现象。工作人员身兼多职,流动性大,难以保证工作时间和精力。

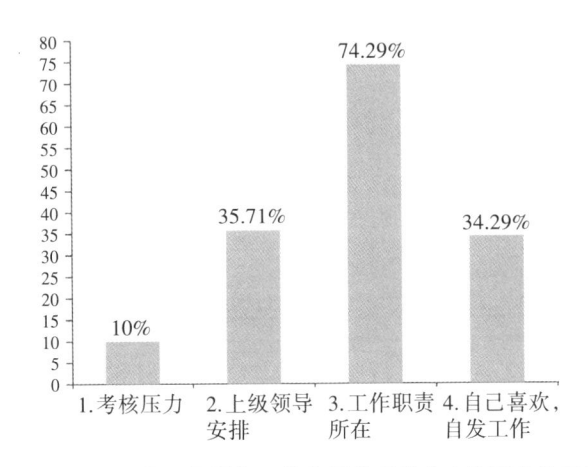

图3-53 武隆区公共文化服务工作人员从事公共文化服务的工作动机

数据来源:调研数据

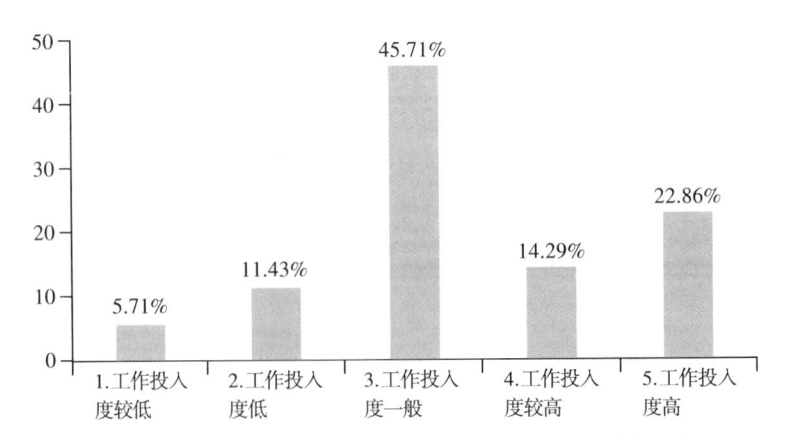

图3-54 武隆区工作人员自评对公共文化服务的工作投入度

数据来源:调研数据

2.文旅融合发展理念与文旅产业发展差距之间的矛盾

(1)文旅融合度不够,"重旅游,轻文化"

目前武隆区高度重视文化产业的创新发展,以及文化产业与旅游融合发展,并取得了一定成效。但是,面向文旅融合发展的公共文化服务体系仍然建设不足。其一,文化项目建设慢于旅游项目建设。目前,武隆区各类项目的申报是由各部门自行准备项目储备库,准备项目的资金也是由各部门自行负责,各单位部门每年会定期从项目储备库中选取项目上报审批。由于文化类项目周期较长、经济效益不高等原因,选中的项目相对较少。据武隆区发改委工作人员所说,随着全域旅游的发展,武隆区现有的旅游类项目得到了充分的重视,立项较多,但文化类项目仅一个,难以促进公共文化的充分发展,满足群众公共文化需求。在对"您认为造成贵区文旅融合困难的主要原因是什么?"的问卷调查中,选择"政策支持力度不够""对文旅融合发展的重视不够,动力不足"的受访人员位居第一、第二(见图3-55)。其二,文化和旅游资源共享不足。武隆区政府在文化和旅游职能方面依然区分较大,旅游资源依然比文化资源开发更多,相应配备的服务设施也更齐全,导致文旅基础服务设施资源共享不足、文旅融合难以实现。其三,公共文化服务机构职能受限,部分乡镇文化站没有独立的空间,其活动空间与其他部门共用,实现资源整合较为困难。

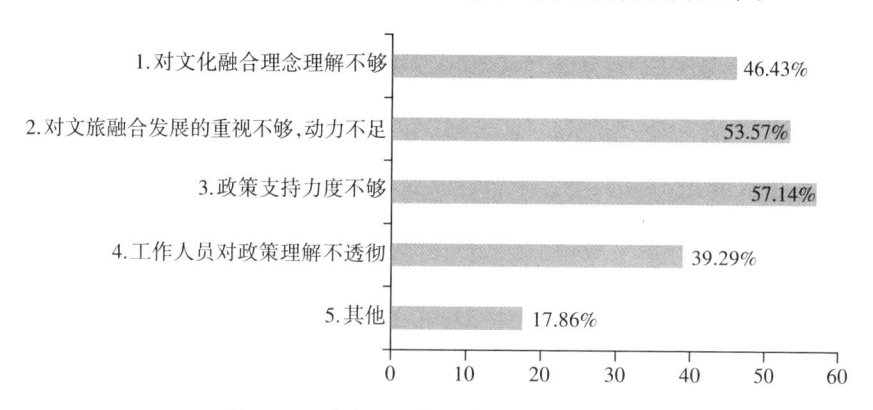

选项	比例
1.对文化融合理念理解不够	46.43%
2.对文旅融合发展的重视不够,动力不足	53.57%
3.政策支持力度不够	57.14%
4.工作人员对政策理解不透彻	39.29%
5.其他	17.86%

图3-55 武隆区文旅融合困难的主要原因

数据来源:调研数据

(2)资源开发混乱与文旅融合发展相阻

武隆区有着得天独厚的旅游资源,天坑、地缝、芙蓉洞等丰富的自然资源为武隆区吸引了大量的国内外游客,但文旅融合方面仍存在一定的问题。一方面,武隆区的土地资源紧张,目前用地指标主要是以常住人口为标准,武隆区常住人口数量有限,但武隆因旅游季节性流动人口较多,目前可用土地资源与指标无法满足服务供给需求。如何在有限资源的基础上,提高土地资源的利用率是武隆区面临的重要问题。另一方面,文旅融合对融合方式和过程具有较高的要求,尤其对高层次人才需求较大,但武隆区文化专业人才缺乏,在问卷统计中发现,有高达45.63%的村(居)工作人员是高中、中专及以下学历(见图3-56),造成政府部门文旅资源开发专业化技术化程度不高,规划能力不足,影响了文旅融合发展进程。

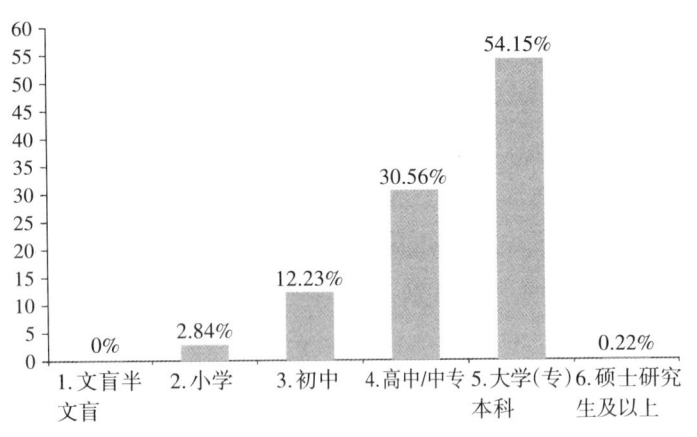

图3-56 武隆区村(居)工作人员学历
数据来源:调研数据

(3)文化服务稳定性与旅游业季节性的背离

一是武隆区文旅资源开发缺乏体制保障,文旅资源挖掘体系框架不明确,由各部门进行各自工作规划,缺乏清晰的挖掘思路、系统的挖掘规划以及明确的制度保障,一味地开发旅游资源追求经济效益,导致文化沦为旅游的附属品和陪衬物。地方特色文化的缺失导致武隆区人口数量随旅游业的淡旺季而增减,为公共文化服务的提供造成了一定的困难。二是公共文化服务设施资源有限。武隆区由"两馆一站"供给常规性文化服务,但旅游业存有淡旺季文化需求差距问题,难以平衡文化供给常态化与需求高低谷的难题。如何在文旅理念融合的基础上,加速促进文旅服务与产业融合是武隆区文旅融合亟待解决的问题。在关于"您认为贵区文旅融合发展工作中需要重点突破的是什么?"的问卷调查中,选择"文旅理念融合""文旅服务融合""文旅产业融合"的受访人员数量位居前三(见图3-57)。

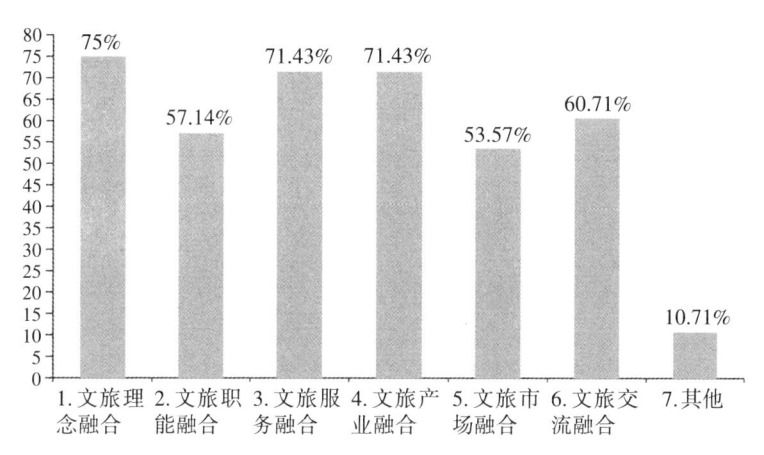

图3-57 武隆区文旅融合发展工作中需要重点突破点

数据来源:调研数据

(4)重文化产业发展,轻文化事业建设

其一,武隆区近些年大力发展文化产业,将大量特色文化纳入文化产业规划版图,持续推进文化产业项目建设,推动了地方特色产业形成,带动了本地经济发展。但产业发展的开发方式较为粗暴,未注重尊重自然保持原生态,且文化产品包装和知识产权等未得到足够重视。其二,文化事业建设人才不足。真正扎根在本地的文化人才不足,在对"您认为公共文化服务向基层社区下沉过程中存在哪些困难?"问卷调查中,有67.86%的受访人员认为"人员配备的规模和质量不够"是公共文化服务向基层社区下沉过程中的重要困难,与"财政资金不足"并列第一(见图3-58)。文化事业自主性多元化推进力量不足,使得文化惠民工程总体形式单一,内容单调,难以调动文化事业建设活力。其三,文化事业发展结构单一。文化事业建设多元主体缺乏,文化事业仅仅由政府供给,由"两馆一站"供给常规性文化服务,由政府部门规划定期性文化活动。但本地文化事业发展推进始终显现出乏力状态,文化事业推进呈现出"输入偏好型"问题,即来自行政偏好和产业偏好,注重文化"输送"而不是本土"培育"。缺乏本土社会力量组织的非常规性、非行政性公共文化服务,难以弥补文化事业结构不足。

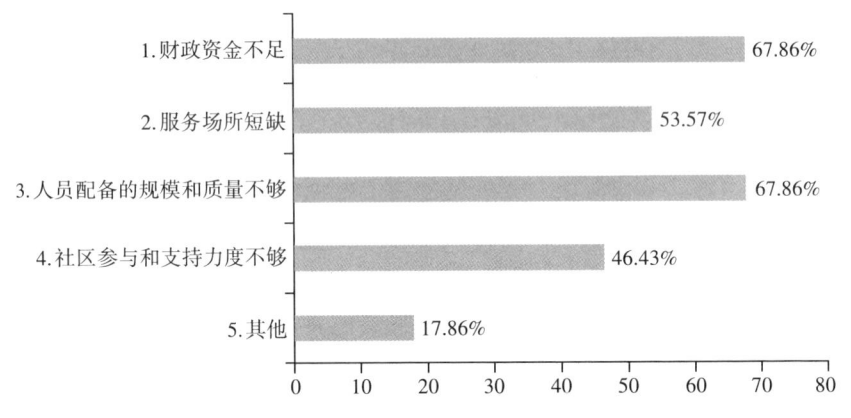

图3-58 武隆区公共文化服务向基层社区下沉过程中存在的困难

数据来源:调研数据

1. 财政资金不足 67.86%
2. 服务场所短缺 53.57%
3. 人员配备的规模和质量不够 67.86%
4. 社区参与和支持力度不够 46.43%
5. 其他 17.86%

3. 公共文化服务资源结构与公共文化服务统筹供给之间的矛盾

(1) 部门职能分工与公共文化统筹协调要求存在矛盾

公共文化服务看起来是文旅委的职责,但实际上,武隆区除文化系统外,宣传系统、组织系统、教育系统、共青团系统、妇联系统、体育系统等党委政府部门都有各自的公共文化服务设施或项目。各个体系都有自身的目标及发展方向,导致在公共文化服务供给上各自为政、多头管理、资源浪费等现象不同程度存在。问卷调查发现,受访人员认为"缺乏文旅融合整体规划和设计"与"文化事业和产业建设水平不足"是武隆区文旅融合面临的主要困难(见图3-59)。因而,完善公共文化服务体系建设、促进城乡公共文化服务融合、提高城乡公共文化服务效能,迫切需要进一步理顺公共文化管理体制机制,整合现有公共文化资源。

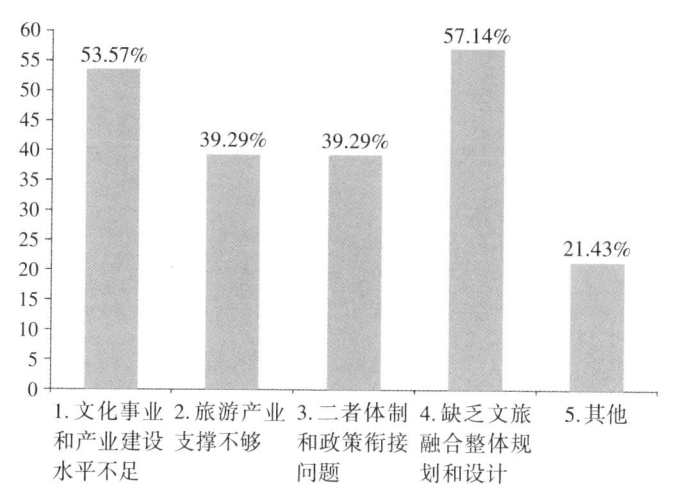

图 3-59　武隆区文旅融合面临的主要困难

数据来源：调研数据

（2）重协调增量与轻激活存量的发展困境

武隆区太过专注于创造公共文化资源增量,而忽视了对原有资源存量的激活利用,未能把握好增量发展与存量改革的关系。武隆区一手抓增量发展,充分调动政府、企业、个人力量,以文化招商大力开发旅游产业,创造新旅游资源,创造新文艺精品。却忽视了必须另一手抓存量改革,激活现有文化单位资源,把存量做优做强。在对居民使用文化设施频率的调查结果中发现,存在部分公共文化服务设施尚未配齐或群众不知道有该项设施,以及部分公共文化服务设施利用率不高的问题(见图3-60),"开放时间不合适""距离过远"则是影响居民使用公共文化服务活动的主要原因(见图3-61)。协调增量和激活存量亟须坚持"控制增量、挖潜存量、增值内涵"的思路,既能挖掘公共文化新资源,又能盘活原有丰富文化资源存量,避免过度挖掘。

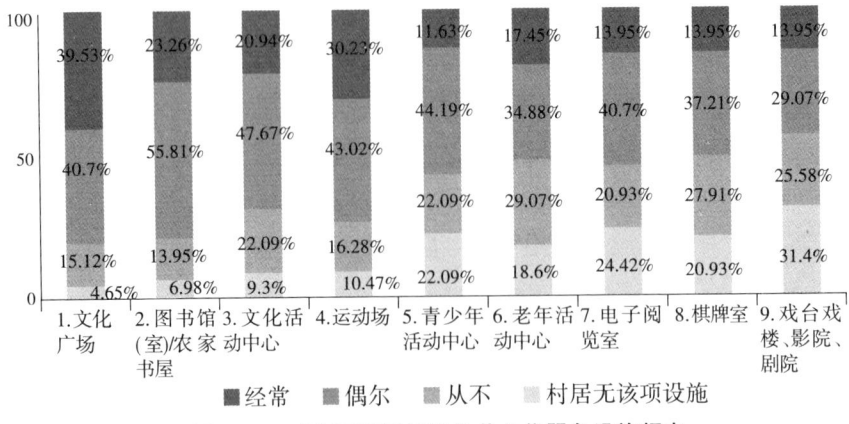

图 3-60 武隆区居民使用公共文化服务设施频率

数据来源：调研数据

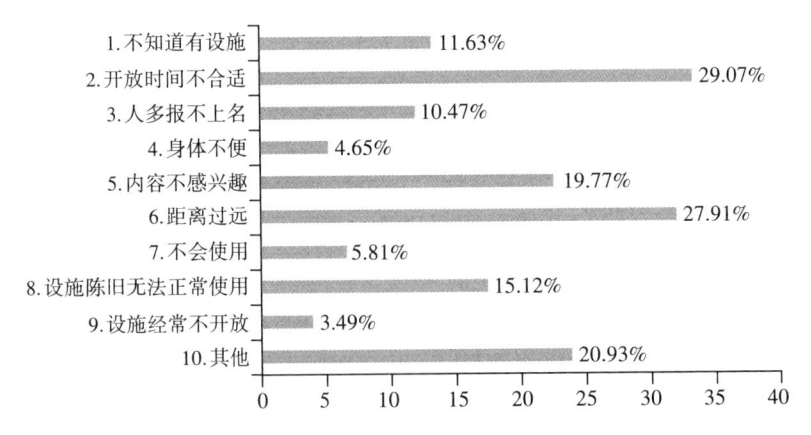

图 3-61 影响武隆区居民使用公共文化服务设施的原因

数据来源：调研数据

(五)对策建议

1.以多元主体参与为导向,协调公共文化供需关系

(1)完善公共文化服务供给的社会化机制

一是建立健全志愿者服务机制。武隆区应建立完善公共文化设施志愿服务组织体系、志愿服务项目体系和志愿服务管理制度体系,建立文化志愿者注册系统和数据库。加强志愿者培训和管理工作,健全志愿者服务考核激励机制,强化志愿者服务保障和支持,充分利用武隆区疗养、休

闲等流动人口资源,动员组织专家学者、艺术家等社会知名人士参加文化志愿服务,推动公共文化设施志愿服务活动广泛开展。二是健全完善政府向社会力量购买公共文化服务机制,扩大政府购买服务范围,鼓励社会力量参与公共文化服务,在最大限度给予公共文化服务财政保障的基础上,探索项目补贴、定向资助、贷款贴息等政策措施,引导和鼓励社会力量参与公共文化服务体系建设。三是建立健全公共文化服务需求反馈机制,完善公共文化服务按需提供服务机制,促进公共文化服务针对性与实效性的提高,搭建政府、社区、非政府组织、企业及个人等社会各方力量共同参与、协商和对话的理性互动平台,通过反馈的信息了解已经开展的公共文化服务的效果,及时调整公共文化服务的项目和内容,改进公共文化服务的水平和质量,提高公共文化服务的实际效能,以便更好地履行服务于人民群众公共文化需求的职责。

(2)提高乡镇群众公共文化建设参与度

公共文化产品实现供需平衡必须依赖于各乡镇群众在公共文化建设中的积极参与。首先,要调整公共文化产品的供给思路与政策,将"送文化"转变为"种文化",充分调动社会力量参与公共文化服务建设,增强公共文化服务供给侧结构性改革活力,鼓励更多的社会力量特别是农村群众自觉参与农村公共文化服务建设中来,通过思路的有效转变将群众从被动的接受者转变为主动的参与者。其次,政府相关部门要加大群众意见征询力度,充分尊重农村群众文化活动选择权,在群众的选择中探索群众公共文化服务偏好,探寻群众最能接受、最容易接受的公共文化服务。积极创新公共文化服务方式,积极推进公共文化服务数字化建设,让"开放时间不合适""距离较远"不再成为群众享受公共文化服务的阻碍,在公共文化服务体系建设过程中提高群众参与度,提高群众认可度。再次,鼓励新乡贤加入农村公共文化服务建设,发挥新乡贤的带动作用和示范作用,抓紧培养一批具有高素质、懂得新技术的本土人才,出台激励措施、打造成长通道,为当地公共文化建设提供中坚力量。与此同时,充分给予人才发挥的空间和上升的空间,让基层不仅能培育人才,更能留住人才,着力打造适应新时代发展需求的高素质公共文化服务人才队伍,持续推进公共文化建设。

(3)促进公共文化投资多元化,发挥民间机构作用

一方面,应当从实际出发,进一步出台相关的税收和优惠政策,吸引更多的社会和民间资本投入到本区公共文化服务供给中,进而有效促进乡镇公共文化投资多元化,在发展文化产业的同时,带动文化事业发展,做到"两手都要抓,两手都要硬",推动文化事业和文化产业协调发展。在文化领域引入市场机制,促进文化消费,以文化产业带来的经济效益破解文化事业投入的资金障碍,着力提高公共文化服务供给的数量、质量和活力,形成政府主导、社会参与、市场运作、多方投资的公共文化服务格局,有效缓解当地公共文化产品资金不足、投入偏斜等问题。另一方面,武隆区应当进一步加强民间公共文化组织机构的引导力度,支持更多的民间文化组织机构投身于乡镇的公共文化建设发展,有效发挥民间公共文化组织机构与政府公共文化服务供给的互补性。加大公共文化服务社会化承接组织的培育力度,丰富武隆区公共文化产品的供给主体,深入了解乡镇群众的真实公共文化需求,进而缓解公共文化供需矛盾。鼓励更多的互联网企业参与提供公共文化服务产品,推进公共文化服务数字化建设,以提供数字化公共文化服务产品的方式,以最小的成本提供多样化的公共文化服务产品,让群众享受到更加便捷、高效和更有针对性的公共文化服务。

2.以资源整合为手段,推动文旅融合高质量发展

(1)加快文旅融合政策扶持

在思想观念上,要打破非此即彼的思维,摒弃"重旅游轻文化"的发展理念,树立文旅"真融合"和"深融合"的基本理念,结合本区文化旅游业现实形势和发展趋势,加快出台相关政策规划。一方面,加快出台财政政策和土地规划政策,为文旅融合提供政策保障。另一方面,加快文旅融合规范政策的出台,加强对现有景区和产业的规范和调整,在激活文化资源,发展文化产业和旅游业的同时,保护本地文化资源和旅游资源,以管理促保护。

（2）实施文旅融合大品牌培育

武隆区拥有乌江文化、红色文化、民族文化等众多资源。一方面，政府应当搭建文旅融合平台，加大整合文化旅游资源，在明确"政府引导、企业主导、市场化运作"的路径下，积极运用好统筹力量形成文化品牌合力，汇聚文旅融合大品牌。另一方面，必须清楚认识到文化的力量，以文化培育品牌，理清品牌的文化内涵，构建起武隆文旅大品牌格局。同时，以文化滋养品牌，不断优化武隆品牌文化，提升地区文旅融合大品牌价值。

（3）搭建文旅资源整合大平台

武隆区文化与旅游资源显示出多领域、多类型、多区域的分布状况，因此，为促进文旅融合高质量发展，必须为现有文旅资源构建资源整合大平台。其一，加强文旅资源数字支撑平台建设，通过科技创新搭建网络平台，推进数字文化工程建设，提高文旅资源供给的覆盖面和适用性。其二，加快文旅信息现代化传播体系构建，综合运用现代传播手段推进资源整合平台建设，打造传播平台，缩小"数字鸿沟"，为信息所需者供给所需文旅信息资源，正面回应相关企业、部门或个人对文旅信息资源的现实需求，提高供给的针对性。

3. 以盘活资源存量为方法，推动公共文化服务体系建设

（1）整合全区公共文化服务体系

以全区为单位，以城乡融合发展为目标，实现区、镇街、村社联动，充分借助制度规范的手段，以提升公共文化服务效能为内涵，构建城乡公共文化服务体系的运行机制和群众性精神文明创建活动的引导机制，实现对全区公共文化服务的人员队伍、资金资源、平台载体、项目活动的全面整合，推动全区公共文化服务体系内部各因素高效联结，服务体系改革创新，使武隆区公共文化服务变得更富活力、更有成效、更可持续。

（2）重视资源盘活顶层设计与制度创新

针对公共文化服务机构条块分割、封闭式运行的现状，应加强资源盘活的顶层设计和制度创新。一要规划先行，在着力盘活现有文化资源过程中，必须推动文化与文物保护、文化旅游、文化宣传的融合发展，注重开发与保护相结合、全局和地方相结合、类型和地域相结合,规划明确发展布局,促进文化资源的区域空间布局立体发展和互动式发展。二要策划引领,文化资源盘活必须在项目策划完善的基础上进行,通过事前完整完善的项目策划,提前做好资源盘活项目预想,使文化项目更具针对性,避免文化类项目落地难的困境。

(3)盘活现有文化资源存量价值

在文化创新创意产业加快发展的大好形势下,应充分利用武隆区具有的得天独厚的文化资源存量优势,激活文化资源存量。其一,控制增量。在现有文化创新的基础上,把握文化创新速度,控制文化创新质量,以质量述说武隆文化故事。其二,激活存量。武隆区必须充分利用好现有文化存量,在保护好和传承好文化遗产的基础上,充分运用地域民俗素材,提高品牌文化内涵。同时,利用新媒体创新文化供给方式,疏通本土文化传播渠道,依据群众需要供给文化服务,扩大公共文化受众范围,提高文化服务接受度。其三,建立文化人才阶梯式培养机制,通过内部培训、联合培养和社会机构培养的方式培养各层次所需的公共文化服务人才队伍,补足本区公共文化服务人才缺口,提高工作人员专业性和技术性,持续推进盘活文化资源存量工作。

第四部分

咨政建议篇

本部分对重庆市及其4个区(县)的公共文化治理难题对症下药,形成了《关于加强我市农村公共文化建设,助推乡村振兴的对策建议》《关于"新文创"助力北碚文旅融合发展的对策建议》《关于万州区公共文化和旅游服务融合发展的对策建议》《关于忠县深挖"忠文化"内涵,共推文旅融合发展的对策建议》《关于武隆区"文旅融合"推进全域旅游发展的对策建议》5篇咨政建议。

一、关于加强我市农村公共文化建设，助推乡村振兴的对策建议

实施乡村振兴战略，是党的十九大做出的重大决策部署。加强农村公共文化建设，是实施乡村振兴战略的重要内容，也是新时代破解我国社会主要矛盾的基本举措。为了促进我市农村公共文化服务建设，助推乡村振兴战略的实施，重庆市委改革办、西南大学公共文化研究中心组建联合课题组，先后到我市北碚、万州、忠县及武隆四区（县）多个乡镇（街道）与村（居）开展了为期20多天的深入调研，通过对相关领导干部、工作人员与基层群众的访谈，发现当前我市农村公共文化建设取得了显著成就，覆盖乡村的文化设施服务体系基本建成，农村公共文化服务能力大大增强，在发挥乡村文化振兴中作用显著。但另一方面，我市农村公共文化建设还处在发展不平衡不充分的阶段，存在一些较为普遍的问题，距离全面助力实现乡村振兴战略的目标还有很大的差距。

（一）我市农村公共文化发展存在的突出问题

1. 农村公共文化建设机制体制不畅

一是农村基层对公共文化建设的重要性认识不足。长期以来，在经济成果占主导的考核体制下，农村基层对公共文化建设的认识相当片面，普遍存在着"重经济建设、轻文化建设""说起来重要、干起来次要"的现象。如当问及农村公共文化建设的内涵，大部分领导干部及工作人员对其基本职责还不明晰，对于在新时代背景下推进公共文化建设缺乏新理念、新思路，没有充分意识到公共文化建设在促进乡村振兴中的重要作用。在具体工作中，公共文化服务机构还存在一定的形式主义作风，停留在被动接受上级政府下达的任务安排，缺乏工作的主动性、积极性与创新性。

二是管理体制条块分割,公共文化建设资源难以得到有效整合。在管理体制上,党和政府多个部门以及事业单位都负有农村公共文化建设的职责,各机构内部缺乏统筹协调机制,农村公共文化建设条块分割、多头管理问题突出,公共文化资源难以得到有效整合,导致基层公共文化建设出现了功能不健全、管理不规范、服务低效能等情况。

2.农村公共文化服务能力有待提升

一是农村公共文化服务供需错位。在农村公共文化产品的配备上,目前我市仍然是以自上而下的行政化配置为主,缺乏对农民与农村特殊群体需求的考虑,使得公共文化服务出现了供需错位的问题,造成了资源的浪费。如调研发现大部分农村电子图书室无人使用,长期处于封闭状况,图书室资料配备与农民需求相脱节,成为了场地和功能虚置的"空壳"。在公共文化活动的开展上,如送文化、送演出、送展览缺乏反映地域文化特色和人民群众需求的精品力作,产生了"送非所需、需不能送"等问题。以电影下乡活动为例,随着时代变化,其放映形式、放映内容与群众需求相去甚远,固守传统使其面临着"叫好不叫座"的尴尬境地,亟待进行改革与调整。

二是公共文化资源有待进一步下沉。我市农村多为山区农村,各乡镇、行政村平均覆盖和辐射面积广,农民居住较为分散。然而,目前基层公共文化设施主要集中在乡镇政府以及村委会等地,致使农村公共文化阵地建设出现了设置不优、覆盖不全的问题,导致农民对公共文化的参与性不足,公共文化服务的可接近性有待提升,农村文化建设主体缺位。

3.农村公共文化资金投入不足

一是区(县)财政对公共文化投入力度小。我市农村基层公共文化建设起点低、基础薄弱,历史欠账较多,资金的缺口较大。然而,当前我市区(县)财政对公共文化建设的投入主要用于保障重大文化设施和惠民工程,如区(县)图书馆、文化馆和博物馆等"三馆"建设,对农村基层公共文化建设投入力度较小、投入保障不足。

二是农村基层对公共文化投入缺乏长效机制。由于村集体经济发育不足,体量较小,农村基层难以对公共文化建设提供充足的资金保障,村级公共文化活动开展和经费支出则普遍以领导干部的个人意志为转移,还未形成公共文化稳定投入的规范化、常态化、制度化机制,导致农村公共文化设施设备更新不及时,部分老化陈旧的设施缺乏维护与补充,影响了基层群众对公共文化的获得感。

4.农村公共文化建设专业人才匮乏

一是农村公共文化专业人才结构不合理。当前,我市农村基层公共文化专业人才年龄大都在50岁以上,中青年文化人才紧缺,断层严重。专业职称上,公共文化专业技术人才以初级职称为主,中高级职称占比非常低且晋升渠道不畅,职称结构不合理。部分乡镇文化专业人员属于半路出家,业务不熟、专业能力差。

二是公共文化专业人员混岗现象普遍。我市农村基层公共文化专业人才还存在大量"在编不在岗""专干不专"等情况。如调研发现,乡镇文化站普遍拥有三个事业编制,但实际仅有一人为专职人员,其他专业人员则以混岗、抽调的形式从事其他工作,行政村文化服务中心的岗位多由村干部兼任。公共文化人才的巨大缺口,导致缺乏专业的公共文化人才对阵地进行有效管理,给公共文化活动组织与开展带来不少困境,远不能满足当前乡村振兴的需求。

(二)加快我市农村公共文化服务体系建设,促进乡村振兴的对策建议

1.强化公共文化建设重要性的认知,提升农村公共文化建设助推乡村振兴的引领作用

一是农村基层政府要高度重视农村公共文化建设,将公共文化建设作为基层经济社会发展的专项规划,强化公共文化建设规划与乡村振兴规划的有序对接。二是以区(县)党校为阵地,定期举办公共文化助推乡

村振兴的培训,提高基层领导干部对公共文化建设与乡村振兴关系的认识。三是要进一步破除体制障碍与政策壁垒,理顺公共文化建设的体制机制,跨部门、跨单位设立公共文化建设协调领导小组,扎实有序推进农村公共文化建设,助推乡村振兴战略实施。四是要不断完善农村公共文化考核"指挥棒",加强公共文化建设在绩效考核中的比重,将考核结果与待遇挂钩,以考评倒逼农村文化建设责任落实,调动领导干部开展公共文化活动的积极性与创造性,夯实乡村振兴的基础。

2. 改善公共文化供给结构,提高群众公共文化获得感

一是开展群众基本公共文化需求摸底大调查,深入了解农村居民公共文化需求,建立公共文化服务需求反馈渠道,避免"一刀切"的服务供给方式。二是根据农村留守群体的多样化、差异性的需求,进行"定制式"公共文化产品与服务内容的规划设计,开发公共文化产品、设置服务内容、增添服务设施,回应民众的需求,让各类群体在公共文化服务的享用上产生获得感。三是在公共文化活动的开展上,要结合各区(县)文化特点,在尊重农民文化需求的基础上,开展农民喜闻乐见的公共文化活动,使人民群众通过公共文化的参与成为乡村文化振兴的主体。

3. 增强群众参与文化建设的主体性,激发乡村振兴内在动力

一是在公共文化发展空间的布局上,要以服务半径、服务人口数量为基本依据,统筹我市农村基层公共服务设施空间布局,优化公共文化服务设施的布局,为基层群众参与公共文化建设提供平台。二是推动公共文化服务进社区、进超市,让公共文化主动贴近群众,方便群众在家门口享受到一站式的文化服务,破解公共文化供给的"最后一公里"难题。三是在公共文化服务体系建设上,创新形式与模式,如探索性地推动基本公共文化服务与民众日常生产生活相结合,充分发挥公共文化设施的可及性,让乡村文化在广大群众的共享中迸发活力。

4.拓展公共文化建设资金来源渠道,打牢乡村文化振兴的物质基础

一是进一步改善我市农村公共文化的投入机制,通过引导社会资本投入乡镇公共文化领域,或通过乡镇政府之间公共文化服务的合作,实现公共文化服务的共建共享。二是区(县)政府要加大对基层公共文化投入力度,并根据乡镇规模大小、服务半径和服务人口大小、事务多寡的原则,进行公共文化资金分配。三是乡镇政府要以项目为抓手,认真谋划筛选储备符合国家、市级投资导向政策的公共文化项目,争取上级项目资金支持。四是建立基层公共文化资金投入的规范化、常态化、制度化机制,为公共文化建设提供坚实的保障,打牢乡村振兴的物质基础。

5.加强农村公共文化人才队伍建设,夯实乡村振兴的人才支撑

一是积极采用定向援助、对口支援和对口帮扶等多种形式,鼓励我市公共文化服务机构选派一部分优秀文化工作者、专业素质高的文化人才及志愿服务者到农村进行交流。同时,农村基层公共文化机构也要选派具有发展潜力的文化人才到先进区(县)参观学习,了解其在开展公共文化服务中的优秀经验,实现人才队伍在区域间的合理流动。二是完善公共文化领域党政人才和专业技术人才交流和"上派下挂"制度,打破人才在单位、部门和所有制之间的限制,拓宽人才来源,进一步充实我市农村基层公共文化服务人才队伍。三是通过返还学费、给予正式编制等优惠政策,吸引文化类大学毕业生回乡工作,并通过给予编制、提高薪酬待遇和补助标准等措施,吸引高水平的文化人才回乡发展,通过人才队伍的壮大为乡村文化振兴提供支撑。

二、关于"新文创"助力北碚文旅融合发展的对策建议

随着文旅融合战略的实施,人民群众对文化的需求层次越来越高,新时代文化创意产业的发展应运而生。新时代文化创意产业以文化为载体,核心是创意,通过特色的文化创意引导产业经济发展。为此立足北碚区文旅融合过程中新时代文化创意产业发展现状,针对性提出解决问题的对策建议,以期促进北碚区"新文创"助力文旅融合发展。

(一)存在的问题

1.新文创产业发展缺乏特色文化品牌,阻碍文旅融合自主创新

一是当地特色文化资源开发不足,资源利用不充分。北碚历史底蕴深厚、文化资源富集,是国家先进文化区和国家公共文化服务体系示范区,拥有发展文化产业取之不尽用之不竭的"富矿",具有得天独厚的优势。但由于北碚的文化创意产业,例如产业园区和文化街区都还处于刚起步阶段,产业群聚集度不高,特别是在北碚还有如此丰富的生态文化、历史文化、康养文化等资源的前提下,这些特色文化资源多是作为景点供游玩参观,并没有得到很好的开发、包装和宣传。现代文化创意产业脱离了文化的底蕴也得不到创新,因此,文化创新产品较为缺乏。这不仅使当地的文化资源没能得到继承和发展,也限制了新文创产业的更新升级,不利于文旅融合。

二是新文创产业模式单一,内容原创力不足。文化的内涵很丰富,并且与不同特性事物结合在一起就会呈现出不同的表现形式,因此文化创意产业在兴起发展的过程中是以多种表现形式存在的。但就北碚区的文化产业而言,首先是发展比较缓慢,还没有呈现出大批量且成规模的产业群。再则是现阶段发展起来的文化创意产业模式较为单一,基本上都是

"文化+旅游""文化+金融"等几种耳熟能详的模式,并且这些产业模式的文化展现形式都较为大众化,缺乏地域特色。现已有的文化创意成果也较为小众,且每个地区均无差异化,以钥匙扣、书签、T恤等形式的文创产品较为普遍。这就导致新文化创意产业内容原创力不足,没有与时俱进,产业形式一直得不到创新,一定程度上阻碍了文旅融合的进度。

2.新文创产业高层次复合型人才不足,导致文旅融合缺少智力支持

一是文化管理类人才匮乏。新文创产业不同于传统的文化产业发展模式和结构,文化创意产业更强调"创意"和"技术",因此对管理人员及技术型人员的专业性等各方面要求较高,文化创意产业的发展离不开懂专业、会经营的管理者,只有会管理的经营者才能把资源充分整合,管理好运营过程,充分体现出文化的独特价值。当前北碚区新文创产业发展较为缓慢的一个重要原因就是缺少高层次的复合型人才,公共文化专业领军人才少。由于缺乏相关领域的专业知识和行业管理经验,很多具备特色的文化资源难以得到充分的开发和利用,这就很难出"创意",形成独具特色的文化产品和产业链,导致新文创产业的经济效应难以发掘,因此发展新文化创意产业缺乏动力。

二是专业技术型人才匮乏。由于新文化创意产业不仅仅是简单地将文化和产品结合,在挖掘文化资源之后,要运用大量的大数据技术分析整合,激发形成创意,最后再通过技术研发形成高价值高内涵高品质的文化产品、服务和产业链。因此,在这个过程中,需要足够的专业技术型人才保障创意研发的过程,但是北碚区的新文创产业处于刚起步阶段,专业技术型人才仍较为缺乏。没有专业技术人员的保障,创意型的文化产品和服务就难以研发,基本的技术支撑就没有保障,在很大程度上限制了文化创意产业的发展速度。

3.新文创发展缺乏跨界融合,限制文旅融合发展进程

一是新文创产业发展与大数据网络技术融合度较低。内容创新和技术创新是相辅相成的,再好的创意没有相应的技术支撑也无法进行内容

的革新,因此创意就无法体现出来,文化产品就无法及时更新换代。大数据网络技术作为文化传播及文化产品生产的载体,一旦技术更新不及时,就会导致文化创意产业发展的停滞不前。北碚新文创产业发展缺乏跨界融合,技术运用未普及,数字化平台以及官方网站等运用的范围也不是很广,文化体验项目较为缺乏,文化消费模式固化,科技表现力不足。

二是新文创产业发展与当地特色文化资源融合度较低。北碚区新文创产业发展缓慢,与当地特有的历史文化、生态文化等文化资源结合度较低,多为简单的文化产品开发,形式较为单一,没有真正地将创意融入其中。特别是北碚还拥有丰富的历史文化资源,如卢作孚纪念馆、邓小平、刘伯承、贺龙旧居等人文景观和抗战遗址,温泉、缙云山等生态文化资源,还有抗战文化,宗教文化等人文资源。但是这些都仅仅是作为一个景点供游人缅怀、观看,其文化内涵还未被开发出来。文化内涵出不来,就无法推出"创意",与文化产业融合度比较低,产业发展模式仍较为传统,没有文化特色,"文化+创意+产业"的模式运用较少,产业经济效益增长缓慢。

(二)对策建议

1.整合文化资源,加强内容原创力

一是合理开发特色资源,加强特色文化保护。文化创意产业的发展,多是以文化为原型,再以产业发展的形式,形成文化产品和产业链,但是在文化产业发展过程中往往容易造成重产业轻文化、重经济利益轻文化内涵的现象。所以要立足于文化这个载体,重视文化底蕴,合理地挖掘北碚文化资源,整合特色文化资源,在发展中继承和弘扬传统文化,加强创新,着重包装一批有影响力的文旅商融合项目,寻求文化与产业的融合。

二是产业模式多样化,塑造特色文化品牌。新时代文化创意产业是一个拥有广阔的国内外市场的新型产业,文化创意产业的发展需要不断发散思维,不同地区有不同的文化特点,多种产业模式并行。特别是"文化+旅游"模式中,可以依托北碚拥有的丰富的文化资源,开辟新的文化

创意产业模式，同时还要接地气、有人气，让群众比较容易接受，持续打造一镇一品，提档升级群众文化活动品牌。结合北碚特有的生态文化、历史文化、康养文化、创业文化，打造北碚打卡点，加大宣传力度，塑造一条精品文化体验带，融文于旅，以旅带文，促进文旅融合，共同发展。

2.加强人才培养和引进，为文旅融合提供智力保障

一是完善人才管理机制，为完善文旅融合高素质人才队伍建设提供保障。通过制度的保障，给予相应的人才补贴，完善福利政策，特别是医疗、保险、养老和待遇方面，做好配套政策的落实，完善晋升通道和专业工作人员的激励机制，确保制度上的及时跟进。加强与西南大学的校企合作，打造环校园文化创意产业带，建立多渠道多维度的文创人才引进和招聘机制，为完善高素质的人才队伍提供基础性保障。

二是引进和培育专业技术性及管理类人才，为文旅融合提供高质量的技术保障。在制度健全的基础上，积极引进管理型、创意型、专业技术型高层次人才。开展各级各类文化人才及专业技术培训，努力提升文化工作人员队伍和专业技术队伍的整体素质。建立健全志愿者人才服务体系，充分调动乡贤和本地大学生的积极性，为北碚的文化创意产业发展不断努力。在"文化+技术"模式的推动下，要特别注重专业技术型人才的保障，只有技术保障到位，才能更好地推动创意产品的研发，推动文化产品质量的提升，为文旅融合提供高质量的技术保障。

3.加强跨界融合维度，促进文旅融合进程

一是构建技术平台，培育新型文化业态。伴随着大数据时代的到来，新型网络技术的发展给文化创意产业既带来了机遇也迎来了挑战。文化创意产业要充分运用大数据技术的优势助推产业实现转型及升级，大数据利于文化创意灵感的形成，它可以通过对多种形式和种类的文化资源的分析、梳理、整合，深入剖析不同受众群体的行为，进行数据的对比，多方位了解他们的需求，可以为文化创意产业的产品设计带来新的想法。充分运用已有的公共数字文化服务综合平台——"碚壳"，整合地方文化数字资源和服务。互联网是文化互动的新场所，它可以将文化创意与文

化实体有机结合,充分利用网络平台,构建特色文化体验区,着重开发文化体验项目,培育新型文化消费模式,培育新型文化业态,获取文化创意产业经济与社会双重效益。

二是结合特色文化资源,打造文化精品IP。文化创意产业的载体是文化,核心是创意,是文化产业和创意产业的交叉部分,是"文化+创意"二者深度融合而成的新型产业。文化创意产业要形成规模化、创新性的新型产业,就应该先立足于它的载体及落脚点,即文化。首先是结合北碚区丰富的生态文化,在"一山一江一泉"特色资源的背景下,塑造文化主题,突出北碚"生态人文"之美。特别是要充分利用特有的温泉生态文化,创新温泉产品,开发相应产业。利用历史文化充分打造历史文化街区,以及独特的博物馆资源,推动文博旅游,最后形成完整的产业链。

三、关于万州区公共文化和旅游服务融合发展的对策建议

文化是旅游之魂,旅游是文化之形。2018年3月,在党和国家机构改革中,文化和旅游部成立,文旅融合的步伐逐步加快。2019年6月28日至7月28日,文化和旅游部公布《文化产业促进法(草案征求意见稿)》,将在法律层面打通文化产业、文化事业及相关产业融合之路,文旅融合是重要内容之一。如何从文旅结合走向文旅融合、如何实现"以文塑旅、以旅彰文"都是各地政府文旅工作的实施重点。万州作为重庆第二大城市,拥有丰富的文化和旅游资源,但面对打好"三峡牌"、走好"两化"路、实现"文旅"深度融合谋划的工作要求以及建成重庆市文化体育强区和"大三峡"旅游集散中心的工作目标,万州区仍存在公共文化和旅游服务融合的体制机制障碍,一定程度上制约了万州区公共文化和旅游服务的高质量融合与发展。

(一)目前万州区公共文化和旅游服务融合发展的障碍

1.原生性障碍:融合发展"交点"少

一是公共文化和旅游服务自身的"属性交点"少。首先公共文化服务的精神文化属性与旅游服务的物质休闲属性两者之间有一定矛盾。公共文化服务以社会效益为主,并承担着坚定文化自信、提升文化竞争力的重要使命,与旅游服务追求经济效益存在矛盾。公共文化服务的目的是保障公民的基本文化生活权利,而旅游服务是以促进经济增长、优化经济发展结构为发展目标。因此,公共文化服务的公益性与旅游服务的营利性之间如何达成平衡是两者融合发展需要解决的核心问题。其次,公共文

化服务对象是以万州当地居民为主,而旅游服务的对象是以外地游客为主,因此两者服务对象的差异性也一定程度阻碍了两者的融合发展。最后,公共文化服务与旅游服务的服务内容不一致导致融合交点少,公共文化服务是以提供公共文化设施、文化产品、文化活动以及其他相关服务为服务内容,旅游服务是以提供景点服务为主。两者间的服务内容呈现"无交集、无汇合"的特点,增加了两者融合发展的难度。万州区拥有丰富的文化资源,特别是在音乐、曲艺和舞蹈等方面拥有大量的非物质文化遗产,如甘宁鼓乐、川东竹琴、金钱板、花鼓、龙驹狮舞等。但万州区目前的公共文化和旅游服务融合发展仍因两者之间的交点少、融合难,依然采用以经济增长为发展目标的"重旅游、轻公共文化服务"的融合模式,大量的精品旅游以服务外来游客为主,对满足群众的公共文化服务需求、丰富当地居民公共文化生活的作用有限。并且目前大部分万州区三峡库区旅游均以欣赏自然风光、美景为主,三峡旅游与三峡文化、移民精神的融合效果不佳,万州区三峡移民纪念馆的移民精神宣扬作用和提供公共文化服务的效果未得到充分体现。

二是公共文化和旅游服务支撑的"技术支点"少。公共文化和旅游服务的技术体系方面的差异是两者难以融合的技术障碍。原万州区文化部门在公共文化服务方面拥有单独的乡镇(街道)综合文化服务中心服务效能评价指标体系、"三馆一中心"免费开放绩效评价等技术体系和评价标准,与原旅游部门出台的技术体系和评价标准存在一定差异,但在机构合并之后,尚未形成公共文化和旅游服务的统一标准,一定程度上阻碍了公共文化服务与旅游服务的融合发展。

2.后天性障碍:融合发展"推力"弱

一是公共文化和旅游市场机制的"终始参差"。首先,公共文化服务的市场机制是以政府购买为主,而旅游服务的市场机制是以自由购买为主,政府购买与自由购买之间的差异是导致两者市场难以融合的机制障碍。其次,公共文化和旅游服务的供给机制也存在差异,主要体现在目前两者缺乏供给方面的沟通交流,目前万州区的公共文化服务与旅游供给方面是存在分离的,比如三峡移民纪念馆与三峡库区游缺乏统一的供给服务,均以独立的公共文化和旅游服务为供给内容。

二是公共文化和旅游服务机构的"貌合神离"。机构改革后,原有的万州区文化委员会与旅游局合并为万州区文化和旅游发展委员会,但目前无论是机构层面还是人员层面都存在一定的"各自为政、貌合神离"的情况。首先在机构层面,机构改革后万州区文旅委的工作业务仅为文化与旅游的简单叠加,缺乏两者业务的融合交流。其次在人员层面,机构改革后原两系统的工作人员沟通交流难以融合,仍然处在各自的"圈子",存在互不了解对方工作内容等现象,甚至还出现因工作惯性产生的一些轻视或忽视对方工作的情况。

(二)破解万州区文化和旅游公共服务融合发展障碍的对策建议

1. 以整合为理念,从形式融合走向内容融合

一是整合万州区公共文化和旅游服务的服务对象,将旅游服务对象纳入公共文化服务之中,使公共文化服务对象从万州区居民扩充到当地居民和外地游客,在公共文化服务供给方面满足当地居民和外地游客的精神文化需要。同时,将万州区居民纳入旅游服务对象之中,开发以万州情怀、万州文化为引领的万州当地旅游路线,吸引当地居民以另一个角度看万州、游万州。

二是整合公共文化和旅游服务的服务内容,实现公共文化和旅游服务的交叉融合,从而破解两者服务内容难以融合的障碍。首先,在现有旅游服务、资源的基础上,积极挖掘、包装、提升其文化内涵,将公共文化服务内容纳入之中。如在三峡库区游的旅游服务中增加移民精神的内涵,并将三峡移民纪念馆纳入旅游路线,实现三峡库区游的旅游服务和三峡移民纪念馆的公共文化服务两者的融合发展。其次,积极推动部分政府投资建设的旅游资源逐步向公众免费开放,如铁峰山国家森林公园等,逐步将旅游服务纳入公共文化服务之中。

三是整合公共文化和旅游服务的技术标准,梳理原文化委和旅游局出台的一系列相关政策文件,整合现有的公共文化服务技术体系和旅游服务技术体系,结合公共文化和旅游服务共同点,推动建立具有普适性的公共文化和旅游服务技术相关标准与技术体系。

四是整合公共文化和旅游服务的人力资源,树立和合共生的理念,建立文化业务人员与旅游业务人员交叉任职的任用机制,缓解两个机构合并后人员难以融合的心理障碍。并注重结合履历背景和业务专长选人用人,同时注意对两类工作人员的公平对待、交叉使用,综合处室(科室)工作人员原则上均应涵盖原文化和原旅游部门人员,业务处室(科室)工作人员也应确立交流和轮岗的办法,以加深对彼此工作领域的了解。

2.以项目为交点,从简单融合转向目标融合

一是建立专门的公共文化和旅游服务融合的项目机制,以项目带动融合发展。将公共文化和旅游服务以项目制的方式融合起来,改变目前一部分"从吃特色菜引申到吃苦精神、农耕文化"等类似的简单融合。在现有的全国中小学生研学实践教育项目的基础上衍生,以政府购买活动项目的形式,将移民文化、移民精神与旅游服务融合,通过项目制激发相关主体参与公共文化与旅游服务的融合建设。另外,利用万州区丰富的文化和旅游资源,积极建设注重公共文化传承和旅游经济服务的综合性项目,以辖区内丰富的非物质文化遗产、移民文化、革命遗址等资源为传承内容,坚持保护性开发的原则,挖掘开发一批公共文化的旅游属性。如利用非物质文化遗产传承项目,联合非遗传承人打造文旅融合精品体验点以及将红色旅游作为万州区公共文化和旅游服务融合的重要项目之一,依托万州区现有的万州革命烈士陵园、库里申科烈士墓园等红色旅游景点景区开展研学旅行活动,实现红色文化传承与旅游服务的融合发展。

二是在项目制的基础上加强公共文化和旅游服务融合的目标管理,以公共文化和旅游服务深度融合作为项目的整体目标,在整体目标下根据项目的进展阶段分成前期、中期和后期三个分目标,并制定衡量项目运行效果的标准,通过强化公共文化和旅游服务项目的目标管理,推动两者的融合发展。不再仅仅关注其表面的简单融合,而是以目标融合为主的

深度融合。

三是建立项目的发展激励体系,紧紧围绕公共文化服务和旅游深度融合发展的发展目标,加大对项目的督查考核力度,在此基础上强化项目的考核激励以及动态管理。

3.以政策为推力,从部分融合迈向全面融合

一是加强公共文化和旅游服务融合发展的政策扶持力度,首先是加大公共文化和旅游服务融合发展的资金预算,提供两者融合发展的经济保障。其次是加快制定出台公共文化和旅游服务融合发展的综合性项目的招商优惠,激发两者融合发展的市场活力和发展潜能。

二是制定出台统一的公共文化服务购买和旅游服务市场规范建设的相关政策文件,创新政府购买公共文化和旅游服务的制度,逐步制定出台公共文化与旅游市场深度融合的政府购买活动项目评审办法、公共文化与旅游市场深度融合的政府购买活动补贴资金管理办法等政策文件,有效缓解公共文化市场政府购买体制与旅游市场自由购买体制之间的矛盾。并在此基础上完善公共文化和旅游服务融合发展市场的准入和退出机制,促进公共文化、旅游等要素资源的合理流动,构建现代公共文化和旅游服务的产业体系,促进公共文化和旅游融合发展的结构优化。

四、关于忠县深挖"忠文化"内涵，共推文旅融合发展的对策建议

文可化人，亦可兴城。作为中国历史上唯一以"忠"字命名的州县城市，忠县近几年不断激发"忠文化"内在动力，将忠文化的传承和建设融入旅游发展之中，打造了"忠义之州"的城市名片。但是仍然存在着人文气质不明显，忠文化精神传承不够，旅游产业不集聚，忠文化整合效应缺乏，城市品牌不响亮，核心竞争力没有形成等诸多问题。因此，通过构建"忠文化+人、忠文化+产业、忠文化+城市"三位一体的文旅融合高质量发展体系，深挖忠文化内涵，打造更亮更响的忠文化名片，使其成为推动忠县文旅融合发展的重要抓手。

(一)主要问题

1.人文气质不明显，"忠文化"精神传承不够

一个城市的人文气质与文旅融合程度密切相关，独特的人文气质更能彰显城市文化底蕴，而忠县的忠文化精神和忠文化气质仍然没有得到充分体现，主要表现在三个方面：一是本地居民对忠文化的了解程度不高，忠文化的内涵及其历史故事的传扬度不高，没有在本地形成畅通且高效的传扬通道，本地居民没有将忠文化精神内化于心，外化于行，缺少家乡的文化自信；二是本土历史题材的文学创作较少，缺乏忠文化衍生的文学作品，文化创作组织化程度低，而优秀的文学作品是增强忠文化的感染力、吸引力和传播力，提升城市人文气质的重要载体；三是忠文化的教化作用不明显，忠县目前将忠文化教育融入了课堂，形成了青少年的忠文化教育体系，但是对成年人的忠文化教育鲜少涉及，急需打造一个全国性的忠文化教育基地。

2.旅游产业不集聚,忠文化整合效应缺乏

文化与旅游产业的融合是文旅深度融合的重要表现,也是主要路径。目前忠县的旅游产业发展,还没有充分发挥忠文化的整合效应。一是忠文化与旅游产业链的融合比较分散,主要表现在忠文化与旅游产业的吃、住、行、购、游等各个环节的细分行业深度融合不够,没有形成一股合力,忠文化旅游产业开发比较散。二是忠文化旅游产业的开发缺乏忠文化及其旅游产品的展示平台,开发层次比较低。如忠县历史名将巴蔓子、严颜、秦良玉等作为忠文化的重要诠释,他们的故事没有深入融入旅游产业的开发中。忠县全力打造的大型山水实景演出《烽烟三国》以忠义精神为灵魂,本应是宣传本土故事的平台,却选择与忠县未有联系的三国文化和关羽故事为主题,平台效应大大减弱。三是忠文化旅游产品开发规模小,且都是处于开发旅游纪念品、旅游服饰、旅游玩具等较低层次的初级产品,经营分散,没有形成品牌带动效应。

3.城市品牌不响亮,核心竞争力没有形成

城市品牌是一个城市综合实力和核心竞争力的重要标志,文化是一座城市独特的名片,一个响亮的城市名片是带动城市旅游业发展的重要载体。目前,忠县打响忠文化城市品牌已经具备了良好的基础和优势条件,但是仍然没有形成核心竞争力。一是忠文化资源仍然挖掘不够,与旅游项目的整合度低。忠县为深度开发旅游资源,整合推出了"看一场演出、打一场电竞、听一场音乐会、跑一次马拉松、采一篮柑橘、观一次三峡鸟、赏一轮江月、体验一次忠文化"八大体验活动,可以看出,从顶层规划上,作为忠县独特文化品牌,忠文化没有融入其他旅游体验活动中,且演出、电竞、音乐会、马拉松、采柑橘、赏江月等旅游体验活动缺少忠县城市品牌的厚重性,不可替代性弱。二是依托忠文化打造的产业品牌知名度弱,如忠文化与柑橘产业融合打造的忠橙品牌,推出几年来,仅在重庆范围内打响了知名度,全国性的知名度与奉节脐橙和赣南脐橙相比还有很大差距。

(二)对策建议

忠义精神铸魂,文旅融合添翼。为更加深入地推动忠县文旅融合发展,要将忠文化融入人文气质、产业发展和城市肌理,构建"忠文化+人、忠文化+产业、忠文化+城市"三位一体的文旅融合高质量发展体系,激发忠文化内在动力,实现"以文塑旅、以旅彰文"。

1."忠文化+人",重塑文旅融合的人文气质

将忠文化融入人文气质,要着力打好"人文"牌,以文化人。一是综合施策加大忠文化文学创作力度。既要重视本土历史题材的创作,也要加强现实题材的创作,讲述忠县历史故事和新时代忠文化故事,充分发挥文学的天然优势,通过优秀的作品增强忠文化的吸引力和感染力,同时还要创新文学作品传播方式,助推忠文化的传播,组织网络文学的创作,提升忠文化的传播力。二是充分发挥忠文化的教化作用。在加强对青少年的忠文化教育同时也要注重对成年人的忠文化教育,精编的忠文化读本既要进课堂,也要流入社会,或者单独编写通俗易懂的忠文化社会读本,形成全民学习忠文化的氛围,培养文化自信。利用县内外资源积极打造忠文化教育基地,加快忠文化干部学院的建设,打造一个全国性的干部忠廉、忠德、忠信教育平台。三是进一步深挖忠文化内涵和忠文化故事。既要追根溯源深挖传统文化中忠文化的内涵,梳理忠文化与传统文化的关系,也要深挖忠文化所具有的时代价值的内涵,理清忠文化与社会主义核心价值体系和中国梦思想的关系,从道德、思想、信仰将忠文化融入当地群众的行动中,形成人民群众的忠文化人文气质。深挖忠文化故事尤其要挖掘"忠州四贤"的历史故事。四是建立常态化活动开展机制,形成社区、政府机关、学校等共同构筑忠文化体系的氛围。如将"忠诚、忠信、忠孝、忠义"等忠文化内容写进《村规民约》和《居民公约》,在全县范围内开展"忠诚之星、忠信之星、忠孝之星、忠义之星"等人物评选活动,将继承发扬好忠文化和弘扬新时代价值观结合,持续挖掘忠文化现代故事。

2."忠文化+产业",提升文旅融合的整合效应

文化与产业的融合是撬开经济转型发展的密钥,也是提升文旅融合含金量的关键。忠文化与产业的融合就是要将文化优势转化为产业优势,提升文旅融合的整合效应。一是通过营商环境融合路径,助推旅游产业落地。持续积极打造以忠文化为基础,以"忠信品质"为核心的营商环境,使之成为忠县吸引投资、加快旅游产业发展的推动力。二是通过旅游业务融合路径,实现旅游行业整合。打造忠文化与旅游产业融合的运作平台,通过项目合作、市场共拓的方式,实现吃、住、行、游、购等旅游细分业务产业链的整合,促进忠文化价值链与旅游产业链的深度融合,从而形成新型的忠文化旅游业态。三是通过科技融合路径,实现旅游产品的技术渗透。不仅仅要开发融和"忠文化"的旅游纪念品、服饰、玩具、菜品等低层次旅游产品,还要将旅游产品开发与研发技术相结合,提升忠文化旅游产品的技术含量,可以依托忠县现有的电竞产业基础,结合独特忠文化资源,向影视动漫产业方面拓展,实现传统产业的转型。

3."忠文化+城市",打造文旅融合的城市品牌

忠文化是忠县的城市之魂,打造忠县独具特色的城市品牌,要将忠文化融入忠县城市肌理,内外兼修提升忠文化城市品牌影响力。"修内"即注重城市本身建设。将忠文化浸润到城市建设的每个角落,如顶层设计打造一批体现忠文化内涵的标志性历史街区、公共建筑和文化长廊。如可以规划建设忠文化主题公园,新建巴蔓子广场、汉阙广场等,深挖历史故事,恢复或重建忠州四贤阁、秦良玉故里、皇华城、峰塔、万福塔、巴王庙等体现忠文化的历史人文景观,同时扩大白公祠的影响力。全力打造体现忠文化核心历史人物巴蔓子将军的旅游景点,如点将台、练兵场、前哨瞭望台、刎首留城处等;依托忠州博物馆专门展示忠文化的历史文物。"修外"就是要向外延伸,重点加大忠县忠文化品牌的对外宣传力度。忠文化不仅是忠县的文化,也是重庆的文化,更是中华民族的文化,忠文化品牌的打造要站在国家的高度。一是要打造一个全国性的忠文化纪念仪式,可以恢复纪念巴蔓子的忠州"三月会",并配套一系列的民俗文化展演等

子项目,把"三月会"打造成全国有名、标志性、典型性、唯一性的纪念巴蔓子的仪式,让这个仪式成为大家纪念巴蔓子、学习忠文化的载体。二是塑造一批现代忠文化典型人物,将忠文化人格化、故事化,利用互联网、新媒体等现代化手段创新忠文化宣传方式。三是不仅要把忠文化推向全国,还要将忠文化和其他国家的忠文化连接起来,推动建立中外忠文化的交流的平台,真正打造世界性忠文化重镇。

五、关于武隆区"文旅融合"推进全域旅游发展的对策建议

武隆区作为国家首批全域旅游示范区,充分利用其独特的自然风光和丰富的文化资源,坚持"宜融则融、能融尽融、以文促旅、以旅彰文"的工作思路,在文旅融合方面取得了突破性进展。但在服务效能、文化保护和创新等方面仍存在一定的问题。课题组前往武隆区及其下辖乡镇(街道),系统收集了有关材料,聚焦突出问题,提出相应的对策建议。

(一)主要问题

1.服务效能有待提升

一是文化服务基础设施薄弱。武隆区主要建有一级文化馆1个、二级图书馆1个、26个乡镇综合文化站等。目前武隆区尚无美术馆,区图书馆仅1500平方米,实际对外开放面积只有700余平方米,远远达不到二级图书馆5000平方米的标准。区文化馆虽然进行了场馆改造,但实际使用面积仅为1650平方米,与国家一级文化馆6500平方米的建设标准仍有差距。同时,武隆区文化设施基本按照行政区划布局,场馆的服务半径限制了群众享受文化服务的便捷性。并且部分文化服务设施由于管理不善、交通不便、服务单一等原因存在闲置浪费的现象。

二是文化服务城乡差距较大。一方面,部分扶贫重点乡镇因受地理环境、经济发展等因素的制约,文化服务设施相对落后,文化内容单一,质量良莠不齐,文化服务整体水平相对较低,对孤寡老人、留守儿童等特殊群体和困难群众的文化服务仍需加强;另一方面,部分乡镇文化站和村文化室文化专业人才匮乏,在开展文化活动时常常面临无人可用的困境。同时受农村空虚化影响,乡镇文化站和村文化室发挥的作用也十分有限。

三是公众参与度较低。公众一方面是文化的创造者,另一方面也是文化服务的受益者。在武隆区文旅融合的过程中,公众大多仅作为生产者,提供住宿、餐饮等基本旅游产品,但公众作为文化创造者和传播者的身份没有得到凸显。如何调动公众的积极性,将武隆区的文化融入旅游产品中,助推文旅深度融合是武隆区亟待解决的问题。

2. 文化保护创新不够

一是文化资源保护力度不够。一方面,武隆区每年对文化专项活动经费投入仅为70万元左右,对市、区级文物保护单位的日常保护管理经费未列入财政预算,受人员编制及工作人员专业素质的限制,部分文物长期未能得到有效的修缮和保护;另一方面,在全域旅游背景下,个别乡镇(街道)实施的规划忽视了自身的特性和个性,一味追求经济效益,急于求成,保留特色较少,城市化倾向严重,乡镇(街道)特色文化逐渐流失。

二是文化创新能力不足。文化创新能力不足一方面体现在对现有文化的挖掘仅停留在表面,对传统文化仅停留在传承层面,并未结合现有实际对传统文化进行深入挖掘和发展;另一方面体现在文化传播方式没有创新。在调研走访时发现,武隆区的文化展示仍大多停留在文化展板、文化长廊等传统的文化传播方式。

3. 文旅融合程度不高

一是文化和旅游资源融合度不高。武隆区有丰富的自然资源与文化资源,武隆天坑、地缝、芙蓉洞等得天独厚自然优势为武隆吸引了大批的游客前来,但仅依靠自然资源来吸引游客并不是长久之计,自然资源的有限性决定了武隆区旅游业发展的季节性。旅游旺季大批游客涌入对当地的设施、交通造成了一定的压力,淡季时大量基础设施闲置又造成了一定的资源浪费。

二是文化和旅游产业融合度不高。文化和旅游产业融合关键在于两者产业链的互联互通。目前武隆区文化产业相对于旅游产业仍处于弱势地位,导致武隆区整体旅游业发展"门票经济"严重,文化旅游产业链条较短,文化旅游产品的研发销售并未形成完整的产业链。

三是文化旅游与科技融合度不高。科技发展为文化和旅游的融合发展带来了新的发展机遇,现代科学技术手段的发展为文化和旅游融合提供了更多的方式,同时也为文旅产业发展拓宽了市场空间。武隆区目前推出的手机应用软件主要有爱武隆、武隆印象、掌上看武隆等,但大多功能都是针对武隆本地人提供的公共服务。武隆区与腾讯合作推出的"一部手机游武隆"微信小程序也是以旅游产业为主,对文化涉及较少,无法满足现有的市场需求。

(二)对策建议

1.强化文化服务保障,鼓励社会力量参与

一是加大财政投入力度。健全完善公共文化服务财政保障机制,将公共文化服务所必需的资金纳入财政预算中,合理规划建设各类公共文化设施。大力开展流动文化服务,在保障公民的基本文化权利的基础上,有的放矢地对部分贫困乡镇进行重点帮扶,支持贫困乡镇开发利用民间、民族文化资源吸引游客。同时加大对精品节目打造的资金投入,打造具有武隆地方特色的文化产品与文艺精品节目。

二是完善文旅基础设施建设。一方面,加快推进机场、高铁、高速公路等重大交通项目建设,加强区域间旅游线路的互联互通,同时加快建设连接主要景区的环线公路,加设旅游景区专用通道,开通旅游公交专线,加大文化旅游基础及配套设施建设力度,为广大市民及游客塑造方便、快捷、智能、舒适的交通良好环境。另一方面,加快图书馆、文化馆、博物馆的建设,完善馆内残疾人通道等配套基础设施,加强乡镇文化站、村文化室的建设,保障弱势群体的基本公共文化权益。

三是鼓励多元主体参与。文化建设不仅是政府的事情,也不应仅是政府的事情。一方面,健全和完善政府向社会力量购买公共文化服务机制,同时引入竞争机制,保障公共文化服务数量的同时也保证公共文化质量。另一方面,建立文旅融合智库。加强与国内外高校、研究院及企业的合作,吸纳大学、科研机构有丰富经验的退休的研究人员,大型企业相关

专业人员,以及优秀的硕士生、博士生,研究国内外文旅融合发展的成功案例,吸纳国内外文旅产业融合发展先进理念、成功经验,为武隆区全域旅游发展提供智力支持。

2.挖掘地域文化特色,激发文化创新能力

一是加大传统文化挖掘力度。深入挖掘羊角古镇、土坎老街、江口市级特色小镇、后坪高山民族风情小镇等有历史记忆、地域特色、民族特点的美丽小镇,探寻其丰富的历史文化价值,找寻其民族特色。继续推进天坑寨子等传统古村落建设,加大对传统村落、名人故居、古村古镇的保护利用,加强乡村优秀文化遗产保护,抓好乡村文艺作品打造,培育乡镇文化品牌,做到一乡一品。

二是打造特色文化品牌。打造武隆特色文化,以自然资源吸引游客,以独特的文化留住游客才是武隆区全域旅游可持续发展的重要路径。在传统文化进行深入挖掘的基础上,结合乡镇(街道)特有实际,打造特色文化品牌,实现全域旅游错位发展。鼓励仙女山街道依托独特的喀斯特地貌景色推出冰雪研学、森林科普、森林健身、森林漫步、森林呼吸等不同主题的研学和康养体验活动,大力开展草原露营国际音乐节、草原足球世界杯等休闲娱乐活动,塑造老少皆宜的居家养老避暑胜地形象。大力宣传懒坝国际禅境艺术度假区,宣扬以"懒"字为核心的慢节奏、高品质生活的理念。同时,大力传扬白马山镇凄美的爱情故事,打造以"爱情"为主题的情侣观光旅游度假区。

三是拓宽宣传方式。充分利用现代信息技术手段,打破固有的宣传方式,采用"互联网+"的方式传播武隆区全域旅游的文化理念。一方面,利用传统的广播电视、报纸等方式持续开展全方位、高强度、宽领域、多媒体的文化旅游品牌宣传推广;另一方面利用微信、微博等方式,开通微信公众平台以及微博公众号,以幽默风趣的语言及宣传纪录片来吸引年轻游客。利用现代传媒手段打造独特的新型武隆形象,吸引游客常驻体验当地人文风情。

3.推动文旅职责整合,培育文化旅游新业态

一是要延长文化旅游产业链。丰富旅游产品,增设旅游区体验式项目。由单一地提供观光旅游产品转向突出发展生态观光旅游产品、休闲度假旅游产品、民俗文化体验产品等多元旅游产品。加强文化旅游传承,对非遗项目起源地、非遗传承人聚集地等有关地区进行开发,利用非遗元素做活古镇景区,将非遗文化植入商业街区,对非遗文化进行展示和销售,并对古镇生活场景进行立体和活态展示,为游客提供沉浸式体验,打造属于古镇自身的核心竞争力。寻求和匹配武隆区文化和旅游产业价值链的契合点和融合点,真正做到文化和旅游相融共生、互利共赢,共同助推整个社会经济发展。

二是文化和旅游一体化平台建设。一方面,依照"互联网+政务服务"体系框架和标准,整合对接文化市场技术监管平台、旅游监管与服务平台等业务系统,与全国一体化平台实现数据共享,做到政务服务一体化、公共支撑一体化、运维保障一体化。另一方面,依托互联网面向社会提供文化和旅游服务,优化整合现有的文旅平台,加入"武隆的由来""仙女山的美丽传说""白马镇的爱情故事"等生动有趣的文化宣传片,全方位宣传推介武隆文化旅游形象,为游客提供高质量、便捷的文旅服务。

三是建立文化旅游资源共享机制。不能单纯就文化谈文化,就旅游谈旅游。深入挖掘文化旅游资源潜力,借助互联网信息技术和融媒体传播技术,推动优秀文化旅游资源保护和活化利用。完善博物馆等旅游服务配套功能建设,加大对文创产品的研发力度,让游客能"将武隆带回家",从而达到二次宣传的目的。同时,提高公共图书馆、文化馆、博物馆等文化服务及产品的质量,将公共图书馆、文化馆、博物馆等文化基础设施项目纳入旅游目的地或旅游点规划,串联进入相关旅游线路。

第五部分

案例分析篇

本部分记录了调研过程中发现的关于重庆市区(县)文旅融合和公共文化治理实践的典型案例,选取了《重庆忠县推进基层小区文化工程创建的治理实践探析》《释放国家全域旅游示范区效应:重庆市武隆区推进文旅高质量融合实践》两篇案例。

一、忠县公共文化治理案例

重庆忠县推进基层小区文化工程创建的治理实践探析*

（一）引言

基层公共文化服务体系建设关系到我国现代公共文化服务体系建设的大局。现代公共文化服务体系落地在基层，难点在基层，制约公共文化服务水平提升的主要问题也在基层。发展基层公共文化服务事业，是促进公共文化服务落地，打通公共文化服务"最后一公里"的主要途径，是实现好、维护好、发展好最广大人民群众基本文化权益的必然要求，对提升全民族的思想文化素质具有重大意义。

党的十八大以来，党中央、国务院高度重视基层公共文化服务体系建设。

2015年中共中央办公厅、国务院办公厅印发的《关于加快构建现代公共文化服务体系的意见》指出要大力开展流动服务和数字服务，打通公共文化服务"最后一公里"；党的十九大报告也提出要完善公共文化服务体系，深入实施文化惠民工程，丰富群众性文化活动。党的十九届四中全会通过的《中共中央关于坚持和完善中国特色社会主义制度推进国家治理体系和治理能力现代化若干重大问题的决定》将"推动基层文化惠民工程扩大覆盖面、增强实效性"作为坚持和完善繁荣发展社会主义先进文化制度的重要要求。在中央政策指引下，为进一步推进公共文化服务向基层下沉，各级地方政府根据各自情况，相继出台了配套政策和实施方案。例如，《重庆市文化发展"十三五"规划》要求："完善城乡接合部和新建小区文化设施。"忠县更是在《2019年度忠县基层公共文化服务重点工

---

* 本文已刊登于《图书馆研究与工作》2020年第6期。

作》中将小区文化工程纳入硬件文化设施项目内容。

近年来,村村通工程、农家书屋工程、数字图书馆推广工程等一系列重大公共文化工程的实施,促进了我国基层公共文化体系和事业的蓬勃发展。但是面对基层群众的精神文化需求日益多层次、多样化的现实,现有的基层公共文化设施和服务难以满足人民群众的需求,面临着基层公共文化设施功能不健全、重复建设、缺少统筹协调和统一规划、各自为政、效能不佳等治理难题,阻碍了公共文化服务"最后一公里"的打通。

(二)重庆忠县基层小区文化工程创建的实践探索

近年来,忠县以夯实四级公共文化服务网络为抓手,初步形成了以"两馆"为龙头,29个镇街文化站为主体,372个村(社区)综合文化服务中心为骨干,590个文化中心户为补充的四级公共文化服务网络,提高了公共文化服务的保障能力,城市15分钟文化圈、农村半小时文化圈已经基本形成。基层公共文化设施虽大都达到国家开放标准,但场馆的知晓率和使用率却不高,缺乏人气和吸引力。如何创新运行机制,打通"最后一公里",服务"零距离",是一个现实难题。忠县在抓好阵地建设,构筑四级公共文化服务网络的基础上,全面推进公共文化服务标准化建设,以实现"三个转变"为依托,立足基层,面向群众,从服务供给标准化、服务设施标准化、服务内容标准化、服务考核标准化、服务形象标准化等五个方面对县、乡镇(街道)、村(社区)、农村文化中心户(县城小区文化室)四级公共文化机构的服务制度进行了规定和要求,初步探索建立了符合忠县实际、满足群众需求的一整套公共文化服务标准体系,进一步提升了公共文化服务的管理效能。

1.建设施,守住小区文化阵地

公共文化服务设施是扎根在基层的文化阵地。自开展国家公共文化服务体系示范项目创建以来,忠县创新工作思路,认真组织实施基层小区文化工程建设,建成小区文化活动室34个、小区文化活动中心6个、标准社区综合文化服务中心8个、示范社区综合文化服务中心5个。并通过健全机制,为社区群众提供丰富便捷的文化服务,推动公共文化服务向广覆盖、高效能转变。

在由"小区文化室、小区文化中心、标准社区综合文化服务中心、示范社区综合服务中心"构成的四位一体的基层小区文化设施网络中,小区文化室按照"三区域一场地"(一个图书阅览区域、一个电子阅览区域、一个文化娱乐区域、一个健身场地)进行建设。忠县小区文化阵地建设的基本原则有四点:一是把握群众需求。各社区深入各楼院小区,通过向小区群众进行小区文化室建设规划调查,了解群众意愿程度,并对小区文化室文化设备、文化服务等内容的确立广泛征求意见。二是科学制定标准。通过多次征求意见、座谈会等方式,明确了小区文化工程建设标准,小区文化室、小区文化中心按照不同标准进行分类建设。三是突出个性特色。按照"集中力量、重点突破、典型示范、以点带面"的思路,针对社会培训机构、孵化中心、小区物业用房等不同特点,通过现场查看规划,进行氛围营造和个性化配置,推出了义龙小区、香山国际小区、六合花园小区、澜凯星都小区等一批示范小区文化活动中心。四是按需配置设备。根据群众对文化室设施设备需求,统一采购了电脑、投影仪、电视、图书、棋牌桌椅、乒乓球台、电子琴、腰鼓等文体设施,并针对各小区文化室实际情况进行不同配置。

2.树品牌,打造小区系列活动

一是各小区文化室结合实际情况,围绕文艺演出、读书看报、广播电视、文体活动、展览展示、讲座讲坛、教育培训等方面内容,为群众提供基本公共文化服务。二是充分利用覆盖广泛的公共文化物联网和社区广电网络智慧平台,及时提供物流配送、社区政务、文化生活资讯服务等信息。如冠和小区文化中心成立了"快乐幸福歌唱队",开展文艺演出等志愿服务活动。三是结合传统节日、重要节假日和民俗节庆活动等,组织群众参加有吸引力且易参与的文体活动,如丽景小区文化室在端午节开展包粽子比赛,商务局小区文化室在六一儿童节开展亲子游园活动,香山国际小区文化室在重阳节开展老年娱乐活动。四是结合基层小区文图分馆建设和公共文化物联网基层服务点建设,开展流动图书、流动文艺演出、各类文体培训等服务活动。如义龙小区文化活动中心作为文图分馆,定期由文化馆、图书馆业务干部到此开展知识讲座、音乐舞蹈教唱等培训活动。通过开展各类文体活动,邻里关系更加和谐。

3.合资源,保持小区文化活力

基层小区文化工程建设按照"户主为主,社区为辅,街道资助,社会共建"的资源筹措和投入机制,由小区户主、社区、街道共同承担,倡导社会捐赠,整合文化资源,使文化资源"转起来",保持小区文化活力。驻社区单位、民间组织、艺术培训机构和小区居民的积极参与是小区文化工程建设的主要方式,广泛发动小区居民和居民单位、物业管理部门及驻社区的机关、团体、企事业单位组织等一切力量参与社区文化室建设,在场地、图书、文体设施设备、人才等多方面实现资源共建共享。一是主要场地设施由小区文化户主自愿提供或社区提供公益管理用房;二是街道办事处和社区配套完善各文化室(中心)的基本设备配置和氛围营造;三是县文化委统一采购必备设备(书籍、电脑、文体器材等),根据各文化室(中心)实际予以配送;四是各相关部门、帮联单位捐赠设备设施,共同参与建设。

为让建起来的小区文化设施"转起来",忠县在每个小区文化室(文化中心)至少配备一名具有一定文艺特长和组织能力的专兼职管理员,对配置的图书和文体设施进行登记和日常管理;街道办事处对小区文化室(文化中心)进行业务指导和管理,每年组织两次以上对管理人员的培训活动,按照"立足实际、建档立卡、分类管理、发挥特长"的原则,对已建成的小区文化室命名、挂牌,加强规范化管理。

4.融科技,拓展服务时空边界

忠县利用公共文化物联网平台,采取"超市化"供应、"菜单式"服务、"订单式"配送等方式,不断拓展公共文化服务的时空边界,利用"互联网+公共文化服务"的新模式精准对接基层群众的文化需求。忠县的公共文化物联网平台分四个步骤打造:一是成立工作领导小组,组织县委宣传部、县财政局、县文旅委、县文化馆、县图书馆等单位参与,并分别承担志愿者招募、审核、宣传、技术服务、数据库建立等相关工作;二是建立志愿者信息库,并对志愿者进行岗前培训;三是明确文化活动内容,建立文化活动信息数据库;四是进行群众文化需求点单服务推介,通过电视台、忠州日报、微信公众号等方式广泛宣传,让人民群众了解服务项目,并知晓获取服务的方法。

5.强管理,建立长效运行机制

为保障忠县基层小区文化工程长期有效运行,忠县通过系列举措加强管理,建立长效运行机制。一是建立动态监测和绩效评价机制。忠县将小区文化室的建设和管理服务情况纳入各街道对社区年度文化考核当中,县级有关文化行政部门对小区文化室建设使用情况进行不定时督促检查,同时,引入第三方开展小区文化工程公众满意度测评。二是实行星级管理,创新管理方式。忠县专门制定《忠县城区小区文化室(文化中心)管理办法》,通过组织保障、设施建设、内容服务、队伍建设、群众评价五个基础方面对小区文化室(文化中心)进行星级评定,并设定特色加分项,鼓励活动品牌创新。三是加强日常运行投入保障,人才、组织、资金三不误。人才方面,每个小区文化室(文化中心)至少配备一名具有一定文艺特长和组织能力的专兼职管理员,通过制定《忠县小区文化室(文化中心)管理员管理办法》明确管理员职责,开展优秀小区文化室(文化中心)管理员评选活动以提升管理员工作积极性。组织方面,专门成立第四批国家公共文化服务体系示范项目领导小组,领导基层小区文化工程建设。资金方面,建立街道政府资助扶持、社会参与共建的资金保障机制。

(三)基层小区文化工程创建的成效

1.实现各自为政到共建共享转变

打破以往公共文化服务"各自为政""单打独斗"的格局,形成了社区文化互助机制。通过县级相关部门结对帮扶的方式,将党建、教育、宣传、文化、体育、法制、科普、工会、共青团、妇联等领域的政府资源向基层小区文化工程配送,并广泛发动小区居民、物业管理、艺术培训机构等社会力量,实现了在场地、图书、文体设施设备、人才等多方面的共建共享。

2.实现传统服务向数字服务转变

利用公共文化物联网平台,实现了从传统公共文化服务向数字公共文化服务的转变,通过采取"超市化"供应、"菜单式"服务、"订单式"配送等方式,不断拓展公共文化服务的时空边界,实现"个性化""定制化"的公共文化服务。这种"互联网+公共文化服务"的数字公共文化服务模式取得了显著的成效,不仅精准对接基层群众的文化需求,还大大提升了公共文化服务的便捷性。

3.实现"送文化"和"种文化"结合

基层小区文化工程不仅将"文化大餐"送到群众家门口,还"种"出了好文化,打造了社区独特品牌,实现了"送文化"和"种文化"的结合。利用流动文化大篷车、流动图书车、流动文化展板、流动文化讲座等形式,将文化送到基层小区,且送出的文化愈发丰富,质量不断提高。结合社区资源地域文化特色,基层小区文化室不断培养自己的文化品牌,打造了一批"非遗室""歌舞室""书画室""戏曲室"等特色文化,形成了"一社区一特色、一室一品牌"。

(四)基层公共文化服务建设的启示

忠县基层小区文化工程的亮点在于调动全社会力量,促进公共文化设施在基层小区快速布局,并让建起来的文化设施高效运转;打造品牌,开展有吸引力且易参与的文体活动,调动小区群众的参与积极性;变革了传统的文化下基层配送方式,打造公共文化服务物联网平台,采取"超市化"供应、"菜单式"服务、"订单式"配送等方式,提高了公共文化服务供给效率。

1.基层公共文化服务建设要坚持共建共享的理念

共建共享理念和原则是基层公共文化服务建设的制胜法宝。共建是手段和方法,共享是目标和标准。共建原则指向的是基层公共文化服务的供给模式不应是政府单一主体供给,而应是包括市场和社会主体在内的多元供给机制,更加强调政府角色和作用的变化,由公共文化服务的直接提供者到指导者和购买者的转变,同时对政府与市场关系、政府与社会关系提出了新的要求。忠县基层小区文化工程坚持共建原则,积极调动全社会的力量,政府充分发挥了积极的动员和掌舵作用。共享原则强调的是基层公共文化服务供给的效果要惠及全民,特别是文化弱势群体的权利得到保障。忠县基层小区文化工程本身就是实现公共文化服务惠及全民的新机制,目标在于通过资源的下沉,实现全民平等和公平地获取和享有公共文化服务。

2.基层公共文化服务建设要推动标准制度的制定

推动基层公共文化服务机构标准化管理,要对公共文化服务机构的服务设施与环境、服务对象与开放时间、服务内容与方式等方面进行明确规范,使公共文化服务机构科学、规范地开展公共文化建设,推动并实现基本公共文化服务标准化。忠县在基层公共文化服务建设中出台了《忠县基层公共文化服务标准化建设实施方案》《忠县乡镇(街道)综合文化服务中心服务规程》《忠县城区小区文化室(文化中心)管理办法》等一系列标准制度,形成了一整套公共文化服务标准体系。

3.基层公共文化服务建设要调动社会力量的参与

积极引导、鼓励社会力量参与公共文化服务,可以最大程度发挥市场资源优化配置的作用,让社会力量充分参与公共文化服务运行体系建设,可以丰富公共文化服务的提供主体,从而形成公共文化提供主体多元化。要建立基层公共文化服务多元化投入机制,坚持政府主导,社会参与原则,吸纳社会多元资本,畅通社会资本注入渠道。

4.基层公共文化服务建设要充分借助科技的力量

要搭建公共文化服务数字化平台,实现基层互联互通,将公共文化机构业务管理信息化系统使用与标准化建设科学结合,用"互联网+公共文化服务"新模式精准对接群众文化需求,形成运转顺畅、协调高效的标准化工作机制,利用互联网、大数据等技术手段创新公共文化服务供给方式,实现公共文化服务信息化、数字化、智能化,由此提升基层公共文化服务效能。

(五)结语

忠县基层小区文化工程不断激发政府公共服务能力和社会活力,构建了社区居民的公共文化服务新平台,有效解决了文化需求的"最后一公里"的难题,提升了基层公共文化服务效能,由此形成了一套在全国具有推广价值的基层文化治理政策体系和实践经验。

二、武隆区公共文化治理案例

释放国家全域旅游示范区效应：重庆市武隆区推进文旅高质量融合实践[*]

（一）引言

随着"文旅3.0"时代的到来，人们在旅行时不再仅满足于单纯的"跑景""吃住"等传统方式和内容，而是在考虑旅游价值、深度体验生活的基础上进行文化与生命感悟。加强文旅之间有深度的、高质量的融合，不仅有助于更好地满足新时代人们日益增长的文旅美好生活需要，也是中央和地方回应文旅行业发展趋势的高度自觉、增强和彰显文化自信的重要举措。重庆市武隆区依托于首批国家全域旅游示范区的平台，融入厚重的山水文化、历史文化、民俗文化、红色文化和非遗文化底蕴，积极推进文旅高质量融合的探索实践，荣获了全国"2019文旅融合高质量发展十佳区（县）市"。因此，系统梳理武隆区依托于首批国家全域旅游示范区平台进行文旅高质量融合的实践做法，进而总结其成功的经验及其启示，对全国类似地区推进文旅融合具有积极的借鉴意义。

（二）武隆区作为国家示范区推进文旅高质量融合的背景

2018年3月9日，国务院办公厅发布《关于促进全域旅游发展的指导意见》，指出"深入挖掘历史文化、地域特色文化、民族民俗文化、传统农耕

---

[*] 本文已刊登于《图书馆研究与工作》2020年第6期。

文化等,实施中国传统工艺振兴计划,提升传统工艺产品品质和旅游产品文化含量",对文旅产品提出了融合要求。2019年7月25日,重庆市文化和旅游发展委员会印发《关于支持特色文化产业加快发展实施意见》,指出:"丰富景区景点文化内涵,重点发展主城历史文化旅游圈、长江三峡特色文化旅游带和渝东南'三民'特色文化旅游带,支持建设富有文化特色的休闲街区、特色村镇、旅游度假区,依托巴渝文化、抗战文化、民俗文化、温泉文化、宗教文化、石刻文化、工业文化等特色资源创新开发多类型、多层次、多业态的文化旅游精品",进一步强调要推动文化与旅游在更广范围、更深层次、更高水平上实现融合发展。武隆区作为原国家级贫困县和武陵山连片特困地区重点县,以推进旅游业全域发展为主要抓手,努力把绿水青山转化为金山银山,于2019年9月20日被文化和旅游部正式确定为首批国家全域旅游示范区。依托于国家示范区的平台,武隆区坚持破旧立新,创新管理机制、执法监管和用地供给;坚持差异发展,加快景区建设;开展全球营销,提升品牌价值。为了进一步释放国家全域旅游示范区的效应,深度挖掘武隆文化元素,打造文创公园、艺术街区、微电影基地以及红色战场公园和非遗传承坊,推动综合旅游业态发展、民俗文化传承和红色旅游发展,进而加快推进"旅游+文化"深度融合发展,已经成为武隆区未来一段时期内的重点工作之一。

(三)武隆区推进文旅高质量融合的探索实践

在文化和旅游部"宜融则融、能融尽融,以文促旅、以旅彰文"工作思路的指引下,武隆区围绕重庆市"山水之城·美丽之地"目标定位和"行千里·致广大"价值定位,按照"深耕仙女山,错位拓展白马山,以点带面发展乡村旅游"的总体部署,深入挖掘地域文化,把深厚的文化和丰富的自然资源相融合,初步形成了以旅游业带动文化产业发展,以文化产业带动旅游业升级的发展路径,以激发推进文化旅游融合发展的活力。

1.加强文旅融合保障,促进服务提档升级

一是提高文旅融合政策保障力度,为文旅融合营造良好的政策环境。

武隆区成立以书记和区长任双组长的文旅融合工作领导小组,高位推动全区文化和旅游产业融合发展工作,在重庆市率先将原区文化委和区旅发委整合组建成立"区文化和旅游发展委员会",具体统筹全区文化和旅游融合发展。召开全域旅游工作领导小组会议,审议《创建国家级文旅融合示范区工作实施方案(送审稿)》《武隆区民宿质量等级划分与评定(试行)(送审稿)》等议题,并出台了《关于做好政府向社会力量购买公共文化服务工作的通知》《武隆区"十三五"文化发展规划》《武隆区全民阅读规划纲要及工作方案》《推进武隆区村级综合文化服务中心示范点建设实施方案》《武隆区推动乡村文化振兴工作方案》等政策文件。武隆区财政每年整合安排1.8亿元的文化旅游发展专项资金,重点支持全域文化旅游创意策划、规划设计、品牌创建、公共服务、品牌推广、市场营销、人才培训及乡村旅游发展奖补。

二是加强人才队伍建设,促进文化与旅游高质量融合发展。武隆区积极开展文化志愿者招募工作,招募文化志愿者15名。已组建了街道、村(社区)三级志愿服务队伍,引导街道职工、群众注册成为志愿者,定期组织开展政策宣讲、法制教育、文体活动等志愿活动,打通基层公共文化服务"最后一公里"。实施"三区"人才计划文化工作者专项、"千人计划"文化艺术人才等项目,引进紧缺文旅人才2名。开展各级各类文化旅游人才培训,努力提升文化旅游市场执法队伍和基层文化队伍的整体素质。

三是加快文化服务提档升级,推动文旅融合服务纵深发展。武隆区启动区美术馆、区非遗保护中心建设,科学规划滨江路雕塑墙和滨汇文化体育长廊建设,在游客接待中心内建设"24小时自助图书馆""朗读亭"为游客提供文旅服务。持续推进"文图"两馆总分馆制建设,逐步覆盖所有行政村,做好"两馆一中心"免费开放工作,让群众充分享受均等的公共文化资源。目前武隆区已建成一级文化馆、二级图书馆、区级博物馆各1个、24小时自助图书馆各3个,乡镇综合文化服务中心26个,农家书屋186个,文化中心户480个,公共文化场地达3万平方米。

2. 走文旅融合新路，铸就武隆文旅品牌

一是加大优秀传统文化的开发力度，创建特色文旅项目。武隆区在乌江"纤夫文化"基础上延伸创新打造大型山水实景演艺项目"印象·武隆"，累计演出2300余场，收入3.3亿元，获得"中国首届视界大赏年度最佳旅游演出奖""中国旅游总评榜年度旅游品牌大奖"等20多项荣誉，200余名当地演员每年人均增收36000多元。"印象·武隆"大型实景演出项目以生动形象的方式宣传了武隆传统文化，将当地的特色文化与全域旅游进行深度融合，不仅有效地扩大了武隆文化影响力，同时也整合了社会资源，促进了当地劳动资源再就业，提升了经济效益，俨然已成为重庆市文旅融合的一张亮丽名片。同时，武隆区成功申报了后坪天池坝、浩口田家寨、沧沟大田村等4个国家级传统村落等，进一步丰富了武隆区的文化旅游业态。

二是以国际化视野，打造重庆市文旅融合靓丽新名片。武隆区开展大量文旅活动，举办国际徒步越野赛、仙女山国际露营音乐节和风筝节、芙蓉江龙舟挑战赛等。连续成功举办的15届国际山地户外运动公开赛已成为国际三大顶级品牌赛事之一，已成为武隆文化旅游享誉全国的活动品牌。与《满城尽带黄金甲》《变形金刚4》等一批国际国内极具影响力的影视作品成功合作，进一步提高了武隆文化旅游的全球知晓度和美誉度。同时在全球顶级社交媒体大力宣传武隆旅游形象广告、线路产品、营销活动等图文讯息；先后组织到欧洲、"一带一路"沿线国家及东南亚有关国家进行旅游推介；仙女山景区与瑞士少女峰景区成功签订"共建景区"合作协议书，与瑞士格林德瓦市正在推进建立友好城市。在全国征集"唱响武隆"歌曲，收获了一批立得住、传得开、留得下的优秀原创歌曲。联合央视策划拍摄了《远方的家》《江河万里行·乌江山水话武隆》等纪录片，面向海内外宣传，提高武隆区旅游国内外知名度。

三是深入挖掘传统文化、地域文化、民俗文化、民族文化等，为旅游赋予"新灵魂"。武隆区加大对田家寨、冉家沟、冉家湾、河坝、石莲寨、大田古村落和芙蓉湖特色村寨等民俗与民族村寨建设，深入挖掘其历史民族

文化内涵,加强游客文化体验。同时培育若干乡村文化旅游节庆品牌,举办一年一度的武隆民歌节、白马山茶文化节、万峰林海骑行大赛、庙垭油菜花节、凤来民歌会、浩口仡佬族祭山节、后坪山歌节和民族乡镇苗族芦笙节等一批文旅节会活动,让乡村旅游节事活动四处开花。

3.整合文旅服务资源,创新文旅服务方式

一是以科技为支撑,提供精准的文旅服务。武隆区喀斯特旅游区、仙女山旅游度假区以及土地乡3个乡镇的智慧乡村旅游建设,成功列入第一批重庆市智慧旅游景区(度假区)创建名单。与腾讯公司联合打造全国第一个区域性智慧旅游平台"一部手机游武隆"。"一部手机游武隆"致力于提供集吃、住、行、游、购、娱等资源为一体的特色化旅行生活服务,打造武隆高品质、可信赖、独特性、更便利的全域旅游服务体系,从而实现精准管理、精准营销、精准服务。在国际市场方面,武隆区组建首个旅游境外营销专业网站,并向全球进行发布推广,成为重庆市第一个拥有国际化文旅推广平台的区县,也标志着武隆文旅宣传营销迈向国际化。

二是促进文旅资源融合,切实提高文旅服务效能。武隆区开发"武小仙""隆小马"的旅游文创IP形象,并将两个IP形象植入到景区,在景区内设置众多的以吉祥物为主的体验项目。在对外的宣传推广上统一形象统一口号,形成武隆独有的文化旅游IP形象,并在此基础上开发了200多项文创产品,市场反应良好。同时,武隆区也逐步将公共图书馆、文化馆、博物馆等纳入旅游线路中来,让游客在游玩中感受到武隆独特的文化魅力。

三是不断提高自然遗产和文化遗产的保护力度,在传承的基础上进行大胆的文化创新。武隆充分利用26项市级非遗名录、161项区级非遗名录,及200余名市、区级非遗名录代表性传承人,加大了对武隆区自然遗产、文化遗产的保护传承和活化利用,让非遗文化进校园、进社区、进景区。已建成5个市级非遗传承教育基地、10个非遗传习所,积极开展民间、民俗、民族文化表演活动,举办全国性文化遗产艺术节,传承文化,包装景点,塑造武隆文旅品牌。同时,武隆区以白马山与仙女山动人的爱情故事为主线,重点锁定旅游观光、婚恋会所、亲子娱乐、运动休闲和康养度假等,将悬崖、茶山、石林等自然景观与白马仙街、浪漫天街、真爱礼堂、爱情魔方、飞天索桥、琴台茶寮、野奢茶庄等文化景观相结合,形成爱情主题鲜明、体验内容丰富的文旅融合型景区,吸引年轻情侣前来观光旅游。

(四)武隆区推进文旅高质量融合实践的经验启示

武隆区作为首批国家全域旅游示范区,一直以来都坚定"文旅+"融合发展不动摇,坚持以文化凝铸旅游之魂,坚持政府主导、为民惠民共建共享、"传承+创新"的基本理念,成为实现文旅高质量融合发展的主要经验。

1.以文化凝铸旅游之魂

文化是旅游的灵魂,旅游是文化的载体,二者和合共生,相辅相成、互相促进。从文化的角度,旅游为文化提供了良好的传播途径,让文化落地,打破文化是"虚无缥缈"的固有思维,让文化成为"看得见、碰得到"的实体;从旅游的角度,文化实际是旅游的内在核心竞争力,是一个地区旅游业发展的内在灵魂,只有将文化与旅游紧密结合,旅游业才具有生命力。文化和旅游相互支撑、优势互补、协同共进,形成新的发展优势以及新的增长点,才能创造促使文化活力持续迸发、旅游发展质量持续提升、优秀文化产品和优质旅游产品持续涌现的新局面,更好满足人民美好生活新期待、促进经济社会发展、增强国家文化软实力和中华文化影响力。

2.坚持政府主导

文化和旅游部部长雒树刚在2019年全国文化和旅游厅局长会议上就文化和旅游融合提出了"理念融合、职能融合、产业融合、市场融合、服务融合、交流融合"六大路径,分别从政府职能、政府机构设置等维度来思考文化和旅游的融合问题。政府在文旅融合过程中应主动承担"推动者"和"保障者"的责任,充分发挥其调控职能,严格把控文旅融合的方向,营造良好的政策环境与经济环境,充分整合社会资源,将社会各界的力量凝聚成一股合力,共同推动文化和旅游的深度融合。

3.坚持为民惠民共建共享

建设人民满意的服务型政府,要为人民服务,思人民所思,想人民所想。在文旅融合的过程中应坚持将人民的利益放在首位。一方面是让人民的钱包"富"起来,让人民在文旅融合过程中的物质需要得到满足,切实地感受到文旅融合所带来的好处;另一方面是让人民的精神文化生活"富"起来,无论是作为文旅产业的生产者还是消费者,都能接受文化的熏陶,感受文化的独特魅力。文旅融合不该是政府自己的事情,让社会力量参与到文旅融合建设的过程中来,既有利于加快文旅融合的进程,又有利于社会各界对文旅融合政策的理解,以获得更多的支持。

4.坚持"传承+创新"

文旅融合要深入挖掘本地区传统文化,加大对传统文化、古村落、非物质文化遗产等文化资源的保护力度,充分利用传统文化资源打造特色古镇、文化体验带、文化体验区等发展文化旅游业。在此基础上,还应当赋予传统的文化新的时代意义,充分利用"互联网+"的技术,以国际化视角打造全新的旅游形象,以旅游文化形象输出本地文化。同时,赋予传统的地方文化新的乡愁情怀,以错位式发展提供多品种旅游消费产品,以慢生活及特色文化吸引更多的游客长久地驻留。

(五)结语

推进文旅高质量融合是"文旅3.0"时代中央、地方与社会已经达成的共识,对释放文旅消费内需潜力、推动经济高质量发展、增强文化自信具有重大意义。武隆区依托于国家全域旅游示范区这一平台,积极推进文化与旅游的深度、高质量融合,虽然还存在着交通等文旅配套服务设施不足、用地等文旅融合要素保障不够、文旅产业质量和效益不高等问题,但在一定程度上实现了文旅融合发展,其经验值得借鉴。

参考文献

一、中文文献类

1.学术专著类

[1]孙刚.公共文化新视觉 公共文化服务体系建设中的政府主导作用研究[M].武汉:中国地质大学出版社,2018.

[2]马克思,恩格斯,列宁等.马克思恩格斯文集(第5卷)[M].北京:人民出版社,2009.

[3]黄健荣.公共管理新论[M].北京:社会科学文献出版社,2005.

2.期刊论文类

[1]许彩玲,李建建.城乡融合发展的科学内涵与实现路径——基于马克思主义城乡关系理论的思考[J].经济学家,2019,(01):96-103.

[2]杨志恒.城乡融合发展的理论溯源、内涵与机制分析[J].地理与地理信息科学,2019,35(04):111-116.

[3]张海鹏.中国城乡关系演变70年:从分割到融合[J].中国农村经济,2019,(03):2-18.

[4]樊兴菊.基于满意度的公共文化服务设施供给决策体系研究[D].天津:天津大学,2016.

[5]周晓丽,毛寿龙.论我国公共文化服务及其模式选择[J].江苏社会科学,2008,(01):90-95.

[6]吴理财.让农村公共文化服务运转起来[N].学习时报,2012-03-26,(006).

[7]颜玉凡,叶南客.文化治理视域下的公共文化服务——基于政府

的行动逻辑[J].开放时代,2016,(02):158-173+8.

[8]夏洁秋.文化政策与公共文化服务建构——以博物馆为例[J].同济大学学报(社会科学版),2013,24(01):62-67.

[9]胡税根,李倩.我国公共文化服务政策发展研究[J].华中师范大学学报(人文社会科学版),2015,54(02):43-53.

[10]吴理财.公共文化服务的运作逻辑及后果[J].江淮论坛,2011(04):143-149.

[11]范周.文旅融合的理论与实践[J].人民论坛·学术前沿,2019(11):43-49.

[12]王华,陈烈.西方城乡发展理论研究进展[J].经济地理,2006(3):463-468.

[13]吴学凡.马克思恩格斯消灭城乡差别思想及其现实意蕴[J].社会主义研究,2008(1):25-27.

[14]张晖.马克思恩格斯城乡融合理论与我国城乡关系的演进路径[J].学术交流,2018(12):123-124.

[15]娄成武,董鹏.西方治理理论缘起与发展探析——基于美国公共行政学的视角[J].中共青岛市委党校青岛行政学院学报,2014(4):58-64.

[16]荣跃明.公共文化的概念、形态和特征[J].毛泽东邓小平理论研究,2011(03):38-45+84.

[17]陆晓曦.文化社区:城市核心区基层综合性文化服务中心建设的样本——以北京市东城区为例[J].图书馆杂志,2017,36(01):38-44.

[18]杨永恒.激发内生动力 建设和谐美好农村文化[J].行政管理改革,2019,(05):30-32.

[19]张嘉丽.重庆市忠县:以小区文化工程建设提升基层公共文化治理能力[J].文化月刊,2020,(03):68-69.

[20]傅才武.论文化和旅游融合的内在逻辑[J].武汉大学学报(哲学社会科学版),2020,73(2):89-100.

3.电子文献类

[1]重庆市北碚区人民政府网.北碚概况[EB/OL].(2019-12-14)[2020-4-30].http://www.beibei.gov.cn/zjbb/bbgk/201912/t20191214_1182548.html.

[2]重庆市万州区人民政府.万州简介[EB/OL].(2020-03-31)[2020-4-30].http://www.wz.gov.cn/zjwz/wzjj/202003/t20200331_6849138.html.

[3]重庆市忠县人民政府.忠县基本县情[EB/OL].(2020-01-09)[2020-4-30].http://www.zhongxian.gov.cn/zxfz/zxjbxq/202001/t20200109_4433862.html.

[4]重庆市武隆区人民政府.武隆概况.[EB/OL].(2019-03-14)[2020-4-30].http://cqwl.gov.cn/zmwl/qqjj/201903/t20190314_6128429.html.

4.政策文本

[1]习近平.决胜全面建成小康社会 夺取新时代中国特色社会主义伟大胜利——在中国共产党第十九次全国代表大会上的报告[J].理论学习,2017(12):4-25.

[2]中共中央关于坚持和完善中国特色社会主义制度 推进国家治理体系和治理能力现代化若干重大问题的决定[N].人民日报,2019-11-06(01).

[3]中共中央办公厅、国务院办公厅.关于加快构建现代公共文化服务体系的意见,2015.

[4]中央办公厅、国务院办公厅关于建立健全城乡融合发展体制机制和政策体系的意见,2019.

[5]中央办公厅、国务院办公厅数字乡村发展战略纲要,2019.

[6]中华人民共和国公共文化服务保障法.中华人民共和国全国人民代表大会常务委员会公报,2017.

[7]国家基本公共文化服务指导标准(2015—2020年).国务院办公厅,2015.

[8]关于推进基层综合性文化服务中心建设的指导意见.国务院办公厅,2015.

[9]国务院办公厅.关于促进全域旅游发展的指导意见,2018.

[10]文化部、新闻出版广电总局、体育总局、发展改革委、财政部关于推进县级文化馆图书馆总分馆制建设的指导意见,2016.

[11]文化部、财政部关于开展第四批国家公共文化服务体系示范区(项目)创建工作的通知,2017.

[12]文化部公共文化司文化部"十三五"时期公共数字文化建设规划,2017.

[13]重庆市人民政府办公厅.重庆市文化发展"十三五"规划,2016.

[14]重庆市人民政府办公厅关于做好政府向社会力量购买公共文化服务工作的通知,2015.

[15]重庆市人民政府办公厅关于印发重庆市"十三五"基本公共服务清单的通知,2017.

[16]重庆市人民政府办公厅重庆市关于加快建构现代公共文化服务体系的实施意见,2015.

[17]重庆市人民政府办公厅重庆市基本公共文化服务实施标准,2015.

[18]重庆市人民政府办公厅重庆市公共图书馆管理办法,2017.

[19]重庆市人民政府办公厅重庆市文化发展"十三五"规划,2016.

[20]重庆市人民政府办公厅推进基层综合性文化服务中心建设实施方案,2016.

[21]重庆市委办公厅、重庆市人民政府办公厅关于加快构建现代公共文化服务体系的实施意见,2015.

[22]重庆市委宣传部、重庆市文化委员会、重庆市体育局重庆市推进贫困地区村综合文化服务中心示范点建设实施方案,2015.

[23]重庆市文化委、重庆市体育局、重庆市发展和改革委、重庆市财政局关于印发《关于推进区县文化馆图书馆总分馆制建设的实施意见》的通知,2017.

[24]重庆市文化委员会、重庆市发改委、重庆市民委、重庆市扶贫办.重庆市"十三五"时期贫困地区公共文化服务体系建设实施方案,2015.

[25]重庆市文化委、财政局政府向社会力量购买公共文化演出服务实施方案,2014.

[26]重庆市文化和旅游发展委员会.关于印发《关于支持特色文化产业加快发展实施意见》的通知,2019.

[27]忠县文化和旅游发展委员会.2019年度忠县基层公共文化服务重点工作,2019.

[28]忠县人民政府办公室.关于印发忠县创建国家公共文化服务体系基层小区文化工程精准服务社区群众示范项目实施方案的通知,2018.

[29]忠县创建第四批国家公共文化服务体系示范项目领导小组.忠县城区小区文化室(文化中心)管理办法,2018.

[30]忠县创建第四批国家公共文化服务体系示范项目领导小组.忠县城区小区文化室(文化中心)星级管理办法(试行),2020.

二、外文文献类

[1]Evrim Tan. Understanding the relationship between capacity and decentralization in local governance: a case study on local administrations in Turkey[J]. Bestwurskunde, 2016, 27(04):94-95.

[2]Donald F. Kettl. The Transformation of Governance: Globalization, Devolution, and the Role of Government[J]. Public Administration Review, 2000(Volume 60, Issue 6):488-496.

[3]Laurence E. Lynn Jr, Carolyn J. Heinrich, Carolyn J. Hill. Studying Governance and Public Management: Challenge and Prospects[J]. Journal of Public Administration Research and Theory, 2000(4):234.

[4] Baxi, Upendra. Global Neighborhood and the universal otherhood: Notes on the report of the commission. [J]. Alternatives: Global, Local, Political, 1996, 21(4): olitical.

附录一　调研各单位撰写书面材料提纲

一、调研内容

本课题紧紧围绕"重庆城乡融合发展体制机制改革下公共文化服务的新目标和新态势""公共文化服务体系建设如何推进城乡融合发展"等重要问题，调研重庆市公共文化服务和治理的基本情况、运行成效和成功经验，总结城乡融合发展体制机制改革中的体制阻碍，找准公共文化治理的体制短板，提出实现政策体系创新的有效路径。

二、撰写提纲

1. 贵单位在公共文化治理中的基本职责。
2. 贵单位在公共文化治理中的主要工作内容和措施。
3. 贵单位公共文化治理工作的基本成效和突出亮点。
4. 城乡融合发展背景下贵单位在公共文化治理过程中遇到的体制机制障碍。
5. 城乡融合发展背景下贵单位公共文化治理工作面临的新要求、新目标和新问题。
6. 城乡融合发展背景下贵单位破解体制机制障碍和创新公共文化治理的基本思路和主要措施。

附录二 深度访谈提纲

访谈提纲1:财政局访谈提纲

_____区/县财政局:

您好!

受重庆市委改革办委托,我们拟通过调研访谈来了解贵区/县城乡公共文化服务体系建设情况,以及您对城乡融合发展背景下创新城乡公共文化政策体系的意见和建议。您的意见和建议将作为重庆市出台和完善相关政策的参考。

本次调查结果将会严格保密。

感谢您的大力支持!

西南大学公共文化治理课题组
2019年8月

1.近五年来,贵区/县城乡基本公共文化服务的年度财政预算和财政支出分别是多少?

2.对于城乡基本公共文化服务的投入,各级财政是如何分配?

3.对于公共文化设施、公共文化活动、公共文化产品等不同类别的城乡公共文化服务的投入上,各级财政是否有具体要求?

4.对城乡基本公共文化服务财政投入的运行绩效如何?是否达到了预期目标?

5.当前城乡基本公共文化服务的财政保障存在哪些阻碍?给相关工作带来了哪些困难和影响?

6.是否有对公共文化服务责任单位的经费和项目资金使用的管理制度?具体有哪些?

7.政府购买公共文化服务的总体态势如何？政府购买的基本流程是怎样的？

8.政府购买公共文化服务的承接主体主要有哪些？政府购买机制还存在哪些不足以及如何优化？

9.资料支持（请提供关于城乡公共文化服务财政保障和政府购买公共文化服务的文件资料、近三年年度总结、工作计划、活动策划方案、活动总结和宣传文稿等）

访谈提纲2：发展和改革委员会访谈提纲

_____区/县发展和改革委员会：

您好！

受重庆市委改革办委托，我们拟通过调研访谈来了解贵区/县城乡公共文化服务体系建设情况，以及您对城乡融合发展背景下创新城乡公共文化政策体系的意见和建议。您的意见和建议将作为重庆市出台和完善相关政策的参考。本次调查结果将会严格保密。

感谢您的大力支持！

西南大学公共文化治理课题组
2019年8月

1.在城乡融合发展体制机制改革中，贵单位主要承担哪些职责？区/县委和区/县政府做了哪些工作部署？

2.贵区/县城乡融合发展的基本情况和主要态势？在推进城乡融合发展中存在哪些体制阻碍和问题？

3.关于进一步破解体制机制阻碍，推进城乡融合发展，贵单位有何意见和建议？

4.就如何推进城乡融合发展体制机制改革，贵区/县做了哪些具体工作部署和实施方案？

5.资料支持(请提供城乡融合发展体制机制改革方面的相关文件资料、近三年相关年度总结、工作计划、相关活动策划方案、活动总结和宣传文稿等)

访谈提纲3:教育委员会访谈提纲

_____区/县教育委员会:

您好!

受重庆市委改革办委托,我们拟通过调研访谈来了解贵区/县城乡公共文化服务体系建设情况,以及您对城乡融合发展背景下创新城乡公共文化政策体系的意见和建议。您的意见和建议将作为重庆市出台和完善相关政策的参考。

本次调查结果将会严格保密。

感谢您的大力支持!

西南大学公共文化治理课题组
2019年8月

1.在城乡融合发展新背景下,贵单位如何看待公共文化服务与治理的政治、经济、社会等各项职能,在此领域中贵单位的主要工作内容有哪些?

2.贵单位在加强新时期中小学图书室(馆)建设与应用工作方面采取了哪些措施?取得成绩和尚存问题有哪些?

3.贵单位在深入推进文化志愿者服务方面采取了哪些措施?取得了什么效果?还存在哪些主要问题?

4.贵单位在形成书香校园、带动全民阅读、助推学习型社会和书香社会建设方面的措施、经验、成绩和问题。

5.贵单位在教育事业改革发展规划编制和落实过程中如何体现"传承中华优秀传统文化、培育社会主义核心价值观、增强文化自信和价值观自信"?

6.在公共文化优秀人才培养和文化教育机构发展上,贵单位做了哪些具体工作?对于未来培养更多、更好的文化人才,有何意见和建议?

7.您认为贵区/县城乡融合公共文化服务和治理过程中在资金、人才、技术条件、设施设备等方面还有哪些困难,是否存在体制机制障碍,如果存在应该如何突破障碍?

8.贵区/县城乡之间、群体之间存在的公共文化服务差距如何?应如何抹平差距、实现均等化?

9.资料支持(请提供城乡融合发展体制机制改革和城乡公共文化服务体系建设方面的相关文件资料、近三年年度工作总结、主要活动总结和宣传文稿等)

访谈提纲4:农业农村委员会访谈提纲

_____区/县农业农村委员会:

您好!

受重庆市委改革办委托,我们拟通过调研访谈来了解贵区/县城乡公共文化服务体系建设情况,以及您对城乡融合发展背景下创新城乡公共文化政策体系的意见和建议。您的意见和建议将作为重庆市出台和完善相关政策的参考。

本次调查结果将会严格保密。

感谢您的大力支持!

西南大学公共文化治理课题组
2019年8月

1.请问2019年4月《中共中央 国务院关于建立健全城乡融合发展体制机制和政策体系的意见》出台之后,重庆市、贵区/县、贵单位是否有制定和出台相应的配套政策?具体有哪些?

2.请简要介绍一下在推动城乡融合发展、重塑新型城乡关系、乡村振兴战略中,贵单位主要承担哪些职责?组织结构和人员构成如何?

3.贵单位在推进城乡融合发展、重塑新型城乡关系、乡村振兴战略和农业农村现代化中有什么工作计划?具体做了哪些工作?有哪些工作亮点和典型案例?特别在建立城乡融合发展体制机制、城乡融合政策体系等方面采取了哪些针对性的措施?具体成效如何?

4.贵单位在推进城乡融合发展、重塑新型城乡关系、乡村振兴战略和农业农村现代化中遇到哪些阻碍?特别在体制机制上是否也面临一些阻碍?可能的原因有哪些?面对这些阻碍,贵单位采取了哪些应对措施?具体成效如何?

5.关于推动城乡公共文化服务普惠共享、公共文化服务向农村延伸,贵单位主要采取了哪些具体的措施?这些措施的实施效果如何?有哪些典型案例或好的经验可以总结?

6.在公共文化设施布局、服务提供、队伍建设等方面,贵单位如何实现城乡统筹?如何推动文化资源重点向乡村倾斜?如何提高服务的覆盖面和适用性?

7.在编制村庄规划过程中,贵单位对乡村公共文化设施、公共文化空间等是如何安排的?

8.贵单位是否组织过类似于农业技术科普、知识下乡等农村公共文化活动?都有哪些?是否有比较成功的经验或典型案例?

9.资料支持(请提供城乡融合发展体制机制改革、政策体系和乡村振兴等方面的相关文件资料、近三年年度总结、工作计划、活动策划方案、活动总结和宣传文稿等)

访谈提纲5:人力资源和社会保障局访谈提纲

_____区/县人力资源和社会保障局:

您好!

受重庆市委改革办委托,我们拟通过调研访谈来了解贵区/县城乡公共文化服务体系建设情况,以及您对城乡融合发展背景下创新城乡公共文化政策体系的意见和建议。您的意见和建议将作为重庆市出台和完善相关政策的参考。

本次调查结果将会严格保密。

感谢您的大力支持!

西南大学公共文化治理课题组
2019年8月

1.贵区/县是否建立和健全了公共文化服务体系的人才管理制度?具体有哪些?

2.贵区/县公共文化服务人才的总体规模情况如何?质量情况如何?

3.贵区/县是否建立了相应的优秀文化人才激励机制或措施?具体有哪些?实施效果如何?

4.贵单位是否建立了城乡公共文化服务人才合作交流的动态流动机制?具体有哪些?实施效果如何?

5.贵单位是否制定了基层公共文化服务人才的培养和引进政策和措施?具体有哪些?实施效果如何?

6.贵单位是否制定了公共文化服务人才就业、创业和培训的相关政策和措施?具体有哪些?实施效果如何?

7.贵单位是否建立了公共文化服务人才的评价机制?该评价机制制定的依据和标准是什么?

8.针对基层公共文化机构编制不足和编制内外人员差别问题,贵单位做了哪些具体工作?效果如何?

9.为进一步推进公共文化服务体系建设,您认为人才管理制度应该从哪些方面进行优化?

10.请总结贵单位在推进公共文化服务人才体系建设过程中,比较好的经验或典型案例。

11.资料支持(请提供关于公共文化服务的人才保障和人才管理方面的文件资料、近三年年度总结、工作计划、活动策划方案、活动总结和宣传文稿等)。

访谈提纲6：文化和旅游发展委员会访谈提纲

————区/县文化和旅游发展委员会：

您好！

受重庆市委改革办委托，我们拟通过调研访谈来了解贵区/县城乡公共文化服务体系建设情况，以及您对城乡融合发展背景下创新城乡公共文化政策体系的意见和建议。您的意见和建议将作为重庆市出台和完善相关政策的参考。

本次调查结果将会严格保密。

感谢您的大力支持！

西南大学公共文化治理课题组

2019年8月

一、城乡公共文化政策体系创新

1.在城乡融合发展和乡村振兴背景下，针对农村公共文化治理问题，贵单位出台了哪些政策文件？

2.在推进公共文化与文化旅游产业融合发展上，贵单位的基本工作思路和主要举措是什么？或者说在文旅融合发展背景下，如何推进公共文化服务模式创新？

3.在推进政府购买公共文化服务上，贵单位具体做了哪些工作？有没有类似"政府购买文化下乡服务"的工作方案？

4.针对公共文化服务工作的绩效考核和评价，有哪些政策规定？

5.机构改革后，贵单位的公共文化治理有什么样的变化？

二、城乡公共文化服务体系建设

1.在推进公共文化服务体系建设过程中，贵区/县相关政府部门分别承担了哪些职责？是否建立了相应的协同工作机制？

2.贵区/县公共文化设施建设和使用的总体情况如何？各种类型文化设施的建设和使用情况如何？

3.在推进公共文化服务数字化建设上，贵单位有哪些具体举措？其运行和使用情况如何？有何突出亮点？

4.在引导社会组织、文化企业、居民等多元主体参与公共文化服务，推进公共文化服务社会化方面，贵区/县做了哪些具体工作？主要的合作对象具体包括哪些？合作中存在什么问题？

三、城乡公共文化服务均等化推进

1.在提升农村基层公共文化服务中，贵区/县做了哪些具体工作？主要亮点和难点有哪些？

2.针对农村老年人、儿童、残疾人、贫困人口等特殊群体的文化权益保障，贵区/县做了哪些具体工作？

3.贵区/县农村社区的文化室建设和发展情况如何？存在哪些问题和阻碍？

四、资料支持

请提供关于城乡公共文化服务体系建设、城乡公共文化服务均等化、公共文化政策等方面的文件资料、近三年年度总结、工作计划、活动策划方案、活动总结和宣传文稿、购买公共文化服务目录等。

访谈提纲7：宣传部访谈提纲

_____区/县委宣传部：

您好！

受重庆市委改革办委托，我们拟通过调研访谈来了解贵区/县城乡公共文化服务体系建设情况，以及您对城乡融合发展背景下创新城乡公共文化政策体系的意见和建议。您的意见和建议将作为重庆市出台和完善相关政策的参考。本次调查结果将会严格保密。

感谢您的大力支持！

西南大学公共文化治理课题组
2019年8月

1.党的十九大以来贵区/县文化事业发展基本情况（主要是公共文化服务体系建设和均等化发展的情况）；在城乡融合发展新背景下，贵单位如何看待公共文化服务与治理的政治、经济、社会等各项职能，在此领域中贵单位的主要工作内容有哪些？

2.贵单位如何理解《国有文艺院团社会效益评价考核试行办法》文件精神，打算或已经采取了哪些措施贯彻落实？

3.贵单位在推进文化体制改革中经营性文化事业单位转制为企业和进一步支持文化企业发展工作中的做法、经验、亮点和问题。

4.贵单位在深入推进公共图书馆、博物馆、文化馆、美术馆、科技馆和革命纪念馆等公共文化设施的志愿者服务方面采取了哪些措施？取得了什么效果？还存在哪些主要问题？

5.贵单位在贯彻落实《重庆市人民政府办公厅关于做好政府向社会力量购买公共文化服务工作的通知》方面采取了哪些措施？取得成绩和尚存问题分别有哪些？

6.您认为在贵区/县城乡融合公共文化服务和治理过程中在资金、人才、技术条件、设施设备等方面还有哪些困难，是否存在体制机制障碍，如果存在应该如何突破障碍？

7.贵单位在将公共文化服务纳入地方发展规划、督促各级政府加大公共文化财政投入等方面采取了哪些措施？取得成绩和尚存问题分别有哪些？

8.贵区/县城乡之间、群体之间存在的公共文化服务差距如何？应如何抹平差距、实现均等化？

9.资料支持（请提供城乡融合发展体制机制改革和城乡公共文化服务体系建设方面的文件资料、近三年年度工作总结、主要活动总结和宣传文稿等）

访谈提纲8：图书馆访谈提纲

_____区/县图书馆：

您好！

受重庆市委改革办委托，我们拟通过调研访谈来了解贵区/县城乡公共文化服务体系建设情况，以及您对城乡融合发展背景下创新城乡公共文化政策体系的意见和建议。您的意见和建议将作为重庆市出台和完善相关政策的参考。本次调查结果将会严格保密。

感谢您的大力支持！

西南大学公共文化治理课题组
2019年8月

1. 贵单位的公共图书文化设施建设和使用的总体情况如何？城乡居民对文化设施和服务满意情况如何，有何新的服务需求？

2. 贵单位在公共文化活动方面做了哪些具体工作？形成了哪些品牌活动？

3. 贵单位在全民阅读方面具体组织了哪些工作？取得了哪些比较好的成效？

4. 贵单位在数字文化服务和"线上文化活动"方面做了哪些具体工作，有哪些亮点？群众参与水平如何，是否面临具体的困难和问题？

5. 贵单位与相关社会组织和企业的合作情况怎么样？合作的主要组织和企业包括哪些？是否建立健全相关合作机制？合作过程中面临哪些困难和问题？

6. 贵单位在公共文化服务工作中存在哪些体制机制上的阻碍？对于破除这些阻碍，有何意见和建议？

7. 在城乡融合发展背景下，对于进一步提升贵单位的公共文化服务效能和推进城乡居民文化服务，有何意见和建议？

8.资料支持(请提供公共图书文化设施使用的统计资料、贵单位近三年年度工作总结、活动资料、宣传文稿等)

访谈提纲9:文化馆访谈提纲

_____区/县文化馆:

您好!

受重庆市委改革办委托,我们拟通过调研访谈来了解贵区/县城乡公共文化服务体系建设情况,以及您对城乡融合发展背景下创新城乡公共文化政策体系的意见和建议。您的意见和建议将作为重庆市出台和完善相关政策的参考。本次调查结果将会严格保密。

感谢您的大力支持!

西南大学公共文化治理课题组
2019年8月

1.贵单位在推进公共文化"下基层"和"下乡村"工作中做了哪些工作?"文化村村行"工作取得了哪些较好的成效?

2.在推进城乡公共文化服务均等化和城乡公共文化服务体系建设上,特别是在推进文化服务链条向基层和农村延伸方面,贵单位做了哪些体制机制上的改革和创新工作?取得了哪些成效,存在哪些问题?

3.贵单位在文化人才建设和管理方面有哪些具体举措?四级文化人才网络体系建设情况如何?存在哪些实际困难和体制障碍?对于进一步优化公共文化人才队伍,有何具体建议?

4.贵单位公共文化服务工作的主要经费来源有哪些?在经费保障方面情况如何?政府购买服务机制运行如何?在财政保障的体制机制上是否存在障碍?

5.贵单位在创新文化服务方式上有哪些亮点和特色?在数字文化建设上做了哪些具体工作?数字文化馆建设的主要内容和特点是什么?

6.贵单位与相关社会组织和企业的合作情况怎么样？合作的主要组织和企业包括哪些？是否建立健全相应合作机制？合作过程中面临哪些困难和问题？

7.在城乡融合发展背景下，对于破解体制机制阻碍，进一步提升贵单位的公共文化服务效能和推进城乡居民文化服务，有何意见和建议？

8.资料支持（请提供公共文化服务的统计资料和文件资料、贵单位近三年年度工作总结、文化下乡和下基层的活动资料、宣传文稿等）

访谈提纲10：博物馆访谈提纲

＿＿＿＿＿＿＿区/县博物馆：

您好！

受重庆市委改革办委托，我们拟通过调研访谈来了解贵区/县城乡公共文化服务体系建设情况，以及您对城乡融合发展背景下创新城乡公共文化政策体系的意见和建议。您的意见和建议将作为重庆市出台和完善相关政策的参考。本次调查结果将会严格保密。

感谢您的大力支持！

西南大学公共文化治理课题组
2019年8月

1.在城乡融合发展新背景下，贵单位如何看待公共文化服务与治理的政治、经济、社会等各项职能，在此领域中贵单位的主要工作内容有哪些？

2.贵单位在推进文化体制改革中经营性文化事业单位转制为企业和进一步支持文化企业发展工作中的做法、经验、亮点和问题是什么？

3.贵单位在深入推进博物馆的志愿者服务方面采取了哪些措施？取得了什么效果？还存在哪些主要问题？

4.贵单位在贯彻落实《重庆市人民政府办公厅关于做好政府向社会

力量购买公共文化服务工作的通知》方面采取了哪些措施？取得成绩和尚存问题分别有哪些？

5.您认为贵区/县推进公共文化服务和治理的城乡融合过程中，在资金、人才、技术条件、设施设备等方面还有哪些困难，是否存在体制机制障碍，如果存在应该如何突破障碍？

6.在做到"让文物说话、把历史智慧告诉人们"方面，贵单位采取了哪些措施，取得成绩和尚存问题有哪些？

7.习近平总书记指出博物馆建设不要"千馆一面"。您认为博物馆怎么建，才能脱颖而出？

8.贵区/县城乡之间、群体之间存在的博物馆服务差距如何？应如何抹平差距、实现均等化？

9.资料支持（请提供城乡融合发展体制机制改革和城乡公共文化服务体系建设方面的文件资料、近三年年度工作总结、主要活动总结和宣传文稿等）

访谈提纲11：乡/镇访谈提纲

_____乡/镇：

您好！

受重庆市委改革办委托，我们拟通过调研访谈来了解贵区/县城乡公共文化服务体系建设情况，以及您对城乡融合发展背景下创新城乡公共文化政策体系的意见和建议。您的意见和建议将作为重庆市出台和完善相关政策的参考。本次调查结果将会严格保密。

感谢您的大力支持！

西南大学公共文化治理课题组
2019年8月

1.贵单位为推进城乡公共文化服务均等化和一体化做了哪些具体工

作？在城乡融合发展背景下,推进城乡公共文化服务工作的体制机制阻碍有哪些?

2.在推进公共文化服务工作中,社区和行政村之间的主要区别在哪里?贵单位实施了哪些针对性的举措?

3.在基层文化人才队伍建设上,贵单位做了哪些具体工作?目前整体情况如何?基层文化人才队伍建设的难点和痛点在哪里?

4.贵单位在基层公共文化服务和活动推进工作中,还存在哪些实际的困难和不足?经费保障情况如何?文化机构建设情况如何?

5.上级政府对基层公共文化服务工作的考核要求如何?是否有较为完备的考核机制?对贵单位相关工作产生了哪些影响?

6.在城乡融合发展背景下,对于推进城乡公共文化服务发展,贵单位有何意见和工作设想?

7.资料支持(请提供基层公共文化服务的统计资料和文件资料、贵单位近三年年度工作总结、工作计划、活动策划方案、活动总结和宣传文稿等)

访谈提纲12:城市社区访谈提纲

_____社区:

您好!

受重庆市委改革办委托,我们拟通过调研访谈来了解贵区/县城乡公共文化服务体系建设情况,以及您对城乡融合发展背景下创新城乡公共文化政策体系的意见和建议。您的意见和建议将作为重庆市出台和完善相关政策的参考。本次调查结果将会严格保密。

感谢您的大力支持!

西南大学公共文化治理课题组
2019年8月

1.在丰富社区文化服务类型和提高文化服务质量上,社区做了哪些具体工作？取得了哪些成效,形成了哪些突出亮点和特色？

2.在提升社区文化服务和活动效能上,社区面临哪些具体的困难？人才保障和经费支持情况如何？

3.居民参与社区文化活动和其他文化活动的积极性如何？如何进一步调动群众参与社区文化活动的积极性？

4.在社区文化服务提供中,社会组织和文化企业的参与情况如何？在合作过程中,存在哪些具体的问题和不足？

5.社区文化服务和社区文化活动与社区治理之间的融合情况如何？

6.针对外来流动人口、农民工等社会群体,社区做了哪些具有针对性的公共文化服务工作？对于推进这些群体融入社区、融入城市有哪些影响？

7.资料支持(请提供社区文化活动室使用情况的统计资料和文件资料、近三年年度工作总结、活动的资料、宣传文稿等)

访谈提纲13：农村社区访谈提纲

＿＿＿＿＿＿社区：

您好！

受重庆市委改革办委托,我们拟通过调研访谈来了解贵区/县城乡公共文化服务体系建设情况,以及您对城乡融合发展背景下创新城乡公共文化政策体系的意见和建议。您的意见和建议将作为重庆市出台和完善相关政策的参考。

本次调查结果将会严格保密。

感谢您的大力支持！

西南大学公共文化治理课题组

2019年8月

1.在丰富村文化服务类型和提高文化服务质量上,村委会和文化室做了哪些具体工作?取得了哪些成效,形成了哪些突出亮点和特色?

2.在提升社区文化服务质量上,村委会和文化室面临哪些具体的困难?人员保障和经费支持情况如何?

3.村文化活动室的使用情况如何?村民参与村文化活动室和其他文化活动的积极性如何?如何进一步调动群众参与社区文化活动的积极性?

4.社区文化服务和社区文化活动是如何与乡村治理和乡村振兴相衔接的?

5.上级政府对基层公共文化服务工作的考核要求如何?是否有较为完备的考核机制?对贵单位相关工作产生了哪些影响?

6.资料支持(请提供村文化活动室使用情况的统计资料和文件资料、近三年年度工作总结、活动的资料、宣传文稿等)

附录三 调查问卷文本

问卷文本1：公共文化治理与政策创新调查问卷

_____先生/女士：

您好！我们是西南大学公共文化研究中心课题组。受重庆市委改革办委托，我们正在进行一项关于城乡公共文化服务体系的社会调查，目的是了解当前重庆市城乡公共文化建设情况，更好地推进重庆市公共文化服务体系建设，提高重庆市公共文化服务效能，特请您在此发表有关意见。您怎么想的，就怎么回答，答案无所谓对错。回答问题时，请不要与他人商量。对于您的回答，我们将按照《统计法》的规定，严格保密，并且只用于统计分析，请您不要有任何顾虑。

占用了您的宝贵时间，谢谢您的合作。

西南大学公共文化治理课题组
2019年10月8日

A.个人及单位基本情况

A1.您所属单位的类型：_____
1.行政机关 2.文化事业单位 3.其他

A2.您的性别_____
1.男 2.女

A3.您的年龄是_____
1.24岁及以下 2.25岁~35岁 3.36岁~45岁 4.46岁~55岁 5.56岁及以上

A4.您的政治面貌_____

1.中国共产党党员 2.民主党派成员 3.共青团员 4.无党派人士 5.群众

A5.您所属编制是_____

1.行政编制　　2.事业编制　　3.工勤人员　　4.其他

B.公共文化治理与政策创新情况

B1.贵区(县)是否制定了公共文化城乡联动发展整体规划_____【单选】

1.本区(县)制定了专门的公共文化城乡联动发展整体规划

2.本地区没有制定专门的公共文化城乡联动发展整体规划,但在文化事业发展相关规划(或经济社会发展总体规划中)中包含了公共文化城乡联动发展相关内容

3.本区(县)从未制定过任何形式的公共文化城乡联动发展整体规划

4.其他

B2.贵区(县)制定公共文化事业发展政策时,征集社会意见的情况是_____【单选】

1.从未有　2.几乎没有　3.一般　4.偶尔有　5.经常有

B3.贵区(县)征集社会意见的主要方式有_____【可多选】

1.电视、电话、报刊征集 2.网络和新媒体征集　3.现场征集　4.其他

B4.贵区(县)政府部门对公共文化政策和服务的评估考核是_____【单选】

1.对所有公共文化政策和服务的执行情况进行评估检查

2.对部分重大政策和重要服务的执行情况进行评估检查

3.从不对政策和服务的执行情况进行评估检查

4.不了解

B5.贵区(县)政府部门对文化事业发展政策执行情况评估检查结果_____【单选】

1.面向社会公开

2.面向参与评估检查的机构或部门公开

3.行政机关和事业单位内部整体公开

4.根据政策的不同情况灵活处理

5.从不公开

6.不了解

B6.您认为目前的文化事业发展政策评估检查＿＿＿＿【单选】

1.非常不合理　2.基本不合理　3.一般　4.基本合理　5.非常合理

B7.您认为目前公共文化服务评估考核不合理主要表现为＿＿＿＿【可多选】

1.体制机制不够完善

2.考核指标不贴近实际

3.考核过程过于烦琐

4.考核人员对文化工作不了解

5.其他

6.考核非常合理,没有任何问题

B8.您认为在"送文化下乡"中遇到的主要困难是＿＿＿＿【可多选】

1.财政支持力度不够

2.缺乏文化骨干培养

3.群众热情不高

4.组织领导协调力度不够

5.其他

B9.您认为公共文化服务向基层社区下沉过程中存在的困难是＿＿＿＿＿＿【可多选】

1.财政资金不足

2.服务场所缺乏

3.人员配备的规模和质量不够

4.社区居民参与和支持力度不够

5.其他

B10.贵区(县)政府部门鼓励文化消费主要采取的措施是＿＿＿＿【可多选】

1.发放文化惠民卡

2.举办文化消费季活动

3.攒积分兑换优惠券

4.与银行卡绑定的优惠活动

5.其他举措

6.从未有过类似活动

B11 贵区(县)制定和出台有关全域旅游发展规划和政策文件的具体情况是_____【单选】

1.有专门制定和出台本级全域旅游发展的规划和政策文件

2.没有专门制定,但已有相关政策或配套政策文件

3.其他

4.不了解

B12.您认为贵区(县)在发展全域旅游方面存在的困难是_____【可多选】

1.旅游景点数量较少

2.旅游产业发展水平不足

3.旅游产业与其他产业融合程度不够

4.体制机制和政策上尚待优化改进

5.其他

B13.贵区(县)在全域旅游发展方面推进的具体工作是_____【可多选】

1.建立相关决策协调机制

2.建立全域旅游综合管理机制

3.建立全域旅游规划体系

4.建立全域旅游督察与考核机制

5.推动旅游产业与其他产业融合发展

6.其他

B14.贵区(县)推进文旅融合体制机制改革中开展的工作有_____【可多选】

1.建立相关决策协调机制

2.建立文旅融合综合管理机制

3.建立文化和旅游服务融合机制

4.建立文化和旅游产业融合机制

5.建立文化和旅游职能融合机制

6.建立文旅融合督察与考核机制

7.其他

B15.您认为贵区(县)文旅融合发展工作中需要重点突破的是_____【可多选】

1.文旅理念融合　　2.文旅职能融合　　3.文旅服务融合

4.文旅产业融合　　5.文旅市场融合　　6.文旅交流融合

7.其他

B16.您认为贵区(县)文旅融合面临的主要困难是_____【可多选】

1.文化事业和产业发展水平不足

2.旅游产业支撑不够

3.体制和政策衔接问题

4.缺乏文旅融合整体规划和设计

5.其他

B17.您认为造成贵区(县)文旅融合困难的主要原因是_____【可多选】

1.对文化融合理念理解不够

2.对文旅融合发展的重视不够,动力不足

3.政策支持力度不够

4.工作人员对政策理解不透彻

5.其他

B18.您认为如何通过体制改革和政策创新进一步深化贵区(县)文旅融合发展?

_____

_____

_____

B19.结合贵单位的实际工作情况,您认为贵单位可以在推动文旅融合发展中发挥什么样的作用?

_____

_____

_____

B20.《关于建立健全城乡融合发展体制机制和政策体系的意见》提出要推行公共文化服务参与式管理模式,您认为目前推行该模式面临的实际困难有哪些?

_____

_____

_____

问卷文本2:村居公共文化治理调查问卷

_____先生/女士:

您好!我们是西南大学公共文化研究中心课题组。受重庆市委改革办委托,我们正在进行一项关于城乡公共文化服务体系的社会调查,目的是了解当前重庆市城乡公共文化建设情况,更好地推进重庆市公共文化服务体系建设,提高重庆市公共文化服务效能,特请您在此发表有关意见。您怎么想的,就怎么回答,答案无所谓对错。回答问题时,请不要与他人商量。对于您的回答,我们将按照《统计法》的规定,严格保密,并且只用于统计分析,请您不要有任何顾虑。

占用了您的宝贵时间,谢谢您的合作。

西南大学公共文化治理课题组
2019年10月8日

一、个人基本情况

A1.您的性别：_____

1.男　　2.女

A2.您的出生年份：_____年

A3.您的政治面貌：_____

1.中国共产党党员　2.民主党派成员　3.共青团员　4.无党派人士　5.群众

A4.您目前的学历：_____

1.文盲、半文盲　2.小学　3.初中　4.高中/中专　5.大学(专)本科　6.硕士研究生及以上

A5.您所在的社区性质：_____

1.居委会　2.村委会

A6.您在本村(居)的职务是：_____

1.书记　2.主任　3.支部委员/社区干部　4.会计　5.其他

二、村居公共文化服务情况

B1.您所在村(居)的文化娱乐设施/场所有_____【可多选】（如果有,请在相应的选项后打√,没有不填）

项目	有请打√	项目	有请打√
B1-1 文化广场		B1-10 展览室	
B1-2 村社图书室/农家书屋		B1-11 戏台戏楼、影院、剧院	
B1-3 文化活动室(中心)如音乐室、舞蹈排练室、服装道具室		B1-12 祠堂	
B1-4 运动场(如篮球场)		B1-13 寺庙或教堂	
B1-5 青少年活动中心		B1-14 书店	
B1-6 老年活动中心		B1-15 电子阅览室	
B1-7 电子阅览室		B1-16 其他	
B1-8 棋牌室		B1-17 以上都没有	
B1-9 新时代文明实践站		B1-18 不清楚	

B2. 文化活动室配备的设施有_____【可多选】

1. 音响　　2. 乐器　　3. 电脑　　4. 桌椅　　5. 电视机

6. 影碟机　　7. 投影仪　　8. 其他_____　　9. 以上都没有

10. 不知道

B3. 图书室配备的书籍种类有_____【可多选】

1. 时事新闻　　2. 市场信息　　3. 农业生产　　4. 科学技术　　5. 文化娱乐

6. 普法宣传　　7. 养生锻炼　　8. 儿童读物　　9. 亲子教育　　10. 以上都没有

B4. 您所在村(居)的群众文化组织有_____【可多选】

1. 广场舞队　　2. 锣鼓队　　3. 合唱团　　4. 书画协会　　5. 其他_____　　6. 以上都没有　　7. 不知道

B5. 您所在村(居)的公共文化服务有_____【可多选】

1. 图书报刊免费借阅　　2. 收听广播　　3. 观看电视　　4. 上网

5. 放电影　　6. 文艺演出　　7. 文化展览　　8. 其他　　9. 以上都没有

B6. 您所在村(居)开展的集体文化活动有_____【可多选】

1. 科技普及　　2. 爱国宣传　　3. 普法宣传　　4. 庙会　　5. 节庆活动

6. 春晚　　7. 文体比赛　　8. 花灯、舞龙等民间文化活动　　9. 其他_____

10. 以上都没有

B7. 您所在村(居)的公共文化服务体系建设总体模式是____【单选】

1. 财政保障　　2. 政府主导,社会参与　　3. 市场主导　　4. 不知道

B8. 您所在村(居)全年公共文化服务运行经费_____元,其中政府财政经费_____元。

B9. 您所在村(居)文化设施建设费用的主要来源_____【限选3项】

1. 政府补贴　　　　2. 企业资助　　　　3. 群众自筹

4. 村庄能人资助　　5. 其他_____　　　6. 不知道

B10. 您所在村(居)文化服务或活动经费的主要来源____【限选3项】

1. 政府补贴　　　　2. 企业资助　　　　3. 群众自筹

4. 村庄能人资助　　5. 其他_____　　　6. 不知道

B11. 您所在村(居)的文化设施是否有专人管理_____【单选】

1. 否　　　　2. 是　　　　3. 不知道

B12.近三年来,您所在的村(居)工作人员是否参加过文化方面的业务培训_____【单选】

1.否　　　　2.是　　　　3.不知道

B13.您认为您所在村(居)公共文化服务最关键的问题是_____【限选3项】

1.资金不足　　2.文化服务人才短缺　　3.文化基础设施落后

4.文化服务内容不符合群众需要　　5.政府不重视公共文化服务

6.群众参与积极性不高　　　　7.其他_____

B14.您认为在当地公共文化服务体系建设过程中,应该发挥作用的是_____【限选3项】

1.政府　　2.社区　　3.居民群众文艺团体　　4.企业等社会力量

5.民间组织

B15.您所在村(居)公共文化服务当前迫切需要改进的是_____【限选3项】

1.设立更多或改善文化设施　　　　2.群众能够有效表达文化需求

3.加强文化组织和人才队伍建设　　4.增加经费投入

5.鼓励社会力量参与提供公共文化服务　　6.引进市场化机制

7.其他_____

B16.您所在村(居)开展公共文化服务的职责是_____【限选3项】

1.上级指派　　2.按照岗位职责进行工作　　3.临时安排

4.上级安排和自发工作相结合　　　　5.其他

B17.您认为目前政府针对公共文化服务的考核体系是_____【单选】

1.合理　　2.不合理,表现在哪些方面_____

B18.您认为公共文化服务工作在村(居)各项事务中的重要性是____【单选】

1.非常重要　　2.比较重要　　3.一般　　4.不重要　　5.完全不重要

B19.您从事公共文化服务的工作动机是_____【限选3项】

1.考核压力　　2.上级领导安排　　3.工作职责所在

4.自己喜欢,自发工作　　　5.其他

B20.您认为您能够胜任公共文化服务这项工作_____【单选】

1.完全能　2.大部分能　3.一般能　4.较少能　5.几乎不能

B21.如果您给自己打分,对公共文化服务的工作投入度您给自己的评价是_____【单选】

1.工作投入度较低 2.工作投入度低 3.工作投入度一般 4.工作投入度高 5.工作投入度较高

B22.您对加强村(居)公共文化建设有什么好的建议?

_____
_____
_____
_____

问卷文本3：个人公共文化服务调查问卷

_____先生/女士：

您好！我们是西南大学公共文化研究中心课题组。受重庆市委改革办委托,我们正在进行一项关于城乡公共文化服务体系的社会调查,目的是了解当前重庆市城乡公共文化建设情况,更好地推进重庆市公共文化服务体系建设,提高重庆市公共文化服务效能,特请您在此发表有关意见。您怎么想的,就怎么回答,答案无所谓对错。回答问题时,请不要与他人商量。对于您的回答,我们将按照《统计法》的规定,严格保密,并且只用于统计分析,请您不要有任何顾虑。

占用了您的宝贵时间,谢谢您的合作。

西南大学公共文化治理课题组

2019年10月8日

A.个人及家庭基本情况

A1.您的性别：_____

1.男　　2.女

A2.您的出生年份：_____年

A3.您的户口状况：_____

1.农业户口　2.非农户口

A4.您的婚姻状况：_____

1.未婚　　2.已婚　　3.丧偶　　4.离异

A5.您的政治面貌：_____

1.中国共产党党员　2.民主党派成员　3.共青团员　4.无党派人士

5.群众

A6.您的民族：_____

1.汉族　2.少数民族_____族

A7.您目前的学历：_____

1.文盲、半文盲　2.小学　　3.初中　　4.高中/中专　5.大学(专)本科

6.硕士研究生及以上

A8.您现在的工作状态：_____

1.没有(如选此项直接跳至A11)　2.有

A9.您目前主要从事的工作类型：_____

1.国家公职人员　2.农村基层组织干部　3.非农经营

4.家庭务农　　5.外出务工　　6.其他_____(请注明)

【说明】农村基层组织干部主要包括在村党组织、村民委员会、村团支部、村妇代会、村民兵连工作的人员

A10.去年您个人年收入是_____元

A11.去年您家庭总收入是_____元

A12.去年您全家收入主要来源：_____【可多选,限选3项】

1.工资收入　2.农业经营收入　3.政府扶贫、低保等转移性收入

4.资产(股票、房屋等)的红利和租金等　5.其他_____

B.公共文化服务情况

B1.您平时主要进行的文化娱乐活动有_____【限选3项】

1.听广播、看电视　　2.打牌、打麻将　　3.看书或看报　　4.上网

5.看电影(戏)、听音乐　6.体育健身跳舞　7.无事可干　8.其他____

B2.您对所在村(居)公共文化设施与设备了解情况_____

1.非常了解　　2.知道一些　　3.不了解　　4.不关心

B3.在平时生活中,您使用以下文化设施的频率是【每行均要选择,每行限选一项】

	经常	偶尔	从不	村(居)无该项设施
文化广场	1	2	3	0
图书馆(室)/农家书屋	1	2	3	0
文化活动中心	1	2	3	0
运动场	1	2	3	0
青少年活动中心	1	2	3	0
老年活动中心	1	2	3	0
电子阅览室	1	2	3	0
棋牌室	1	2	3	0
戏台戏楼、影院、剧院	1	2	3	0

B4.影响您使用公共文化设施的原因主要有_____【限选3项】

1.不知道有设施　　2.开放时间不合适　　3.人多报不上名

4.身体不便　　5.内容不感兴趣　　6.距离过远　　7.不会使用

8.设施陈旧无法正常使用　9.设施经常不开放　10.其他_____

B5.在平时生活中,您参与以下文化活动的频率是【每行均要选择,每行限选一项】

	经常	偶尔	从不	不知道有该项活动
放电影	1	2	3	0
送地方戏	1	2	3	0
文艺演出	1	2	3	0
文化展览	1	2	3	0
组织科学文化知识讲座	1	2	3	0
开展普法宣传	1	2	3	0
组织爱国主义宣传	1	2	3	0
组织文体比赛	1	2	3	0

B6.影响您参与公共文化活动的原因主要有_____【限选3项】

1.不知道有该项活动　　2.开展时间不合适　　3.人多报不上名

4.身体不便　　5.内容不感兴趣　　6.距离过远　　7.其他_____

B7.请您对当地政府提供的公共文化服务满意情况做出评价【每行均要选择,每行限选一项】

	非常不满意	不满意	满意	很满意	非常满意	不知道
文化广场建设	1	2	3	4	5	0
图书馆(室)/农家书屋建设	1	2	3	4	5	0
文化活动中心建设	1	2	3	4	5	0
运动场建设	1	2	3	4	5	0
青少年活动中心建设	1	2	3	4	5	0
老年活动中心建设	1	2	3	4	5	0
电子阅览室建设	1	2	3	4	5	0
棋牌室建设	1	2	3	4	5	0
放电影	1	2	3	4	5	0
送地方戏	1	2	3	4	5	0
文艺演出	1	2	3	4	5	0
文化展览	1	2	3	4	5	0
组织科学文化知识讲座	1	2	3	4	5	0
开展普法宣传	1	2	3	4	5	0
组织爱国主义宣传	1	2	3	4	5	0
组织文体比赛	1	2	3	4	5	0
总体满意度	1	2	3	4	5	0

B8.如果您对上述公共文化服务存在不满意,主要原因是_____【限选3项】

1.服务内容不符合自己的需求　　2.服务数量不够

3.享受服务的花费太大　　　　　4.存在时间、交通等客观限制

5.自己文化水平不高、参与意愿不强等主观限制

6.参与了也没实际用处　　　　　7.不知道有公共文化服务

8.其他_____

B9.当地政府在提供文化服务时,是否会征求群众意见_____

1.从来不会　　2.偶尔会　　3.经常会　　9.不清楚

B10.您愿意加入文化志愿者队伍并参加活动的情况是_____

1. 已经是文化志愿者   2. 愿意加入   3. 不愿意加入   4. 不清楚

B11.您更愿意参加的公共文化活动是_____【限选3项】

1. 放电影   2. 文艺演出   3. 体育健身   4. 群众文艺表演

5. 科普宣传   6. 技能培训   7. 其他_____

B12.您最希望政府在村里修建的文化设施是_____【限选3项】

1. 文化广场   2. 村庄(社区)图书室   3. 文化活动室(中心)

4. 运动场(如篮球场等)   5. 青少年活动中心   6. 老年活动中心

7. 棋牌室   8. 戏台、戏楼、电影院   9. 祠堂   10. 寺庙或教堂

11. 书店   12. 电子阅览室   13. 其他_____

B13.您最希望获得的文化服务内容是_____【限选3项】

1. 时事新闻   2. 市场信息   3. 农业生产   4. 科学技术   5. 文化娱乐

6. 普法宣传   7. 养生锻炼   8. 儿童读物   9. 亲子教育   10. 其他_____

B14.请您对以下公共文化服务服务的期望程度做出评价(请用1到5之间的数字评价,数字越大表示期望程度越高)

	完全不期望	不期望	一般	期望	非常期望	说不清
设备先进齐全	1	2	3	4	5	0
设备定期维护	1	2	3	4	5	0
场所和服务设备方便找到	1	2	3	4	5	0
设备使用便捷	1	2	3	4	5	0
场所环境整洁	1	2	3	4	5	0
工作人员能提供专业服务	1	2	3	4	5	0
工作人员主动了解你的需求	1	2	3	4	5	0
申请服务的程序方便	1	2	3	4	5	0
开放时间自由	1	2	3	4	5	0
文化活动具有吸引力、创新性	1	2	3	4	5	0
服务内容贴合自身需求	1	2	3	4	5	0

B15.您对当地提供的公共文化服务还有什么意见或建议?

_____

_____

_____

_____

后记

文化是一个社会的灵魂,公共文化是一个社会和谐稳定和健康发展的重要保障。党的十九大作出重大决策部署,要求建立健全城乡融合发展体制机制和政策体系,健全普惠共享的城乡公共文化服务体系。这是关系到人民群众的基本文化权益,更是协调区域文化发展和提升国家整体文化软实力的战略举措,是一项实践性强、意义深远的重要工作。

面对集"大城市、大农村、大山区、大库区"于一体的特殊市情,重庆市在推动城乡融合发展和健全城乡公共文化服务体系上取得较大成效的同时,亟须进一步破解体制机制和创新政策体系构建难题。为助力重庆市城乡公共文化融合高质量发展,西南大学公共文化研究中心主任吴江教授牵头成立项目课题组,承担起重庆市委改革办2019年改革咨政调研项目《重庆市城乡一体融合发展体制机制改革中的公共文化治理与政策创新研究》。2019年8月,为深入了解重庆市城乡公共文化融合发展建设情况,课题组围绕城乡公共文化服务联动机制、文旅融合发展模式、公共文化服务人财物供需、公共文化服务基础设施建设、基层公共文化服务工作等内容,分赴重庆市北碚、万州、武隆和忠县四个区(县)开展了专项调研,并在奉节、巫山、綦江、涪陵、江北、九龙坡、南岸等地进行了实地走访。通过对各区(县)相关党政机构部门和部分镇街村社的调查访谈,取得了翔实的第一手资料,形成了研究报告,为中共重庆市委改革办了解重庆市城乡公共文化融合发展和公共文化服务现状,为政府制定相关政策提供了参考意见。以此为基础,课题组成员又经过多次研讨,开展了本书的撰写工作。

本书是重庆市委改革办2019年改革咨政调研项目"重庆市城乡一体融合发展体制机制改革中的公共文化治理与政策创新研究"和西南大学中央高校基本科研创新团队项目"新时代公共文化服务均等化研究"(SWU1909101)的研究成果。本书由西南大学国家治理学院教授、西南大学公共文化研究中心主任吴江博士,西南大学国家治理学院副教授、西南大学公共文化研究中心研究员吴玲博士,重庆市委办公厅改革协调二处副处长王鹏等人合作完成。吴江设计本书的写作大纲、篇章结构,负责全书的最后修改定稿,撰写第一部分导论,与吴玲、王鹏合作完成第三部分调研报告之重庆市公共文化治理调研报告;吴玲负责对第一部分导论、第二部分基础理论和第三部分调研报告初稿的修改,撰写第二部分基础理论,合作完成第三部分调研报告之重庆市公共文化治理调研报告,与国家治理学院研究生何玗璠合作完成第四部分咨政建议之《关于万州区公共文化和旅游服务融合发展的对策建议》,合作完成第五部分案例分析篇之忠县公共文化治理案例;王鹏负责对第四部分咨政建议、第五部分案例分析初稿的修改,合作完成第三部分调研报告之重庆市公共文化治理调研报告,与国家治理学院研究生周建伶合作完成第四部分咨政建议之《关于忠县深挖"忠文化"内涵 共推文旅融合发展的对策建议》,与国家治理学院研究生宋颖合作完成第四部分咨政建议之《关于武隆区"文旅融合"推进全域旅游发展的对策建议》;西南大学国家治理学院副教授魏勇博士与西南大学原政治与公共管理学院硕士研究生周建伶、何玗璠、覃辉鸿合作完成第三部分调研报告之北碚区公共文化治理调研报告,与国家治理学院李梦竹博士和原政治与公共管理硕士研究生何玗璠及本科生吴慧婷合作完成万州区公共文化治理调研报告,与国家治理学院李梦竹博士和原政治与公共管理学院硕士研究生周建伶及本科生谢若澜合作完成忠县公共文化治理调研报告;国家治理学院副教授张福磊撰写第四部分咨政建议之《关于加强我市农村公共文化建设,助推乡村振兴的对策建议》,与原政治与公共管理学院研究生覃辉鸿合作完成第四部分咨政建议之《关于"新文创"助力北碚文旅融合发展的对策建议》,与国家治理学院李梦竹博士合作完成调查问卷和访谈提纲设计;国家治理学院副教授申丽娟博士与重庆市武隆区委政策研究中心刘小刚合作完成第五部分案例分析篇之武隆区公共文化治理案例;国家治理学院李梦竹博士与原政治与公共管理学院硕士研究生宋颖及本科生黄琳合作完成第三部分调研报告之武隆区公共文化治理调研报告,合作完成第三部分调研报告之万州区、忠县公共文化治理调研报告,合作完成调查问卷和访谈提纲设计;原政治与公共管理学院硕士生周建伶与国家治理学院副教授吴玲博士、忠县文化和旅游发展委员会原副主任程杰合作完成第五部分案例分析篇之忠县公共文化治理案例。

  本书的出版包含了许多机构部门和人员的帮助和辛劳。中共重庆市委改革办提供了本次改革咨政调研计划项目平台,并提供了有力指导和支持。重庆市北碚区、万州区、武隆区和忠县的区(县)委宣传部、财政局、发展和改革委员会、农业与农村委员会、文化和旅游发展委员会、住房和城乡建设委员会、图书馆、文化馆、博物馆等部门相关镇街村社的主要领导和工作人员为调研工作提供了热情的支持和帮助。西南大学公共文化研究中心提供平台支持。本书借鉴和引用了学界对此问题研究的部分内容和观点,在此一并表示感谢。我们还要特别感谢西南大学出版社段小佳、曾庆军编辑为本书出版付出的艰辛努力。

吴 江
2021年6月18日定稿于西南大学绩镛楼